Ensaios Políticos

Dados Internacionais de Catalogação na Publicação (CIP)
(Câmara Brasileira do Livro, SP, Brasil)

Hume, David, 1711-1776.
Ensaios políticos / David Hume ; tradução Saulo
Krieger. — São Paulo : Ícone, 2006.

Título original: Political essays
ISBN 85-274-0896-1
ISBN 978-85-274-0896-7

1. Política - Filosofia 2. Política - Obras
anteriores a 1800 I. Título.

06-6837   CDD-320.01

Índices para catálogo sistemático:

1. Hume, David : Filosofia política 320.01
2. Política : Filosofia 320.01

DAVID HUME

ENSAIOS POLÍTICOS

Tradução:
Saulo Krieger

© Copyright 2006.
Ícone Editora Ltda.

Diagramação
Meliane Moraes

Capa
Andréa Magalhães da Silva

Revisão
Rosa Maria Cury Cardoso

Proibida a reprodução total ou parcial desta obra,
de qualquer forma ou meio eletrônico, mecânico,
inclusive através de processos xerográficos,
sem permissão expressa do editor
(Lei n° 9.610/98).

Todos os direitos reservados pela
ÍCONE EDITORA LTDA.
Rua Anhanguera, 56 – Barra Funda
CEP 01135-000 – São Paulo – SP
Tel./Fax.: (11) 3392-7771
www.iconeeditora.com.br
e-mail: iconevendas@yahoo.com.br

SUMÁRIO

Ensaio um
Da liberdade de imprensa, 09

Ensaio dois
De que a política é redutível à condição de ciência, 13

Ensaio três
Dos princípios primeiros do governo, 29

Ensaio quatro
Da origem do governo, 35

Ensaio cinco
Da independência do parlamento, 41

Ensaio seis
Sobre se o governo britânico se inclina mais para a monarquia absoluta ou para uma república, 47

Ensaio sete
Das alas em geral, 53

Ensaio oito
Dos partidos da Grã-Bretanha, 63

Ensaio nove
Da superstição e do entusiasmo, 71

Ensaio dez
Da liberdade civil, 77

Ensaio onze
Da ascensão e do progresso das artes e ciências, 87

Ensaio doze
Das características nacionais, 113

Ensaio treze
Do comércio, 133

Ensaio quatorze
Do refinamento das artes, 149

Ensaio quinze
Da moeda, 161

Ensaio dezesseis
Dos Juros, 175

Ensaio dezessete
Da balança comercial, 187

Ensaio dezoito
Da desconfiança no comércio, 205

Ensaio dezenove
Do equilíbrio de poder, 209

Ensaio vinte
Dos impostos, 219

Ensaio vinte e um
Do crédito público, 225

Ensaio vinte e dois
De alguns notáveis costumes, 239

Ensaio vinte e três
Do contrato original, 247

Ensaio vinte e quatro
Da obediência passiva, 267

Ensaio vinte e cinco
Da coalização de partidos, 271

Ensaio vinte e seis
Da sucessão protestante, 279

Ensaio vinte e sete
Idéia de uma república perfeita, 289

Bibliografia, 305

ENSAIO UM

Da liberdade de imprensa

Nada mais passível de surpreender um estrangeiro do que a extrema liberdade de que desfrutamos, em nosso país, de comunicar o que quer que seja conveniente ao público, e de abertamente censurar toda e qualquer medida que possa ter sido tomada pelo rei ou por seus ministros. Se a administração delibera em favor da guerra, afirma-se que, deliberada ou ignorantemente, está-se a falsear o interesse da nação, e que a paz, no atual estado das coisas, é infinitamente preferível. Se as paixões dos ministros os inclinam favoravelmente à paz, nossos autores políticos transpiram tão-somente a guerra e a devastação, e sentenciam a conduta pacífica do governo como algo mesquinho e pusilânime. Uma vez que essa liberdade não se faz concedida em nenhum outro governo, seja ele republicano ou monárquico, na Holanda ou em Veneza mais do que na França ou na Espanha, muito naturalmente ela pode ocasionar uma pergunta, qual seja, como se dá que só a Grã-Bretanha *desfruta de tal privilégio peculiar*?

A razão pela qual as leis nos concedem tal liberdade parece derivar de nossa forma mista de governo, a qual nem é completamente monárquica, nem de todo republicana. Descobrir-se-á, se não estou enganado, uma observação verdadeira em política, a de que os dois extremos de governabilidade, liberdade e escravidão, comumente chegam o mais próximo possível um do outro; e que quando se parte dos extremos, e se mescla um pouco de monarquia com liberdade, o governo se torna sempre o mais livre; por outro lado, quando se mescla um pouco de liberdade com monarquia, o jugo sempre se torna tanto mais severo e intolerável. Em um governo, tal como o da França, que é absoluto, e onde concorrem leis, costume e religião, todos para tornar o povo completamente satisfeito com sua condição, o monarca não pode entabular qualquer *desconfiança* contra seus súditos, e por essa razão está apto a condescender com eles em *liberdades* maiores tanto de fala quanto de ação. Em um governo completamente republicano, como o da Holanda, onde não há magistrado tão eminente a ponto de conferir *desconfiança* ao Estado, não há perigo em confiar grandes poderes discricionários aos magistrados. E embora muitas vantagens resultem de tais poderes, ainda assim dispõem considerável restrição às ações dos homens, e fazem cada cidadão particular prestar grande respeito ao governo. Assim, parece evidente que os dois extremos, de absoluta monarquia e de uma república, aproximam-se em alguns aspectos essenciais. No *primeiro*, o magistrado não tem desconfiança para com o povo; no *segundo*, o povo não tem nenhuma desconfiança para com o magistrado. Tal carência de desconfiança produz uma espécie de liberdade em monarquias, e de poder arbitrário em repúblicas.

Para justificar a outra parte da observação precedente, a de que em cada governo os meios estão muito afastados um do outro, e de que os mistos de monarquia e liberdade tornam o jugo ou mais cômodo ou mais penoso, devo fazer atentar para uma observação de Tácito com relação aos romanos sob os imperadores, segundo a qual eles nem poderiam suportar uma total escravidão, nem uma total liberdade: *Nec totam servitutem, nec totam libertatem pati possunt.* Essa observação, um celebrado poeta a traduziu e a aplicou ao inglês, em sua vivaz descrição da política e do governo da rainha Elisabete,

> Et fit aimer son joug a l'Anglois indompté,
>
> *Qui ne peut ni servir, ni vivre en liberté.*
>
> Henriade, livro. I.

De acordo com essas observações, estamos propensos a considerar o governo romano sob os imperadores como um misto de despotismo e liberdade, com a prevalência do despotismo; e o governo inglês como um misto do mesmo tipo, com o predomínio da liberdade. As conseqüências estão em conformidade com a observação precedente; e tal pode ser esperado daquelas formas mistas de governo, as quais produzem observância e desconfiança mútuas. Os imperadores romanos eram, muitos deles, os mais terríveis tiranos que algum dia conspurcaram a natureza humana; e é evidente que a sua crueldade foi instigada sobretudo pela sua *desconfiança*, e por observarem que todos os grandes homens de Roma toleravam com impaciência o domínio de uma família, que, não muito antes, não os superava em sabedoria. Por outro lado, à medida que a porção republicana do governo prevalece na Inglaterra, ainda que com um grande misto de monarquia, é obrigada, para a sua própria preservação, a manter uma vigilante *desconfiança* sobre os magistrados, a fim de remover todos os poderes discricionários e garantir a cada um vida e fortuna por meio de leis gerais e inflexíveis. Nenhuma ação deve ser considerada um crime, a não ser que a lei tenha terminantemente determinado que assim seja: um crime só pode ser imputado a alguém a partir de uma prova legal ante seus magistrados; e mesmo esses magistrados devem lhe estar sujeitos, obrigados, por seu próprio interesse, a manter um olho vigilante sobre as usurpações e sobre a violência dos ministros. Dessas causas procede que há tanto mais liberdade e, talvez, licenciosidade na Grã-Bretanha, como antigamente havia escravidão e tirania em Roma.

Esses princípios respondem pela grande liberdade de imprensa nesses reinos, para além do que é condescendido em qualquer outro governo. Apreende-se que o poder arbitrário se impõe furtivamente sobre nós, se não formos cautelosos em evitar o seu avanço, e se não houve método fácil de transmitir o alarme de um confim ao outro do reino. O espírito dos povos tem de ser freqüentemente instigado, a fim de refrear a ambição da Corte; e a ameaça de instigar esse espírito tem de ser empregada para evitar aquela ambição. Nada mais eficaz para essa finalidade do que a liberdade de imprensa, pela qual todo o aprendizado, a sagacidade e o gênio da nação possam ser empregados em favor da liberdade, sendo cada qual animado em sua defesa. Por essa razão, uma vez que a parte republicana de nosso governo pode se manter contra a monárquica, ela naturalmente teria o cuidado de manter livre a imprensa, como algo de importância para a sua própria preservação.

Contudo, deve-se conceder que a liberdade ilimitada da imprensa, ainda que seja difícil propor um remédio adequado para ela, é um dos males a atentar contra essas formas mistas de governo.

ENSAIO DOIS

De que a política é redutível à condição de ciência

Há uma questão, e uma questão que não há de ser a única, versando sobre a existência de alguma diferença essencial entre uma forma de governo e outra. E, sobre se cada forma não pode se tornar boa ou ruim, sendo bem ou mal administrada[a]. Tendo-se admitido que todos os governos são semelhantes, e que a única diferença consiste no caráter e conduta dos governantes, a maior parte das disputas políticas teria um fim, e todo o *zelo* por uma constituição sobre outra seria avaliado como sendo mais uma questão de fanatismo e loucura. Mas, embora amigo da moderação, não posso me abster de condenar esse sentimento, e com pesar seria levado a considerar que os negócios humanos admitem não maior estabilidade do que a que recebem dos humores e características casuais de homens particulares.

---

[a] Quanto a formas de governo, deixe que os tolos contestem,

A melhor há de ser a mais bem administrada.

Ensaio sobre o Homem, Livro 3

É verdade. Aqueles que defendem que a bondade de todo governo consiste na bondade da administração podem citar muitas instâncias particulares na história, nas quais aquele mesmo governo, em mãos diferentes, teria variado subitamente em direção aos dois extremos opostos de bom e mau. Compare-se o governo francês sob Henrique III e sob Henrique IV. A opressão, a leviandade o artifício por parte dos governantes; a facção, a sedição, a traição, a rebelião, a deslealdade por parte dos súditos são ingredientes a compor o caráter da era anteriormente miserável. Mas, uma vez que, patriota e heróico, o príncipe que a sucedeu se viu firmemente assentado no trono, o governo, o povo e todas as coisas pareceram estar de todo modificadas; tudo isso advém da diferença de temperamento e sentimentos desses dois soberanos. Exemplos desse tipo podem ser multiplicados, quase à infinidade, desde a história antiga até a história moderna, da estrangeira ou da interna.

Mas aqui seria apropriado fazer uma distinção. Todos os governos absolutos devem em ampla medida ser dependentes da administração; e essa é uma das grandes inconveniências a atentar contra aquela forma de governo. Mas um governo republicano e livre seria de um óbvio absurdo se as verificações e controles particulares, garantidos pela constituição, na verdade não exercessem nenhuma influência, e tampouco o fizesse o interesse, mesmo o de homens maus, em agir em favor do bem público. Tal é a intenção dessas formas de governo, e tal é o seu real efeito, onde elas são sabiamente constituídas: como, por outro lado, elas são a fonte de toda a desordem, e dos crimes mais sombrios, onde ou a habilidade ou a honestidade tem sido desejadas em sua moldura e instituição originais.

Tão grande é a força das leis, e de formas particulares de governo, e tão pequena sua dependência dos humores e temperamentos dos homens, que conseqüências quase tão gerais e certas podem por vezes ser delas deduzidas, a tal nos permitindo quaisquer das ciências matemáticas.

Ensaios Políticos

A constituição da república romana concedeu todo o poder legislativo ao povo, sem a permissão de uma voz negativa nem à nobreza nem aos cônsules. Esse poder ilimitado, eles o possuíam em um corpo coletivo, não em um representativo. As conseqüências foram: quando o povo, por êxito e conquista, havia se tornado muito numeroso e se disseminado para até uma grande distância da capital, as tribos-cidade, mesmo sendo as mais desprezíveis, recebiam quase todos os votos; por essa razão, eram as mais bajuladas por qualquer um que afetasse popularidade. Eram apoiadas em sua indolência pela distribuição geral de milho, e por subornos particulares, que recebiam de quase todos os candidatos. Por esses meios, elas se tornaram a cada dia mais licenciosas, e o Campo de Marte se fez uma cena perpétua de tumulto e sedição: escravos armados foram introduzidos entre aqueles cidadãos velhacos; desse modo, todo o governo incorria em anarquia, e a maior felicidade a que os romanos podiam ambicionar era o poder despótico dos césares. Tais são os efeitos da democracia desprovida de representante.

Uma nobreza pode possuir o todo, ou qualquer parte do poder legislativo de um estado, de dois modos distintos. Ou cada nobre compartilha o poder como parte do corpo tomado como um todo, ou o corpo como um todo desfruta do poder à medida mesma em que ele se compõe de partes, que tem, cada qual, um poder e uma autoridade distinta. A aristocracia veneziana é um exemplo do primeiro tipo de governo; a polonesa, do segundo. No governo veneziano, o corpo da nobreza como um todo possui todo o poder, e nenhum nobre tem autoridade alguma que ele receba a não ser que seja do todo. No governo polonês, cada nobre, mediante seus feudos, tem uma autoridade hereditária distinta sobre seus vassalos, e o corpo como um todo só tem a autoridade que ele recebe da concorrência de suas partes. As operações e tendências diferentes dessas duas espécies de governo podem ser tornadas aparentes mesmo *a priori*. Uma nobreza veneziana é preferível a uma polonesa, por poderem ser sempre variados os humores e a educação dos homens. Uma nobreza que possui o seu poder em comum preservará a paz e a ordem, tanto entre os seus próprios membros como entre seus súditos; e membro algum pode ter autoridade suficiente para controlar as leis por um momento. Os nobres preservarão a sua autoridade sobre o povo, mas sem a incorrência em nenhuma feroz tirania, nem em nenhum atentado à propriedade privada; porque tal governo tirânico não promove o interesse do corpo como um todo, ainda que tal interesse possa ser o de alguns indivíduos. Haverá uma distinção de classe entre a nobreza e o povo, mas essa será a única distinção no Estado. A nobreza como um todo formará um corpo, e o povo como um todo outro corpo, sem quaisquer feudos ou animosidades privadas, que espalham ruína e desolação por toda parte. É fácil ver as desvantagens de uma nobreza polonesa em cada um desses particulares.

Desse modo, é possível constituir um governo livre, como aquele em que uma única pessoa, chame-se-lhe doge, príncipe ou rei, deva possuir uma ampla participação de poder e deva constituir um equilíbrio ou uma contrapartida adequada às outras partes da legislatura. Esse magistrado chefe pode ser ou *eletivo* ou *hereditário*; e embora a instituição anterior possa, a uma visão superficial, parecer a mais vantajosa, ainda assim um inspecionar mais atento nela descobrirá maiores inconveniências do que na última, e tais que sejam fundadas em causas e princípios eternos e imutáveis. Em tal governo, o ocupar do trono é um aspecto de interesse por demais crucial e geral para não dividir o povo inteiro em facções. E é então uma guerra civil, esta, a maior de todas as doenças, há de ser empreendida, quase com certeza, sobre qualquer apatia. O príncipe eleito pode ser ou um *Estrangeiro* ou um *Nativo*: o primeiro será ignorante quanto ao povo que ele deve governar; suspeitoso de seus novos súditos, e suspeito ele próprio por eles. Dando a sua confiança inteiramente a estrangeiros, que jamais terão outra preocupação que não a de se enriquecer do modo mais rápido, enquanto o favor e a autoridade de seu mestre for capaz de apoiá-los. Um nativo levará para o trono todas as suas animosidades e amizades particulares, e jamais será visto em sua elevação sem

ENSAIOS POLÍTICOS

17

excitar o sentimento de inveja naqueles que antes o consideravam um igual. Para não mencionar que uma coroa é uma recompensa elevada demais para ser concedida a um único mérito, e sempre induzirá os candidatos a empregar a força, ou o dinheiro, ou intrigas, para buscar o voto dos eleitores: de modo que tal eleição não concederá ocasião melhor para mérito superior ao príncipe, do que se o Estado confiasse tão-somente ao nascimento a determinação de sua soberania.

Por essa razão, pode ser enunciado como um axioma universal em política *que um príncipe hereditário, uma nobreza sem vassalos e um povo votando em seus representantes, formara a* melhor *Monarquia, Aristocracia e Democracia*. Mas a fim de provar de maneira mais plena que a política admite verdades gerais, que são invariáveis segundo o humor ou a educação ou do súdito ou do soberano, não estaremos incorrendo em erro se observarmos alguns outros princípios dessa ciências, os quais podem parecer merecedores daquele caráter.

Facilmente se pode observar que, embora governos livres tenham sido comumente os mais apropriados para aqueles que partilham de sua liberdade, ainda assim eles são os mais ruinosos e opressivos para suas províncias. E essa observação pode, creio eu, ser postulada como uma máxima do gênero que estamos falando. Quando um monarca estende seus domínios à força de conquistas, ele logo aprende a considerar os seus súditos, tanto os velhos como os novos, sob a mesma paridade. Isso porque, na verdade, todos os seus súditos são os mesmos para ele, à exceção de seus amigos e favoritos, com os quais ele mantém uma proximidade pessoal. Por isso, ele não realiza qualquer distinção entre uns e outros em suas leis *gerais*; ao mesmo tempo, ele tem a cautela de evitar todos os atos *particulares* de opressão sobre um bem como sobre o outro. Mas um Estado livre necessariamente opera uma grande distinção, e deve sempre fazê-lo, até que os homens aprendam a amar os seus próximos como a si mesmos. Em tal governo, os conquistadores são todos legisladores, e estarão certos em suas deliberações com vistas a restrições de negócios ou a cobranças de impostos, de modo a extrair alguma vantagem particular ou pública de suas conquistas. Em uma república, os governadores de províncias também dispõem de mais oportunidades para escapar ilesos com seus saques, por meio de fraude ou intriga; e seus concidadãos, que vêem o seu próprio Estado enriquecido com o espólio de províncias subjugadas, estarão tanto mais inclinados a tolerar tais abusos. Isso para não mencionar que, em um Estado livre, uma precaução necessária é a freqüente substituição de governantes, o que obriga esses tiranos temporários a serem tanto mais eficientes e gananciosos para que possam acumular um montante suficiente de riquezas antes de ceder lugar a seus sucessores. Que tiranos cruéis foram os romanos pelo mundo afora durante o seu domínio! É bem verdade que eles tinham leis para evitar a opressão em seus magistrados provinciais, mas Cícero nos faz saber que para os romanos o melhor meio de consultar o interesse das províncias estava em repeli-lo dessas próprias leis. Pois, nesse caso, diz ele, nossos magistrados, desfrutando de uma completa impunidade, saqueariam não mais do que satisfariam a sua própria ganância; ao passo que, nos tempos atuais, igualmente devem satisfazer a ganância de seus magistrados e de todos os grandes homens de Roma, de cuja proteção necessitam. Quem será capaz de ler sobre as crueldades e opressões de Verres sem ser tomado de horror e espanto? E quem não ficará tomado de indignação ao ouvir que, após Cícero ter consumido sobre aqueles criminosos abandonados todas as rajadas de sua eloqüência, e persistido até vê-los condenados pelos maiores rigores das leis, ainda assim aquele cruel tirano viveu em paz até a idade avançada, em opulência e tranqüilidade, e, 30 anos depois, seus crimes foram declarados proscritos por Marco Antônio, por conta de sua exorbitante riqueza, por meio da qual ele se assentou junto a Cícero e aos homens mais virtuosos de Roma? Após a dissolução de seu domínio comum, o jugo romano se tornou mais brando nas províncias, como sabemos por Tácito[b]; e pode-se observar que muitos dentre os piores

---

[b] Ann., Lib I., cap. 2.

ENSAIOS POLÍTICOS

imperadores, Domiciano[c], por exemplo, foram cautelosos ao evitar toda a opressão às províncias. No[d] tempo de Tibério, a Gália era tida como sendo mais rica do que a própria Itália: creio que nem durante todo o período da monarquia romana o império tenha se tornado menos rico ou populoso em quaisquer de suas províncias; no entanto, na verdade o seu valor e disciplina militar estavam sempre à beira do declínio. E foi tão longe a opressão e a tirania dos cartagineses sobre os Estados súditos na África, como nos relata Políbio[e], que, não contente em reter para si metade de tudo o que era produzido no solo, algo por si só já altamente rentável, também o sobrecarregam com muitos outros impostos. Se passarmos dos tempos antigos para os modernos, havemos de manter a observação. As províncias de monarquias absolutas são sempre mais bem tratadas do que as dos Estados livres. Compare-se o *Païs conquis*, da França com relação à Irlanda, para se fazer convencido de tal verdade: mesmo sendo esse último reino em ampla medida ocupado pela Inglaterra, ele possui direitos e privilégios a ponto de poder exigir melhor tratamento do que aquele que uma província conquistada pode ter. Também a Córsega é um exemplo óbvio da mesma resolução.

Há um comentário em Maquiavel relacionado às conquistas de Alexandre, o Grande, que, penso eu, pode ser visto como uma daquelas eternas verdades políticas, que, em tempo algum, nem acidentes quaisquer podem relativizar. Pode parecer estranho, diz aquele político, que a manutenção da posse de tais súbitas conquistas, como as de Alexandre, pudesse ser tão tranqüila por parte de seus sucessores, e que os persas, durante todos os tumultos e guerras civis entre os gregos, jamais tiveram de fazer o menor esforço com vistas à recuperação de seu antigo governo independente. Para nos satisfazer no que diz respeito à causa desse notável acontecimento, temos de considerar que um monarca pode governar

---

[c] Suet. In vita Domit.

[d] *Egregium resumendae libertati tempus, si ipsi florentes, quam inops Italia, quam imbellis urbana plebs, nihil validum in exercitibus, nisi quod externum cogitarent.* Tacit. Ann, lib. 3.

[e] Lib. I, Cap. 72.

seus súditos de dois modos diferentes. Ou pode ele seguir as máximas dos príncipes orientais, e estender a sua autoridade a ponto de não permitir distinção de classe entre seus súditos, mas fazendo-o com aquela que procede imediatamente de si mesmo; ausência de vantagens por nascimento, de honras e possessões hereditárias e numa palavra, ausência de crédito entre o povo, a não ser que lhe fosse concedida com a sua autorização. Ou então um monarca pode exercer o seu poder de modo brando, como nossos príncipes europeus, permitindo outras fontes de honra além de sua simpatia e favor: nascimento, títulos, posses, valor, integridade, conhecimento ou grandes e afortunadas realizações. Na primeira espécie de governo, após uma conquista, é de todo impossível se desvencilhar do jugo, uma vez que, entre o povo, ninguém possui tamanho crédito e autoridade pessoal para encetar tal empreendimento: já na última, o menor infortúnio ou discórdia entre os vitoriosos instigaria os vencidos a pegar em armas, com líderes prontos a incentivá-los e conduzi-los em qualquer empreitada[f].

---

[f] Estou levando em conta, de acordo com a suposição de Maquiavel, que os antigos persas não tinham nobreza; no entanto, não há razão para suspeitar que o secretário florentino, que parece ter estado mais em contato com os autores romanos do que com os gregos, enganou-se nesse particular. Os persas mais antigos, cujos costumes são descritos por Xenófones, eram um povo livre e um dotado de nobreza. As suas *homotimoi* foram preservadas mesmo após estenderem suas conquistas e com a conseqüente mudança de seu governo. Ariano faz menção a elas como tendo se dado no tempo de Dario, *De exped,* Alex, lib. II. Historiadores também falam com freqüência de pessoas no comando como sendo homens de família. Tigranes, que foi general dos medos sob Xerxes, era da estirpe de Acmeno, Herod, lib. VII. cap. 62. Artáqueo, que comandou a escavação do túnel sob o monte Atos, era da mesma família. Id. cap. 117. Megabizo foi um dos sete eminentes persas que conspiraram contra o Magi. Seu filho, Zopiro, estava no mais alto comando sob Dario, e a ele entregou a Babilônia. O seu neto, Megabizo, comandou o exército, derrotado em Maratona. O seu neto, Zopiro também foi eminente e acabou banido da Pérsia. Herod, lib. III, Tuc. lib. I. Rosáceo, que comandou um exército no Egito sob Artaxerxes, também descendia de um dos sete conspiradores, Diod. Sic., lib. XVI. Agesilau, em Xenófones, Hist. Graec. lib. IV, desejoso de realizar um casamento entre o rei Coti, seu aliado, e

Ensaios Políticos

Tal é o raciocínio de Maquiavel, o qual parece sólido e conclusivo, ainda que a meu ver, ele tenha misturado falsidade e verdade ao afirmar que monarquias, governadas de acordo com a política exercida mais a leste, embora mais facilmente mantida quando subjugada, ainda que fosse a mais difícil de subjugar, uma vez que não podem conter nenhum súdito poderoso, cujo descontentamento e facção poderiam facilitar os empreendimentos do inimigo. Ademais, tal governo tão tirânico tem o dom de instigar a coragem dos homens e torná-los indiferentes ante as fortunas de seu soberano; além disso, digo que por experiência própria descobrimos que mesmo a autoridade temporária e delegada de generais e magistrados (sempre, em tais governos tão absoluta em sua esfera como a do próprio príncipe) é passível de, com os bárbaros habituados à submissão cega, produzir as revoluções mais perigosas e fatais. De modo que, em todos os aspectos, um governo brando é preferível e concede maior segurança tanto ao soberano como ao súdito.

---

a filha de Espitrídates, um persa de alta posição e que o havia desertado, tendo primeiramente perguntado a Coti a que família pertencia Espitrídates. "A uma das mais eminentes da Pérsia", respondeu Coti. Ariel, quando lhe foi oferecida a soberania por Clearco e sobre dez mil gregos, recusou-a como sendo de escalão por demais inferior, e disse que tão eminentes persas jamais tolerariam o seu governo. *Id. de exped.* lib. III. Algumas das famílias descendentes dos sete persas acima referidos permaneceram durante o governo de todos os sucessores de Alexandre; e no tempo de Antíoco, Políbio dizia de Mitrídates que este era descendente de um deles, lib. V cap. 43. Artabaso foi tido, como diz Ariano, *en tois protois Person.* Lib. III. E quando Alexandre casou em um só dia 80 de seus capitães com mulheres persas, a sua intenção era tão-somente a de aliar os macedônios às mais eminentes famílias persas. Id. lib. VII. Deodoro Siculo diz que eles eram os de mais nobre nascimento na Pérsia, lib. XVII. O governo da Pérsia era despótico, e conduzido, em muitos aspectos, à maneira mais oriental, mas não chegou ao ponto de extirpar toda a nobreza e de confundir classes e ordens. Considerados em si próprios, a eles e suas famílias, esses homens eram grandes independentemente de seu ofício e dos poderes a eles delegados. E a razão pela qual macedônios mantiveram tão facilmente o domínio sobre eles devia-se a outras causas, bem fáceis de encontrar nos anais da história; embora há que se admitir que o raciocínio de Maquiavel fosse tão duvidoso quanto a sua aplicação no caso presente.

Por essa razão, os legisladores não devem confiar o futuro governo de um Estado inteiramente ao acaso, mas devem prover um sistema de leis que regule a administração dos negócios públicos até a mais tardia posteridade. Efeitos sempre corresponderão a causas; e regulações sábias em qualquer domínio são o legado mais válido passível de ser deixado para as gerações futuras. Na pequena corte ou em repartições, as formas e métodos enunciados, pelos quais os negócios devem ser conduzidos, são tidos por um considerável apaziguar na depravação natural da humanidade. Por que não seria esse o caso em negócios públicos? Podemos atribuir a estabilidade e a sabedoria do governo veneziano, no curso de tantas eras, a algo que não seja a forma de governo? E não é fácil apontar tais defeitos na constituição original, que produziu os governos tumultuosos de Atenas e Roma, acabando por engendrar a ruína dessas duas famosas repúblicas? E tão pouca dependência demonstra esse assunto em relação aos humores e educação de homens particulares, que uma parte da mesma república pode ser sabiamente conduzida, e outra o pode de maneira fraca, exatamente pelos mesmos homens, tãosomente a partir das diferenças nas formas e instituições, pelas quais essas partes são reguladas. Pelos historiadores sabemos ser esse o atual caso de Gênova. Pois enquanto o Estado esteve sempre repleto de sedição, tumulto e desordem, o banco de St. George, que havia se tornado parte considerável do povo, era conduzido, já no curso de diversas gerações, com a mais suprema integridade e sabedoria[g].

As eras de maior sentido público nem sempre são as de maior eminência para a virtude privada. Boas leis podem gerar

---

[g] *Essempio veramente raro, e da Filosofi intante loro imaginate e vedute Republiche mai non trovato, vedere dentro ad un medesimo cerchio, fra medesimi cittadini, la liberta, e la tirannide, la vita civile e la corotta, la giustitia e la licenza; perche quello ordine solo mantiere quella citta piena di costumi antichi e venerabili. E s'egli auvenisse (che col tempo in ogni modo auverra) que San Giorgio tutta quel la citta occupasse, sarrebbe quella una Republica piu dalla Venetiana memorabile.* Della Hist. Florentinè, lib. 8.[10]

ordem e moderação no governo, enquanto hábitos e costumes podem instilar pouca humanidade ou justiça nas têmperas dos homens. O mais ilustre período da história romana, considerado em uma visão política, foi aquele entre a primeira e o fim da última Guerra Púnica, com o devido equilíbrio entre a nobreza e o povo sendo então fixado pelos debates entre os tribunos, e ainda não sendo perdido pela extensão das conquistas. No entanto, nesse próprio e mesmo período, a terrível prática do envenenamento foi tão comum que, durante parte de uma estação, um pretor puniu com a pena capital por esse crime mais de três mil [h] pessoas em certa região da Itália; e denúncias dessa natureza não paravam de chegar até ele. Há um exemplo semelhante ou, ainda pior[i], nos tempos mais primevos de seu domínio. Como foram depravadas em sua vida privada certas personalidades que em suas respectivas histórias tanto nos causam admiração. Não duvido de que eram realmente mais virtuosas durante o tempo dos dois *Triunviratos*, quando despedaçavam o país que tinham em comum, espalhando carnificina e desolação sobre a face da terra, e fazendo-o meramente por terem em vista escolha de tiranos[J].

Tem-se aqui, então, persuasão suficiente para defender, com o mais extremado zelo, em cada Estado livre, aquelas formas e instituições pelas quais a liberdade é garantida, o bem público, consultado, e a avareza ou ambição de homens particulares, restringida ou punida. Nada tem maior poder de honrar a natureza humana do que vê-la como suscetível de tão nobre paixão, assim como não se poder ter mais poderoso indicador da mediocridade do coração de um homem do que vê-lo destituído dela. Um homem que só ama a si mesmo, à revelia da amizade e do mérito, deve ser alvo das mais severas críticas; e um homem suscetível

---

[h] T. LIVII, lib. 40, cap. 43.
[i] *Id.* lib. 8, cap. 18.
[J] *L'Aigle contre L'Aigle, Romains contre Romains,*
Combatans seulement pour le choix de tyrans.
Corneille.

apenas da amizade, desprovido de espírito público ou de consideração para com a comunidade, é deficiente quanto ao quinhão mais visceral da virtude.

Mas tem-se aqui um tema em que no momento não mais precisamos insistir. De ambos os lados há zelotes suficientes a inflamar as paixões de seus partidários e eles, sob um pretenso bem público, perseguem os interesses e fins de sua facção particular. De minha parte, devo sempre me ver mais afeito a promover a moderação do que o zelo; muito embora talvez o meio mais certo de produzir a moderação em cada partido seja aumentar o nosso zelo pelo que é público; muito embora talvez o meio mais certo de produzir a moderação em *todos* os partidos seja aumentar o nosso zelo para com o público. Por essa razão, tentemos, se possível, a partir da doutrina precedente, extrair uma lição de moderação com relação aos partidos em que nosso país se encontra no atual momento dividido; ao mesmo tempo, não devemos permitir que essa moderação diminua a diligência e a paixão, que levam cada indivíduo a buscar o bem de seu país.

Os que atacam ou defendem um ministro em um governo como o nosso, onde a mais excelsa liberdade é permitida, sempre levam a extremos alguns tópicos, exagerando ante o público o seu mérito ou demérito. Seus inimigos estão bem certos em lhes acusar dos maiores exageros, tanto no gerenciamento dos negócios internos como no dos externos, e não há baixeza ou crime de que, no que lhe compete, ele não seja capaz. Guerras desnecessárias, acordos escandalosos, extravagâncias com o erário, impostos opressivos e todo o tipo de má administração lhe é imputada. Para tornar mais graves a acusação, a sua perniciosa conduta, diz-se, estenderá a sua nefasta influência mesmo à posteridade, solapando a melhor constituição do mundo e desordenando o sábio sistema de leis, instituições e costumes pelos quais nossos ancestrais, durante muitos séculos, de maneira tão feliz têm sido governados. Ele não só é um ministro perverso quando tomado

ENSAIOS POLÍTICOS

25

em si mesmo, como também aniquila toda a garantia que se possa ter contra os ministros perversos do futuro.

Por outro lado, os partidários do ministro fazem esse panegírico tão intenso quanto as acusações levantadas contra ele, e celebram essa conduta sábia, sóbria e moderada em todos os quadrantes de sua administração. A honra e interesse da nação tal como são mantidos para o exterior, o crédito público tal como sustentado no âmbito interno, as perseguições, restringidas, as facções, controladas; o mérito de todas essas bênçãos é atribuído tão-somente ao ministro. Ao mesmo tempo, ele coroa todos os seus outros méritos com um cuidado religioso da melhor constituição do mundo, essa que ele tem integralmente preservado, e a transmite inteira para a felicidade e segurança da mais tardia posteridade.

Quando essa acusação e panegíricos são recebidos pelos adeptos de cada partido, não surpreende que eles produzam uma extraordinária fermentação de ambos os lados, e tornem a nação repleta de violentas animosidades. Mas eu sutilmente persuadiria esses zelotes de partido de que há uma peremptória contradição tanto na acusação como no panegírico, e que seria impossível para ambos ir muito longe: tudo por causa dessa contradição. Se a nossa constituição for realmente *aquela nobre trama, o orgulho da Grã-Bretanha e inveja de nossos vizinhos, alçada pelo labor de tantos séculos, reparada às expensas de tantos milhões e cimentada por tamanha profusão de sangue*[K], digo, que se nossa constituição em grau algum merece tais louvores, eu jamais permitiria que um ministro perverso e fraco governasse de maneira triunfante por um curso de vinte anos, sofrendo a oposição dos maiores gênios da nação, que exercitavam a mais extrema liberdade da língua e da pena, no parlamento e em seus freqüentes apelos ao povo. Mas, sendo o ministro perverso e fraco até o grau em que com tanto ardor insistimos, a constituição há de ser falha em seus princípios

---

[K] *Dissertation on parties,* letter 10.

originais, e ele não pode ser responsabilizado de maneira consistente pelo solapar da melhor constituição do mundo. Uma constituição só é tão boa à medida que promove remédio contra a má-administração e se, no caso da constituição britânica, em seu mais alto vigor, e corrigida por acontecimentos notáveis como a *Revolução* e a *Ascensão*, pelos quais nossa antiga família real foi sacrificada; se digo que nossa constituição, com tão grandes vantagens, na verdade não fornece tal remédio, muito mais tenderemos a captar algum ministro que a solape, e nos permitiremos uma oportunidade de erigir em seu lugar uma constituição melhor.

Eu empregaria os mesmos tópicos para moderar o zelo daqueles que defendem o ministro. *Seria a nossa constituição tão excelente?* Então uma mudança de ministério não haveria de ser acontecimento tão apavorante; sendo tão essencial a tal constituição, em todo e qualquer ministério, tanto preservá-la da violação como evitar todo e quaisquer excesso das administrações. *Seria a nossa constituição muito ruim?* Então uma tal apreensão tão extraordinária e zelosa das mudanças estaria deslocada; e um homem não deveria ser mais zeloso nesse caso do que um marido, casado com uma mulher do baixo meretrício haveria de ser vigilante para evitar a sua infidelidade. Assuntos públicos, como é o caso de uma constituição, necessariamente devem levar à confusão, quaisquer que sejam as mãos pelas quais forem conduzidos; e o zelo dos patriotas será em tal caso muito menos exigido do que a paciência e a submissão dos filósofos. A virtude e as boas intenções de Cato e Brutus são altamente louváveis; mas a que finalidade o seu zelo vem servir? Ele de nada serve, a não ser para precipitar o período fatal do governo romano e para tornar mais violentas e dolorosas as suas convulsões e agonias de morte.

Não estou querendo dizer que os negócios públicos não mereçam cuidado e atenção. Se os homens forem moderados e razoáveis, suas reivindicações hão de ser bem acolhidas, ou pelo menos podem ser examinadas. O *partido de oposição* também há de concordar que nossa constituição, ainda que excelente, pode

Ensaios Políticos 27

admitir falhas administrativas em certo grau; e por essa razão, se o ministro for ruim, é adequado fazer-lhe oposição com um grau de zelo *que seja conveniente*. Por outro lado, ao partido de oposição pode ser permitido, supondo-se que os ministros sejam bons, defender a sua administração, e o fazer também com *algum* zelo. Eu só persuadiria os homens a não entrar em contendas, como se estivessem lutando *pro aris e focis*, e transformassem uma boa constituição em uma ruim, pela violência de suas facções.

Na presente controvérsia, não considerei coisa alguma que fosse de caráter pessoal. Na melhor constituição civil, onde cada homem é limitado pelas leis mais rígidas, é fácil descobrir as intenções boas ou más de um ministro, e julgar se o seu caráter pessoal é merecedor de amor ou de ódio. Mas tais questões são de somenos importância para o público e para a casa dos comuns, e quem nelas se exercita será com justeza suspeitoso de malevolência ou de lisonja.

ENSAIO TRÊS

Dos princípios primeiros do governo

Nada se afigura mais surpreendente aos que consideram os assuntos humanos com um olhar filosófico, do que a facilidade com que muitos são governados por poucos; e a submissão implícita com que homens resignam seus próprios sentimentos e paixões aos de seus legisladores. Quando investigamos por que meios esse prodígio se realiza, vemos que, estando a força sempre do lado do governado, os governantes nada têm em seu apoio a não ser a opinião. Por isso, funda-se o governo tão-somente na opinião; e essa máxima se estende aos governantes mais despóticos e militares, bem como aos mais livres e populares. O sultão do Egito, ou o imperador de Roma, pode conduzir os seus súditos de maneira que não lhes seja nociva, como a bestas brutais, contra seus sentimentos e inclinações: mas devem, pelo menos, ter conduzido *os seus bandos mamelucos* ou *pretorianos*, como homens, por sua opinião.

A opinião é de dois tipos, quais sejam, a opinião *de interesse* e a opinião *de direito*. Por opinião de interesse compreendo sobretudo o sentido de vantagem geral, o qual é ceifado do governo, e isso juntamente com a persuasão de que o governo particular, que é estabelecido, é igualmente vantajoso com qualquer outro que pudesse facilmente ser estabelecido. Quando essa opinião prevalece sobre a generalidade de um Estado, ou sobre aqueles que têm a força em suas mãos, ela fornece imensa garantia a qualquer governo.

O direito é de dois gêneros, o direito de *poder* e o direito de *propriedade*. Que prevalência a opinião do primeiro tipo tem sobre a humanidade é algo que se deixa facilmente compreender, observando-se o compromisso que todas as nações têm com o governo antigo, e mesmo com os nomes que dispõem da sanção da antigüidade. A antigüidade sempre engendra a opinião do direito; e por mais desabonadores que possam ser os sentimentos que temos da humanidade, eles serão sempre pródigos tanto no que diz respeito ao sangue quanto ao tesouro na manutenção da justiça pública. Na verdade, não há particular em que, à primeira vista, possa se revelar uma maior contradição nos quadros da mente humana do que o presente. Quando os homens agem em facções, eles estão aptos, sem vergonha ou remorso, a negligenciar todos os laços de honra e moralidade, a fim de servir a seu partido; e ainda assim, quando uma facção é formada a partir de um direito ou princípio, não há como os homens descobrirem uma maior obstinação e um sentido mais determinado de justiça e eqüidade. A mesma disposição social da humanidade está na origem de tais aparências contraditórias.

Foi suficientemente compreendido que a opinião do direito à propriedade é de importância em todas as questões de governo. Um renomado autor fez da propriedade a fundação de todo o governo; e a maior parte de nossos autores políticos parecem inclinados a segui-lo nesse particular. Isso já é levar a questão longe demais; mas ainda assim deve-se reconhecer que a opinião do direito à propriedade exerce grande influência no que diz respeito a esse tema.

Portanto, sobre essas três opiniões, de *interesse* público, do *direito ao poder* e do *direito à propriedade*, todos os governos estão fundados, bem como toda a autoridade dos poucos sobre os muitos. Na verdade há outros princípios que a esses fortaleçam, determinando, limitando ou alterando a sua operação; tais são os princípios de *auto-interesse, medo e afecção*: mas ainda assim temos de afirmar que esses outros princípios não podem exercer influência alguma se tomados isoladamente, mas supõe a influência antecedente daquelas opiniões acima referidas. Por essa razão,

ENSAIOS POLÍTICOS 31

devem ser avaliados os princípios secundários de governo, e não os originais.

Em primeiro lugar, na qualidade de *auto-interesse*, pelo qual me refiro à expectativa de recompensas particulares, distintas da proteção geral que recebemos do governo, é evidente que a autoridade do magistrado deve ser estabelecida antes, ou pelo menos é o que se espera, para que se produza essa expectativa. A expectativa de recompensa pode aumentar a sua autoridade com relação a algumas pessoas particulares; mas jamais pode originá-la, no que diz respeito ao público. É natural que os homens busquem os maiores favores de seus amigos e conhecidos; por essa razão, as esperanças de qualquer soma considerável do Estado jamais estaria centrada em um conjunto determinado de homens, se esses homens não tivessem qualquer outro título de magistratura, e não exercessem suas influências individuais sobre as opiniões da humanidade. A mesma observação pode ser estendida aos outros dois princípios de *medo* e *afecção*. Homem algum teria qualquer razão para *temer* a fúria de um tirano se este não tivesse sobre ele alguma autoridade a não ser a que partisse do medo. E uma vez que, na condição de homem individual, a sua força corporal só poderá ter um espectro limitado, e uma vez que todo o poder adicional que ele possuir deverá estar fundado ou em sua própria opinião ou na opinião presumida de outros. E embora a *afeção* de sabedoria e virtude em um *soberano* tenha estendido seus braços para muito longe, e tenha exercido uma grande influência, ainda assim deve-se supô-la antecedentemente investida de um caráter público, ou de outro modo a estima do público não lhe será de utilidade, nem a sua virtude terá qualquer influência para além de uma esfera bastante estreita.

Um governo pode se manter no poder pelo curso de diversas gerações, ainda que não coincidam os equilíbrios do poder e da propriedade. Isso acontece sobretudo onde alguma posição ou ordem do Estado tiver adquirido uma ampla participação na propriedade; mas a partir da constituição original do governo, não se tem participação no poder. Qual seria a reivindicação para algum indivíduo daquela categoria assumir alguma autoridade em negócios públicos? Uma vez que os homens se encontram não raro muito apegados a seu governo antigo, não há porque esperar que o público viesse a favorecer tais usurpações. Mas onde a constituição original nos permite qualquer partilha de poder, ainda que reduzida, com uma espécie de homens detentores de ampla participação na propriedade, para estes será fácil gradualmente estender a sua autoridade, e fazer o equilíbrio de poder coincidir com o da propriedade. É o que tem acontecido na casa dos comuns, na Inglaterra.

A maior parte dos autores que tem abordado o governo britânico parte da suposição de que a casa dos inferiores (lower house) representa todos o povo da Grã-Bretanha, o seu peso na escala sendo proporcionado para a propriedade e poder de todos os que ela representa. Mas esse princípio não deve ser tomado como de absoluta verdade. Pois embora as pessoas estejam mais aptas a se associar à Casa dos Comuns mais do que a quaisquer outros membros da constituição, tal Casa sendo por eles escolhida como a de seus representantes e como dos guardiães públicos da liberdade, ainda assim há instâncias em que a Casa, mesmo quando em oposição à Coroa, não tem sido seguida pelo povo, como podemos observar no que diz respeito à Casa *Tory* (conservadora) dos comuns durante o reinado do rei Guilherme. Se os membros fossem obrigados a receber instruções de seus constituintes, como se tem no caso dos deputados holandeses, isso mudaria completamente o caso, e se tão imenso poder e riquezas, como o da Casa dos Comuns na Grã-Bretanha, fosse visto em sua real dimensão, não é fácil conceber que a Coroa poderia ou influenciar aquela multidão de pessoas, ou remover aquele desequilíbrio de propriedade. É verdade, a Coroa exerce grande influência sobre o corpo coletivo da Grã-Bretanha nas eleições de membros; mas se essa influência, que hoje é exercida somente uma vez a cada sete anos, fosse empregada para atrair as pessoas para o voto, ela logo se deixaria enfraquecer; e nenhuma habilidade, popularidade ou rendimentos viriam em seu socorro. Por isso, sou levado a aquiescer que uma alteração nesse particular produziria uma mudança global em nosso governo e logo o reduziria a uma pura república, e talvez a uma república cuja modalidade não fosse inconveniente. Pois embora as pessoas, reunidas em um corpo como as tribos romanas, fossem bastante ineptas para o governo, ainda assim, se dispersadas em corpos pequenos, seriam mais suscetíveis tanto de ordem como de razão; a força de movimentos e tendências populares é, em ampla medida, estilhaçada, e o interesse público pode ser buscado com algum método e constância. Mas é desnecessário raciocinar tanto mais acerca de uma forma de governo que provavelmente jamais se dará na Grã-Bretanha, e que parece não ser o objetivo de nenhum partido entre nós. Melhor fazemos se estimamos o nosso antigo governo, e o melhoramos tanto quanto possível, sem instigar paixões por tais perigosas novidades.

ENSAIO QUATRO

Da origem do governo

O homem, nascido no seio de uma família, é impelido a manter sociedade a partir da necessidade, da inclinação natural e do hábito. A mesma criatura, em seus progressos ulteriores, é levada a estabelecer a sociedade política a fim de executar a justiça; sem isso não pode haver paz entre eles, os homens, nem segurança, nem interação mútua. Por essa razão, devemos olhar para todo o amplo aparato de nosso governo como não tendo em última instância nenhum outro objeto ou finalidade que não a distribuição da justiça ou, em outras palavras, o apoio dos doze magistrados. Reis e parlamentos, esquadras e exércitos, oficiais da corte e administradores do erário, embaixadores, ministros e conselheiros participantes, todos são subordinados em seu fim a essa ala da administração. Mesmo os clérigos, à medida que seus deveres os levam a inculcar moralidade, com justeza podem ser pensados, no que concerne a este mundo, a não tirar qualquer outra utilidade de sua instituição.

Todos os homens são sensíveis à necessidade de justiça para manter a paz e a ordem; e todos os homens são sensíveis à necessidade de paz e ordem para a manutenção da sociedade. Ainda assim, não obstante essa forte e evidente necessidade, como é frágil ou perversa a nossa natureza! É impossível manter homens, de maneira fiel e acurada, nas sendas da justiça. Algumas circunstâncias extraordinárias podem se dar, em que um homem pode achar que seus interesses são mais promovidos por fraude ou por rapina do que o dolo pela violação que a sua injustiça promove na união social. Mas com mais freqüência ele é seduzido por seus interesses de grande monta e importância, ainda que eles sejam distantes, pela atração de tentações presentes, ainda que estas sejam muitas vezes frívolas. Essa grande fraqueza é incurável na natureza humana.

Por essa razão, os homens devem se esforçar em aplicar paliativos ao que não podem curar. Eles devem instituir algumas pessoas, sob a apelação de magistrados, cujo peculiar ofício é identificar os decretos de eqüidade, punir transgressores, promover corretivos à fraude e à violência e obrigar homens, que possam se mostrar relutantes, a consultar aqueles que seriam os seus próprios interesses reais e permanentes. Em uma palavra, a *obediência* é um novo dever que deve ser inventado para oferecer seu apoio à *justiça*; e os laços de eqüidade deverão corroborar aqueles de obediência.

Ainda, porém, vendo as questões à luz da abstração, pode-se pensar que nada se ganha com essa aliança, e que a dívida facciosa da obediência, pela sua própria natureza, pode se afigurar um sustentáculo tão débil para a mente humana quanto um dever de justiça primitivo e natural. Interesses peculiares e tentações presentes podem sobrepujar tanto um como outro. Eles estão igualmente expostos à mesma inconveniência. E o homem, que está inclinado a ser um mau vizinho, deverá ser conduzido, pelos mesmos motivos, bem ou mal entendido, a ser um mau cidadão ou mau súdito. Isso para não mencionar que o próprio magistrado pode muitas vezes ser negligente, ou parcial, ou injusto em sua administração.

Contudo, a experiência demonstra haver uma grande diferença entre esses casos. A ordem na sociedade, a nosso ver, se faz bem mais eficazmente mantida pela ação do governo; e o nosso dever para com o magistrado é mais estritamente guardado pelos princípios da natureza humana do que a nossa dívida para com nossos concidadãos. O amor ao domínio é tão forte no âmago do homem, que muitos não só se submeterão, mas cortejarão todos os perigos,

ENSAIOS POLÍTICOS

37

fadigas e cautelas de governo; e os homens, uma vez alçados àquela posição, embora não raro se ponham a extravio por paixões privadas, encontram, em casos comuns, um interesse visível pela administração imparcial da justiça. As pessoas que primeiro atingiram essa distinção pelo consentimento, tácito ou expresso, do povo, deverão ser dotadas de qualidades pessoais superiores no que diz respeito a valor, força, integridade ou prudência, as quais merecem respeito e confiança: e após o governo ser estabelecido, a consideração dos fatores nascimento, classe e posição há de exercer poderosa influência sobre os homens, e fazer cumprir os decretos do magistrado. O príncipe ou líder se pronuncia contra qualquer desordem que possa causar distúrbios a sua sociedade. Ele convoca todos os seus partidários e todos os homens de probidade a auxiliá-los em sua correção e reparação: e nisso é prontamente seguido por todas as pessoas indiferentes na execução desse ofício. Logo adquire a capacidade de recompensar esses serviços; e no progresso da sociedade, estabelece ministros subordinados e não raro uma força militar, que encontra imediato e visível interesse em oferecer apoio a sua autoridade. O hábito logo consolida o que outros princípios da natureza humana haviam imperfeitamente fundado; e os homens, uma vez acostumados à obediência, jamais cogitam se demover da senda que eles e seus ancestrais constantemente palmilharam, e a qual estão confinados por tão urgentes e visíveis motivos.

Mas embora esse progresso de assuntos humanos possa parecer algo certo e inevitável, e embora o apoio que a fidelidade traga à justiça se fundamente em óbvios princípios da natureza humana, não se pode esperar que homens devam de antemão ser capazes de descobrir ou de antever sua operação. O governo se inicia de maneira mais casual e imperfeita. É provável que o primeiro ascendente de um homem sobre multidões comece durante um estado de guerra; onde a superioridade de coragem e de gênio se descubra ela própria o mais visivelmente, onde a unanimidade e o acordo sejam os mais requeridos e onde os efeitos perniciosos da desordem se façam mais profundamente sentidos. (Isso supondo)*, a continuidade estendida daquele Estado, um incidente comum entre tribos selvagens, levaria os povos a comprazer-se na submissão; e se o cacique possuísse tanta eqüidade quanto prudência e valor, ele se tornaria, mesmo durante a paz, o árbitro de todas as diferenças e poderia gradualmente, por um misto de força e consentimento, estabelecer a sua autoridade. O benefício sensivelmente percebido dessa influência, fá-lo ser tratado com carinho pelas pessoas, ou ao menos pelas que se mostrarem pacíficas e bem dispostas em seu meio; e se seu filho dispusesse das mesmas boas qualidades, o governo logo avançaria em direção à maturidade e à perfeição; mas ainda estando em um estado de debilidade, até o progresso adicional do desenvolvimento suscitaria no magistrado um fisco, e o capacitaria a conferir recompensas a partir dos diversos instrumentos de sua administração e a infligir punições contra os refratários ou desobedientes. Até esse período, qualquer exercício de sua influência deve ter sido particular e fundado nas circunstâncias peculiares do caso. Depois disso, a submissão deixaria de ser uma questão de escolha no cerne da comunidade, sendo rigorosamente imposta pela autoridade do magistrado supremo.

Em todos os governos, há uma perpétua luta intestina, aberta ou secreta, entre *autoridade* e *liberdade*; e nenhuma delas poderá ser algum dia absolutamente prevalecente na disputa. Um grande sacrifício de liberdade tem de necessariamente ser feito em cada governo; no entanto, mesmo a autoridade, que confina a liberdade, jamais poderá, e talvez tampouco deverá, em qualquer constituição, se tornar inteira e incontrolável. O sultão é o senhor da vida e do destino de todo e qualquer indivíduo; mas não lhe será permitido criar novos impostos para seus súditos: um monarca francês pode criar impostos a seu bel-prazer; mas seria perigoso atentar contra

---

* Acréscimo necessário, tendo em vista a mudança no tempo verbal no original. (N. do T.)

as vidas e destinos dos indivíduos. Também a religião, na maior parte dos países, é tida não raro como um princípio dos mais intratáveis; e outros princípios ou preconceitos freqüentemente resistem a toda autoridade do magistrado civil, cujo poder, fundado na opinião, jamais pode subverter outras opiniões, igualmente enraizadas com aquela de seu título de domínio. O governo que, em apelação comum, recebe a apelação do livre, é aquele que admite uma partilha de poder entre diversos membros, cuja autoridade unida não é menor, ou mesmo não raro vem a ser maior, que a de qualquer monarca; é aquele que, no curso normal da administração, deve agir por leis gerais e iguais, previamente conhecidas de todos os membros e de todos os seus súditos. Nesse sentido, é preciso admitir que a liberdade é a perfeição da sociedade civil; mas ainda assim a autoridade tem de ser reconhecida como essencial a sua própria existência: e nessas contendas, que tantas vezes se dão entre um e o outro, o último pode, isso considerando, desafiar a preferência. A não ser que talvez se possa dizer (e possa ser dito com alguma razão) que a circunstância, essencial à existência da sociedade civil, tenha sempre de apoiar a si própria, e deva ser guardada com menos zelo do que se faria com uma que contribui tão-somente para a sua perfeição, essa que a indolência de homens é tão apta a negligenciar, ou sua ignorância a irrefletidamente desconsiderar.

ENSAIO CINCO

Da independência do parlamento

Autores em política postularam como máxima que, ao elaborar qualquer sistema de governo e determinar os diversos anteparos e controles de sua constituição, cada homem deverá ser supostamente um *pústula* e não ter nenhum outro fim em suas ações do que o seu interesse particular. É por meio desse interesse que devemos governá-lo e, por essa via, fazê-lo cooperar com o bem público, a despeito de sua insaciável avareza e ambição. Sem isso, em vão haveriam de jactar-se das vantagens de qualquer constituição e ao final deveriam achar que não dispomos de nenhuma segurança para nossas liberdades ou posses, à exceção da boa vontade de nossos legisladores, e isso equivale a dizer que não teríamos segurança alguma.

Por essa razão, é tão-somente uma máxima *política* a *de que todo homem é supostamente um pústula*: isso a despeito de parecer um pouco estranho que uma máxima deva ser verdadeira em *política*, sendo falsa *de fato*. Mas a fim de nos darmos por satisfeitos a esse respeito, podemos considerar que os homens são geralmente mais honestos em suas capacidades privadas do que nas públicas, e iriam mais longe para servir um partido se levassem em conta tão-somente o seu interesse privado. Para a humanidade, a honra serve de anteparo: mas onde houver um corpo considerável de homens atuando em conjunto, esse anteparo em ampla medida se desfaz; na medida mesma em que um homem tem a certeza de receber a aprovação de seu próprio partido, do qual promove o interesse comum, ele logo aprende a desconsiderar o clamor dos adversários. A esses podemos acrescentar que cada corte ou senado é determinado pelo maior número de vozes, de modo que, se o autointeresse influencia somente a maioria, (como sempre acontece) todo o senado segue o que parece tentador ao seu interesse tomado individualmente, e age como se contivesse não mais que um único membro a dar conta do interesse e liberdade públicos.

Quando, por essa razão, ali se mostra para a nossa crítica e exame, qualquer plano de governo, real ou imaginário, onde o poder seja distribuído entre diversas cortes e diversas classes de homens, devemos sempre considerar o interesse individual de cada corte e de cada classe de homem; e, se acharmos que, pela habilidosa divisão de poder, esse interesse deve necessariamente, em sua operação, ir ao encontro do interesse público, podemos inferir que aquele governo é sábio e feliz. Se, ao contrário, o interesse individual de cada qual não for refreado, e se não for direcionado ao público, não haveremos de encontrar nada além de facção, desordem e tirania por parte de tal governo. A essa opinião sou justificado pela experiência, bem como pela autoridade de todos os filósofos e políticos, tanto antigos como modernos.

Por isso há que se perguntar se teria causado surpresa a um gênio como Cícero ou Tácito se se lhes dissesse que, em uma era futura, deveria ser erigido um sistema bastante regular de governo *misto*, onde a autoridade fosse distribuída de tal maneira que uma classe, sempre que tal lhe fosse conveniente, pudesse devorar todo o resto e tomar conta do inteiro poder da constituição. Tal governo, diriam eles, não seria um governo misto. Pois tamanha é a ambição natural do homem, que ele jamais se satisfaz com o poder; e se uma classe de homens, perseguindo o seu próprio interesse, pudesse usurpar o de outra classe, ela certamente o faria, e se tornaria, tanto quanto possível, absoluta e incontrolável.

Mas, seguindo essa opinião, a experiência mostra que eles teriam incorrido em erro. Pois esse é justamente o caso da cons-

ENSAIOS POLÍTICOS   43

tituição britânica. A partilha de poder, alocado por nossa constituição para a casa dos comuns, é grande a ponto de comandar simplesmente todas as outras partes do governo. O poder legislativo do rei de modo algum serve como anteparo a esse poder. Pois embora o rei tenha um poder negativo na lavragem das leis, o exercício desse demanda tão breve instante que o que quer que seja votado pelas duas casas sempre certamente passará à forma de lei, e o assentimento real será pouco mais do que mera formalidade. O principal peso da coroa reside no poder executivo. Mas, além de o poder executivo em todo e qualquer governo ser completamente subordinado ao legislativo, o exercício desse poder se dá a um custo imenso, e os comuns têm assumido para si próprios o direito único de granjear divisas. Por isso, quão fácil seria, para aquela casa, alijar a coroa de todos esses poderes, um após o outro; tornando condicional cada concessão, e escolhendo o seu tempo tão bem, que a sua recusa de subsídios só viria a desgostar o governo, sem dar aos poderes estrangeiros qualquer vantagem sobre nós. A casa dos comuns dependeria do rei, e nenhum dos membros teria qualquer propriedade a não ser esse dom; e então, não comandaria ele todas as resoluções, sendo, por um momento, absoluto? A exemplo da casa dos lordes, a casa dos comuns é um apoio muito poderoso para a coroa, mas isso enquanto os próprios comuns forem apoiados por esta; e tanto a experiência como a razão mostraram que eles não têm suficiente força ou autoridade para se manter a si próprios sozinhos, sem tal apoio.

Sendo assim, de que modo havemos de resolver esse paradoxo? E por que meios esse membro de nossa constituição é confinado no âmbito de seus próprios limites, uma vez que, a partir de nossa própria constituição, ele deve ter necessariamente tanto poder quanto ela demanda, unicamente por si mesmo podendo ser limitado? De que modo isso é consistente com a nossa experiência da natureza humana? Eu respondo que o interesse do corpo é aqui restringido pelo interesse dos indivíduos, e que a casa dos comuns não faz expandir esse poder, já que tal usurpação seria contrária

44 DAVID HUME

ao interesse da maioria de seus membros. A coroa tem tantos depar-
tamentos governamentais à sua disposição que, quando assistida pela
ala honesta e desinteressada da casa, ela comandará as resoluções do
todo, e até aí o fará pelo menos para preservar de algum perigo a antiga
constituição. Podemos, por isso, dar a essa influência o nome que nos
aprouver; podemos chamá-la pelas denominações desagradáveis de
corrupção e *dependência*; mas em algum gênero e tipo essa influência
é inseparável da própria natureza da constituição, além de necessária à
preservação de nosso governo misto.

Em vez de afirmar[a] de modo absoluto que a dependência do
parlamento, em todo e qualquer grau, é uma infração à liberdade
britânica, o partido contrário deveria ter feito algumas concessões a
seus adversários e só ter examinado aquele que seria especificamente
o seu grau de dependência, para além do qual ele se tornaria perigoso
para a sua liberdade. Mas tal moderação não é esperada de homens
de partido de tipo algum. Após uma concessão dessa natureza, toda
declamação tem de ser abandonada, e haveria de ser esperada pelos
leitores uma serena investigação sobre o grau adequado da influência
da corte e da dependência do parlamento. E no entanto a vantagem,
em tal controvérsia, pode possivelmente continuar com o *partido
contrário*; ainda assim, a vitória não seria tão completa como seria de
se desejar, e tampouco um verdadeiro patriota inteiramente se desfaria
de seu zelo por medo de conduzir as questões ao seu extremo oposto,
dirimindo excessivamente[b] a influência da coroa. Por isso, o melhor

---

[a] Ver *Dissertation on Parties*, em sua integralidade.

[b] Por *essa influência da coroa*, a qual eu justificaria, refiro-me tão-somente àquela
advinda dos cargos e honras que estão à disposição da coroa. Já o caso do
suborno particular pode ser considerado sob a mesma luz que a prática de empregar
espiões, dificilmente justificável em um bom ministro, e infame em um ministro mau:
mas ser um espião ou ser corrompido há de ser sempre uma infâmia para todos os
ministros, devendo ser vista como uma prostituição desprovida de toda a vergonha.
É com justeza que Políbio avalia a influência pecuniária do senado e dos censores
como sendo um de seus pesos regulares e constitucionais, esses que preservavam
o equilíbrio do governo romano. Lib. VI, Cap. 15.

Ensaios Políticos

45

seria negar que esse extremo pudesse ser perigoso para a constituição, ou que a coroa pudesse algum dia exercer tão ínfima influência sobre os membros do parlamento.

Todas as questões referentes ao meio adequado entre os extremos são de difícil decisão; tanto porque não é fácil encontrar palavras adequadas para fixar esse meio como porque o bem e o mal, em tais casos, de maneira tão gradual se aproximam um do outro, que chegam a ser duvidosos e incertos nossos *sentimentos*. Mas há uma dificuldade peculiar no caso presente, que causaria embaraço ao mais versado e imparcial examinador. O poder da coroa é sempre detido por uma única pessoa, seja ela rei ou ministro; e uma vez que essa pessoa pode ter um grau maior ou menor de ambição, de capacidade, de coragem, popularidade ou boa sorte, o poder, que é tão grande em uma mão, pode se tornar pequeno demais em outra. Em repúblicas puras, onde o poder é distribuído entre diversas assembléias ou senados, os anteparos e controles são mais regulares em sua operação; porque os membros de tais numerosas assembléias podem sempre ser presumidamente quase iguais em capacidade e virtude, tão-somente o seu número, suas riquezas ou autoridade são levados em consideração. Mas uma monarquia limitada não admite tal estabilidade; nem é possível atribuir à coroa esse determinado grau de poder, uma vez que a vontade em cada mão compõe um equilíbrio adequado com as outras partes da constituição. Tem-se aí uma desvantagem inevitável, entre as muitas desvantagens, no que diz respeito àquela espécie de governo.

ENSAIO SEIS

Sobre se o governo britânico se inclina mais para a monarquia absoluta ou para uma república

Proporciona um acerbo preconceito contra quase toda a ciência que nenhum homem prudente, ainda que certo quanto a seus princípios, ousa profetizar relativamente a qualquer acontecimento, ou predizer as conseqüências remotas das coisas. Um médico não há de se aventurar a um pronunciamento sobre quais serão as condições de um paciente dali a uma quinzena ou um mês; ainda menos um político ousa predizer qual há de ser a situação dos negócios públicos alguns anos depois. Harrington, embora tão certo de seu princípio geral, o de que o equilíbrio do poder depende daquele da pobreza, aventurou-se a enunciar como impossível até mesmo o restabelecimento da monarquia na Grã-Bretanha; mas o seu livro quase não foi publicado por ocasião da restauração do rei. E vemos que a monarquia desde então tem subsistido no mesmo pé que antes. Não obstante esse exemplo infeliz, aqui hei de me aventurar a examinar uma importante questão, a de sobre se o governo britânico se inclina para a mais absoluta monarquia ou para uma república; e em qual dessas duas espécies de governo ele, com mais probabilidade, terminará? Como não se vislumbra algum grande perigo de súbita revolução, devo minimamente escapar de uma vergonha propondo-me a tal temeridade, se eu vier a descobrir que estou errado.

Os que afirmam que o equilíbrio de nosso governo se inclina para a monarquia absoluta, podem sustentar sua opinião nas seguintes razões. Que a propriedade exerce grande influência sobre o poder, não é algo que possa ser negado; no entanto, a máxima geral, de que o equilíbrio de um depende do equilíbrio do outro, deve ser aceita com algumas limitações. É evidente que o excesso de escassez de propriedade nas mãos de um só é capaz de contrabalançar uma quantidade maior de propriedade em muitos; e isso não só porque é difícil fazer com que muitas pessoas se ajustem nas mesmas concepções e medidas, mas porque a propriedade, quando unida, causa muito mais dependência do que a mesma propriedade, quando dispersa. Uma centena de pessoas recebendo cada qual mil libras por ano pode consumir toda a sua renda, e só mesmo os seus servos e homens de negócios poderão justificadamente considerar os seus lucros como o produto de seu próprio trabalho. Mas um homem que detenha cem mil libras por ano, quando provido de qualquer generosidade ou sagacidade, pode criar uma enorme dependência em relação a obrigações, e outras ainda maiores em relação a expectativas. Podemos então observar que, em todos os governos livres, qualquer súdito exorbitantemente rico sempre há de despertar inveja, ainda que suas riquezas não sejam proporcionais às do Estado. A fortuna de Crasso, se bem me lembro, perfazia apenas aproximadamente 16 milhões de unidades de nossa moeda; e ainda assim achamos que, embora o seu gênio não tivesse nada de extraordinário, ele foi capaz, tão-somente por suas riquezas, de desequilibrar, durante o seu tempo de vida, o poder de Pompeu bem como o de César, que posteriormente veio a se tornar senhor do mundo. A riqueza dos Médicis fez deles os senhores de Florença, ainda que provavelmente tal riqueza não fosse considerável se comparada ao todo da propriedade daquela opulenta república.

Essas considerações são passíveis de fazer alguém entabular uma idéia magnificente do espírito e do amor à liberdade próprios do bretão. Uma vez que pudemos manter o nosso governo livre durante tantos séculos, contra nossos soberanos que, além do poder, dignidade e majestade da coroa, têm sempre possuído muito mais liberdade que qualquer súdito algum dia tenha desfrutado em qualquer comunidade. Mas pode-se dizer que esse espírito, conquanto grande, jamais será capaz de se sustentar contra aquela propriedade imensa, que agora se deposita no rei e que segue aumentando. Calculando modestamente, deve haver quase três milhões à disposição da coroa. A listagem civil perfaz quase um milhão; o conjunto de todos os impostos, ainda outro milhão; e os empregos no exército e na marinha, em conjunto com os das dignidades eclesiásticas, deve superar um terceiro milhão: um montante enorme, e que pode razoavelmente ser computado como superior a um terço do rendimento e do trabalho integrais do reino. Quando acrescentamos a luxúria cada vez maior da nação, nossa propensão à corrupção e mais o comando das forças militares, ninguém haverá de se esfalfar em apoiar o nosso governo livre durante muito tempo, estando uma vez sob essas três circunstâncias desfavoráveis.

Por outro lado, aqueles que defendem que o viés do governo britânico tende para uma república, podemos acorrer em apoio a essa opinião por argumentos especiosos. Pode-se dizer que, embora essa imensa propriedade na coroa tenha associada à dignidade do primeiro magistrado muitos outros poderes e prerrogativas legais, que deveriam naturalmente lhe conceder maior influência, ainda assim, naquela mesma medida, ela se torna realmente menos arriscada para a liberdade. Fosse a Grã-Bretanha uma república, onde qualquer homem privado detivesse como rendimento um terço ou mesmo um décimo do que possui a coroa, ele com justeza excitaria a inveja, já que certamente exerceria grande autoridade sobre o governo. E tal autoridade irregular, não permitida pelas leis, é sempre mais insidiosa do que uma autoridade bem maior, que deles seja derivada. Um homem, quando de posse de um poder usurpado, não pode estabelecer limites a suas pretensões. Seus partidários têm a liberdade de esperar qualquer coisa em seu favor; seus inimigos instigam a sua ambição, com seus medos, pela ferocidade de sua oposição. E estando o governo em situação de fermentação social, todo e qualquer humor corrompido no Estado é naturalmente atraído para ele. E ao contrário, uma autoridade legal, por maior que seja, tem sempre alguns limites, que delimitam tanto as esperanças como as pretensões da pessoa que o possui: as leis devem prover um remédio contra os seus excessos: tal eminente magistrado tem muito a temer e pouco a esperar de suas usurpações. E, à medida que a sua autoridade legal é mansamente submetida, ele é pouco tentado a estendê-la mais, e não tem muitas oportunidades para fazê-lo. Isso também se dá, ademais, com relação a seus ambiciosos projetos e objetivos, que podem ser observados com relação a seitas de filosofia e religião. Uma nova seita excita esses ânimos exaltados, e a ela se opõe e é defendida com tal veemência que se dissemina cada vez mais rapidamente, multiplicando os seus partidários com tanto maior rapidez do que qualquer opinião há muito estabelecida, recomendada pela sanção das leis e da antigüidade. Tal é a natureza da novidade que, se agrada em alguma coisa, torna-se duplamente agradável, quando nova; mas se desagrada, é duplamente desagradável, na mesma medida. E, na maioria dos casos, a violência dos inimigos é favorável a projetos ambiciosos, como também o é o fervor de seus partidários.

Ainda se pode dizer que, embora os homens sejam governados em ampla medida pelo interesse, ainda assim o próprio interesse, e todos os assuntos humanos, são de todo governados pela opinião. Ora, tem havido uma súbita e sensível mudança nas opiniões de homens nesses últimos 50 anos, por força de avanços do aprendizado e da liberdade. Nesta ilha, a maior parte das pessoas tem se desinvestido de toda a reverência supersticiosa ante nomes e autoridade. O clero tem perdido o seu crédito; suas pretensões e doutrinas têm sido ridicularizadas, e mesmo a religião encontra escasso apoio no mundo. A mera palavra *rei* suscita pouco respeito; e falar de um rei como o vice-regente de Deus sobre a terra, ou dar a ele quaisquer daqueles títulos magnificentes que antes fascinavam a humanidade, é algo que a todos só faria rir. Ainda assim a coroa,

ENSAIOS POLÍTICOS

51

por meio de seu grande rendimento, pode manter a sua autoridade, em tempos de tranqüilidade, sobre o interesse e a influência privada; no entanto, ao menor choque ou convulsão, todos esses interesses podem se fazer em pedaços, o poder real sendo não mais amparado pelos princípios e opiniões estabelecidos dos homens, os quais de imediato se dissolverão. Se homens tivessem durante a *revolução* a mesma disposição que demonstram no momento presente, a monarquia teria corrido um grande risco de se pôr inteiramente a perder nesta ilha.

Forçado a dar vazão a meus próprios sentimentos em meio a esses argumentos opostos, eu defenderia que, a não ser que aconteça alguma convulsão extraordinária, o poder da corte, por meio da sua enorme renda, tende a aumentar; ainda assim, ao mesmo tempo devo reconhecer que o seu progresso parece bastante lento, e quase insensível. O fluxo da opinião pública tem pendido, e com alguma rapidez, para o lado do governo popular, só agora começando a se inclinar para a monarquia.

É conhecimento bem difundido que todo governo tem o seu tempo, e que a morte é inevitável ao corpo político tanto quanto o é ao corpo animal. Mas, sendo um tipo de morte preferível a outro, não poderia se investigar se é mais desejável para a constituição britânica terminar em um governo popular ou em uma monarquia absoluta? Aqui eu declararia francamente que, embora a liberdade seja preferível à escravidão, em quase todos os casos, ainda assim mais me agradaria ver nesta ilha uma monarquia absoluta a uma república.

Consideremos, pois, que tipo de república temos alguma razão em esperar. A questão não diz respeito a qualquer república imaginária ideal, como a que um homem poderia planejar sem sair de seu gabinete. Não há dúvida de que um governo popular pode ser imaginado como mais perfeito do que uma monarquia absoluta, ou mesmo do que a nossa atual constituição. Mas que razão devemos ter para esperar que tal governo algum dia venha a ser estabelecido na Grã-Bretanha, por ocasião da dissolução de nossa monarquia? Se uma única pessoa adquire poder suficiente para fazer em pedaços a nossa constituição e outorgar uma nova, essa pessoa é de fato um monarca absoluto. E já tivemos um exemplo desse tipo, suficiente para nos convencer de que uma pessoa jamais renunciará a seu poder, ou estabelecerá qualquer governo livre. Por essa razão, as questões devem ser confiadas a seu progresso e operação natural; e na casa dos comuns, de acordo com a sua constituição presente, deve haver uma única legislatura em tal governo popular. As inconveniências que sobrevêm a tal estado de coisas se apresentam aos milhares. Se a casa dos comuns, em tal caso, chegar a se dissolver a si mesma, pelo que não se deve esperar, podemos vislumbrar uma guerra civil a cada eleição. Se ela continuar, havemos de padecer sob toda a tirania de uma facção, subdividida, por sua vez, em novas facções. E, uma vez que tal violento governo não pode subsistir, haveremos de, ao final, após muitas convulsões e guerras civis, encontrar repouso na monarquia absoluta, e haveria sido mais venturoso para nós tê-la estabelecido pacificamente desde o início. Sendo assim, a monarquia absoluta é a morte mais suave, a verdadeira *eutanásia* da constituição britânica.

Assim, se tivermos alguma razão para sermos adeptos mais fervorosos da monarquia, pois o risco é mais iminente quando vindo de seu quadrante, também com razão seremos adeptos mais fervorosos do governo popular, por ser o seu risco mais terrível. Isso pode nos render um lição de moderação em todas as controvérsias políticas.

ENSAIO SETE

Das alas em geral

Dentre todos os homens que se distinguem por feitos memoráveis, o primeiro lugar de honra parece se dever aos legisladores e fundadores de Estados, que transmitem um sistema de leis e instituições para garantir a paz, a felicidade e a liberdade de gerações futuras. A influência de invenções úteis nas artes e ciências talvez possa se estender para além da influência de sábias leis, cujos efeitos são limitados tanto no tempo como no espaço; mas o benefício advindo da primeira não é tão sensível quanto os resultados da última. A ciências especulativas de fato desenvolvem a mente; mas essa vantagem tem o seu alcance restrito a apenas algumas pessoas que tiverem tempo e disposição para se dedicar a elas. E a exemplo das artes práticas, que colaboram para um acréscimo das comodidades e desfrutes da vida, bem se sabe que a felicidade dos homens consiste menos na abundância dessas do que na paz e segurança em que são possuídas; e essas bênçãos só podem ser obtidas a partir de um bom governo. Isso para não mencionar que a virtude geral e os bens morais em um Estado, que são requisitos para a felicidade, jamais podem se originar dos preceitos mais refinados da filosofia, ou mesmo das injunções mais severas da religião; mas devem proceder inteiramente da educação virtuosa da juventude, do efeito de leis e instituições sábias. Por isso, posso presumir que me distingo de Francis Bacon nesse particular, pois vejo a Antigüidade como algo injusto na distribuição das honras, tendo ela feito deuses de todos os inventores de artes úteis, como

Ceres, Baco, Esculápio; e dignificados legisladores, como Rômulo e Teseu, e isso tão-somente por denominá-los semideuses e heróis.

Se os legisladores e fundadores de Estados devem ser honrados e respeitados entre os homens, os fundadores de seitas e facções devem ser detestados e odiados; porque a influência da facção é diretamente contrária à das leis. As facções subvertem o governo, tornam as leis impotentes e produzem as mais acerbas animosidades entre os homens da mesma nação, que devem dar mútua assistência e proteção ao seu próximo. E o que deveria tornar os fundadores de partidos ainda mais odiosos é a dificuldade em se extirpar essas ervas daninhas, uma vez tendo elas assentado raízes naquele Estado. Naturalmente elas se propagam por muitos séculos, e raramente terminam pela total dissolução do governo em que são semeadas. Ademais são plantas que crescem abundantemente no solo mais rico; e embora governos absolutos delas não estejam inteiramente livres, é preciso reconhecer que elas crescem com mais facilidade e se propagam tanto mais rapidamente em governos livres, onde estão sempre infectadas pela própria legislatura, a única que poderia ser capaz, pela imputação estável de recompensas e penas, de erradicá-las.

Facções podem ser divididas em pessoais e reais; isto é, em facções fundadas na amizade pessoal ou na animosidade entre os tais que compõem as partes litigantes, e nos quais se fundou alguma diferença real de sentimento ou interesse. A razão para essa distinção é óbvia, embora eu devesse reconhecer que os partidos raramente são encontrados puros e isentos de algum misto, de um ou outro tipo. Não se vê com freqüência que um governo se divida em facções onde não há diferença nas concepções dos membros constituintes, seja ela real ou aparente, trivial ou material; e nessas facções, fundadas nas diferenças mais reais e materiais, onde se observa grande quantidade de animosidade ou afeição. Não obstante esse misto, um partido pode ser classificado como pessoal ou como real, de acordo com o princípio que for predominante, e do qual se descubra que exerce a maior influência.

ENSAIOS POLÍTICOS

Facções pessoais surgem com mais facilidade em repúblicas pequenas, onde cada disputa doméstica se torna um assunto de Estado. Amor, vaidade, emulação, alguma paixão, bem como ambição e ressentimento, produzem divisões públicas. Os Neri e os Bianchi de Florença, os Fregosi e os Adorni de Gênova, os Colonesi e os Orsini da moderna Roma, foram partidos desse tipo.

Os homens têm tamanha propensão em se fragmentar em facções pessoais, que o menor sinal de diferença real pode produzi-las. O que se pode imaginar como mais trivial do que as diferenças entre uma cor de farda e outra em cavalos de raça? No entanto, essa diferença produziu duas das mais inveteradas facções no império grego: os Prasini e os Veneti, que jamais aliviaram suas animosidades, terminando por arruinar aquele governo infeliz.

Nós encontramos na história romana uma notável dissensão entre duas tribos, os Pollia e os Papiria, a qual se prolongou por quase três séculos e que se deflagrava nos sufrágios de cada eleição de magistrados[a]. Essa facção foi a mais notável, até pelo seu perdurar por tanto tempo, muito embora não se disseminasse nem atraísse quaisquer outras tribos a tomar parte na querela. Se a humanidade não fosse tão propensa a tais divisões, a indiferença do resto da comunidade teria suprimido essa tola animosidade, que não era

---

[a] Uma vez que esse fato ainda não foi muito observado por estudiosos da Antigüidade ou políticos, devo trazê-lo nas palavras do historiador romano. *Populus Tusculanus cum conjugibus ac* liberis Romam venit: Ea multitudo, veste mutata, e specie reorum tribus circuit, genibus se omnium advolvens. Plus itaque misericordia ad poenae veniam impetrandam, quam causa ad crimen purgandum valuit. Tribus omnes praeter Polliam, antiquarunt legem. Polliae sententia fuit, puberes verberatos necari, liberos conjugesque sub corona lege belli venire: Memoriamque ejus irae Tusculanis in poenae tam atrocis auctores mansisse ad patris aetatem constat; nec quemquam fere ex Pollia tribu candidatum Papiram ferre solitam. T. LIVII, livro 8. Os Castelani e os Nicolloti são duas facções turbulentas em Veneza, que freqüentemente se engalfinham e que atualmente estão pondo de lado suas diferenças.

56 DAVID HUME

alimentada por novos benefícios ou injúrias, de simpatia e antipatia generalizadas, que nunca deixa de se dar quando todo o Estado se dispõe em duas facções iguais.

Nada mais comum do que ver partidos, que tenham se iniciado sob uma real diferença, continuar mesmo depois de perdida aquela diferença. Uma vez tendo os homens se alinhado em lados opostos, eles contraem uma afeição para com as pessoas com quem estão unidos e uma animosidade contra seus antagonistas: e essas paixões, não raro as transmitem à sua posteridade. A diferença real entre guelfos e gibelinos há muito havia se perdido na Itália antes de essas facções terem se extinguido. Os guelfos aderiram ao papa, os gibelinos ao imperador; e ainda assim a família dos Sforza, embora estivesse em aliança com o imperador e embora fossem guelfos, foi expelida para Milão pelo rei[b] da França, auxiliado por Jacomo Trivulzio e pelos gibelinos, com o papa vindo a se acordar aos últimos, formando-se assim ligas com o papa contra o imperador.

As guerras civis que eclodiram há alguns anos no Marrocos, entre *negros* e *brancos*, meramente por causa de sua aparência, foram tidas como fundadas em uma diferença bastante satisfatória. Nós nos rimos deles, mas acredito que, fossem as coisas examinadas mais de perto, daríamos nós muito mais motivos para que os marroquinos rissem de nós. Pois, o que são todas as guerras religiosas que prevaleceram nesta parte polida e culta do mundo? Certamente são mais absurdas do que as guerras civis marroquinas. A diferença na aparência é ainda uma diferença sensível e real; mas a controvérsia acerca de um artigo de fé, a qual é completamente absurda e ininteligível, não é uma diferença no sentir, mas uma diferença em umas poucas frases e expressões, a qual uma das partes aceita sem a compreender, enquanto a outra, da mesma forma, recusa.

---

[b] Lewis XII.

ENSAIOS POLÍTICOS   57

Facções *reais* podem ser divididas em facções por *interesse*, por *princípio* e por *afeição*. De todas as facções, as primeiras são as mais razoáveis e passíveis de alguma desculpa. Onde duas classes de homens, tais como os nobres e o povo, exercem autoridade distinta em um governo, não muito precisamente equilibrada e modelada, elas naturalmente seguem um interesse distinto: tampouco podemos nós razoavelmente esperar uma conduta diferente, considerando aquele grau de egoísmo implantado na natureza humana. Ele requer grande habilidade de um legislador a fim de evitar a constituição de tais alas; e muitos filósofos são da opinião de que esse segredo, como um *grande elixir*, ou um *moto-perpétuo*, pode tornar os homens afeitos a teorias, não contando jamais com a possibilidade de ser convertido em uma prática. Em governos despóticos, na verdade, as facções geralmente não aparecem, mas elas não são menos reais; ou então, são mais reais e mais perniciosas, nessa mesma medida. As classes distintas de homens, nobres e povo, soldados e mercadores, alimentam interes-ses completamente distintos, mas o mais poderoso oprime o mais fraco de maneira impune e sem resistência, e tal modo como o faz produz uma aparente tranqüilidade em tais governos.

Na Inglaterra tem havido uma tentativa de dividir as partes da nação devotadas *à terra* e *ao comércio*, mas sem êxito algum. O interesse desses dois corpos na verdade não é distinto, e jamais o será, até que nossas dívidas públicas aumentem a ponto de se tornarem completamente opressivas e intoleráveis.

Alas que se constituem por princípio, em especial por prin-cípios especulativos abstratos, só se deram a conhecer nos tempos modernos sendo, talvez, os *fenômenos* mais extraordinários e inexplicáveis que algum dia apareceram nos assuntos humanos. Onde princípios diferentes produzem uma contrariedade de conduta, essa que é o caso com todos os diferentes princípios políticos, a questão pode ser explicada com mais facilidade. Um homem que estima como certo o direito de o governo residir em um único homem, ou em uma família, não há de facilmente estar em acordo com o seu concidadão, que pensa que outro homem ou família possui esse direito. Cada qual naturalmente deseja que aquele direito possa ter lugar segundo as próprias noções que possui dele. Mas onde a diferença de princípio é atingida sem nenhuma contrariedade de ação, cada homem podendo seguir o seu próprio caminho sem interferir no de seu vizinho, como acontece nas controvérsias religiosas, que loucura e que fúria podem produzir cisões tão infelizes e fatais?

Dois homens, viajando por uma estrada, um para o leste, o outro para o oeste, podem se cruzar sem maiores intercorrências se a via for suficientemente larga. Mas dois homens, raciocinando a partir de princípios opostos de religião, não podem se cruzar tão facilmente sem que haja um choque, ainda que um possa pensar que a sua via seja, naquele caso, suficientemente ampla, e que o outro pode continuar sem interrupção em seu próprio curso. Mas tal é a natureza da mente humana, que ela sempre marca terreno em cada mente que dela se aproxima, sendo maravilhosamente fortificada por uma unanimidade de sentimentos, da mesma forma como entra em choque com qualquer contrariedade e é perturbada por qualquer contrariedade. Daí a ansiedade com que a maior parte das pessoas se defronta em uma disputa, e daí a sua impaciência com a oposição, e isso mesmo nas opiniões mais indiferentes e especulativas.

Contudo, por frívolo que esse princípio possa parecer, ele parece ter estado na origem de todas as cisões e guerras religiosas. Mas como o referido princípio é universal na natureza humana, os seus efeitos não estariam confinados a uma era e a uma seita religiosa, se não tivesse concorrido com outras causas, mais acidentais, que o alçaram a tal altura e o fizeram produzir a maior miséria e devastação. A maior parte das religiões do mundo antigo surgiu nas eras de governo desconhecido, quando os homens eram ainda bárbaros e pouco instruídos, e o príncipe, tanto quanto o camponês, se mostrava disposto a receber, com implícita fé, todos os contos ou toda ficção que lhes era oferecida. O magistrado abraçou a religião do povo, e de maneira tão cordial o fez, que se imiscuiu no cuidado com as questões sacras e naturalmente adquiriu autoridade

Ensaios Políticos   59

sobre elas, unindo ao poder civil o eclesiástico. Com o surgimento da religião *cristã*, enquanto princípios diretamente opostos a ela estabeleceram-se firmemente na parte civilizada do mundo, menosprezando a nação que primeiro quebrasse essa novidade, não espanta que, em tais circunstâncias, houvesse pequena aprovação por parte do magistrado civil e que aos sacerdotes fosse permitido abarcar toda a autoridade na nova seita. Tão mal uso se fez desse poder, mesmo naqueles primeiros tempos, que as perseguições primitivas até podem, talvez, *em parte*,[c] ser atribuídas à violência por eles instilada a seus seguidores. E, continuando com os mesmos princípios sacerdotais de governo após o estabeleci-mento da cristandade como religião, engendraram um espírito de perseguição que desde então tem sido o veneno da sociedade humana e fonte das mais inveteradas facções em cada governo. Por essa razão, tais divisões por parte dos povos podem com justeza

---

[c] Digo "em parte" pois é um erro muito comum imaginar que os antigos fossem amigos a ponto de se tolerarem, como são os ingleses e holandeses nos dias de hoje. As leis contra a superstição externa, entre os romanos, eras tão antigas quanto no tempo das doze tábuas; e os judeus, bem como os cristãos, foram algumas vezes punidos por elas; mas em geral essas leis não eram rigorosamente observadas. Imediatamente após a conquista da Gália, proibiam todos, à exceção dos nativos, de se iniciarem na religião dos druidas; e isso era um tipo de perseguição. Em cerca de um século após essa conquista, o imperador Cláudio aboliu completamente aquela superstição por meio das leis penais. Essa que seria uma perseguição muito séria se a imitação dos costumes romanos não houvesse antes afastado os gauleses de seus antigos preconceitos. Suetonio *in vita* Cláudio. Plínio atribui a abolição de superstições druidas a Tibério, provavelmente porque o imperador havia dado alguns passos na direção de restringi-los (lib. XXX. cap. I). Esse é um exemplo da cautela e moderação dos romanos em tais casos; e é muito diferente de seus métodos violentos e sanguinários de tratar os *cristãos*. No entanto, devemos alimentar uma suspeita, qual seja, a de que aquelas perseguições furiosas da *cristandade* se deviam, em alguma medida, ao imprudente fervor e fanatismo dos primeiros propagadores daquela seita; e a história eclesiástica nos proporciona muitas razões para confirmar essa suspeita.

60 DAVID HUME

ser tidas como facções de princípios, mas, da parte dos sacerdotes, que foram os *primeiros* a provocá-las, na verdade elas não são facções de *interesse*.

Existe outra causa (além da autoridade dos sacerdotes e da separação dos poderes eclesiásticos e civis) que contribuiu para fazer da cristandade a cena de guerras e cisões religiosas. Religiões que surgem no seio de gerações totalmente ignorantes e bárbaras consistem geralmente em contos e ficções tradicionais, que podem se diferenciar a cada seita, sem ser contrárias uma à outra; e mesmo quando são contrárias, cada qual adere à tradição de sua própria seita, sem para isso muito raciocinar ou disputar. Mas como a filosofia se disseminou amplamente pelo mundo, na época em que surgiu a cristandade, os professores das novas seitas foram obrigados a formar um sistema de opiniões especulativas; para dividir, com alguma precisão, os seus artigos de fé, e para explicar, comentar, impugnar e defender com toda a sutileza de argumento e ciência. Então, naturalmente surge a agudeza no âmbito da disputa, quando a religião cristã veio a ser cindida em novas divisões e heresias; e essa agudeza ajudou os sacerdotes a, em sua política, produzir ódio e antipatia mútuos entre seus desiludidos seguidores. No mundo antigo, seitas em filosofia eram mais aguerridas do que alas de uma religião; mas em tempos modernos, as alas de uma religião são mais furiosas e enraivecidas do que as mais cruéis facções que um dia nasceram do interesse e da ambição.

Mencionei alas oriundas de uma *afeição* como uma espécie de ala real, além daquelas de *interesse* e de *princípio*. Por "alas oriundas da afeição" entendo aquelas fundadas nos diferentes compromissos de homens para com famílias e pessoas particulares, sobre as quais eles desejam governar. Essas facções são freqüentemente muito violentas; no entanto, devo reconhecer a dificuldade de se saber por que os homens se apegam tão fortemente a pessoas que não conhecem pessoalmente, que talvez jamais tenham visto e das quais jamais receberam e nem sequer esperaram receber qualquer favor. No entanto, muitas vezes descobrimos ser

ENSAIOS POLÍTICOS

61

esse o caso, e mesmo com homens que, em outras circunstâncias, não descobrem uma grande generosidade de espírito nem são facilmente transportados pela amizade para além de seu próprio interesse. Temos uma propensão a achar a relação entre nós e nosso soberano muito próxima e íntima. O esplendor da majestade e do poder confere uma importância sobre as boas sortes ainda que seja de uma única pessoa. E quando a boa natureza de um homem não lhes empresta esse interesse imaginário, a natureza doentia de sua vontade o fará, a despeito de pessoas cujos sentimentos sejam diferentes dos seus, e em oposição a elas.

ENSAIO OITO

Dos partidos da Grã-Bretanha

Fosse o governo bretão proposto como tema de investigação, perceber-se-ia nele uma fonte de divisão e partidarismo, a qual lhe seria quase impossível, sob qualquer administração, evitar. O justo equilíbrio entre as alas republicanas e monárquicas de nossa constituição, na verdade, vem a ser tão extremamente delicado e incerto que, quando associado às paixões e preconceitos dos homens, é impossível que opiniões diferentes devam surgir a seu respeito, ainda que entre pessoas dotadas do melhor entendimento. Aqueles de temperamento brando, que amam a paz e a ordem e detestam a sedição e guerras civis, sempre alimentarão sentimentos mais favoráveis à monarquia do que os homens de espírito ousado e pródigo, que são amantes apaixonados da liberdade e não pensam em mal nenhum que seja comparável à sujeição e à escravidão. Embora todos os homens razoáveis em geral concordem em preservar nosso governo misto, ainda assim, quando descem ao nível das particularidades, alguns se mostrarão inclinados a confiar poderes mais amplos à coroa, a fim de lhes conceder mais influência ou se resguardar contra suas usurpações com menos cautela do que outros, que se aterrorizam ante o mais leve aceno de tirania e poder despótico. Desse modo eles são partidos de princípio, envolvidos na natureza mesma de nossa constituição, que bem adequadamente podem ser denominados os da corte ou do país. A força e a violência de cada um desses partidos dependerá em grande parte da administração particular. Uma administração pode ser ruim ao lançar a grande maioria na oposição; assim como uma boa administração fará se reconciliarem com a corte muitos dos mais apaixonados amantes da liberdade. No entanto, a nação pode flutuar entre eles, e os próprios partidos sempre subsistirão, enquanto formos governados por uma monarquia limitada.

Mas, além dessa diferença de princípio, muito mais uma diferença de interesse fomenta aqueles partidos, sem a qual raramente seriam perigosos ou violentos. A coroa naturalmente concederá toda confiança e poder àqueles cujos princípios, reais ou reivindicados, forem mais favoráveis ao governo monárquico; e essa tentação naturalmente os comprometerá em maior medida do que seus princípios de outro modo o fariam. Seus antagonistas, desapontados em seus ambiciosos objetivos, lançam-se ao partido cujos sentimentos os inclinem a ser mais zelosos do poder real, e naturalmente alçam aqueles sentimentos a alturas maiores do que a política por si só poderá justificar. Assim, corte e país, rebentos legítimos do governo britânico, são influenciados a um só tempo pelo princípio e pelo interesse. Os líderes das facções comumente se deixam governar mais pelo último motivo, e, os seus membros inferiores, pelo primeiro.

Em relação aos partidos eclesiásticos, podemos observar que, em todas as idades do mundo, os sacerdotes têm sido inimigos da liberdade; e é certo que essa persistente conduta por eles alimentada tem se fundado em razões predeterminadas de interesse e ambição. A liberdade de pensar e de expressar nossos pensamentos é sempre letal ao poder dos sacerdotes e das fraudes pias em que ele o mais das vezes se encontra fundado; e, por uma conexão infalível, que prevalece entre todos os tipos de liberdade, esse privilégio nunca pode ser desfrutado, ou ao menos até agora só foi desfrutado no governo livre. Então deve ser o caso, em uma constituição como a bretã, que o clero estabelecido, sob o estado natural das coisas, será sempre o de partido *da corte*; como, ao contrário, dissidentes de todos os tipos constituirão o partido *do país*, já que nunca podem se fiar em uma tolerância religiosa, esta de que necessitam, mas nos

ENSAIOS POLÍTICOS

meios de um governo livre. Todos os príncipes com ambições a um governo despótico têm se mostrado cientes da importância de cair nas graças do clero estabelecido: isso da mesma forma que o clero, por sua vez, tem demonstrado grande facilidade de entrar em entendimento com tais príncipes[a]. Gustavo Vaza talvez tenha sido o único monarca ambicioso que algum dia pressionou a Igreja, ao mesmo tempo em que desencorajou a liberdade. Mas o exorbitante poder dos bispos na Suécia, que chegavam a se sobrepor à própria coroa, aliado a seus vínculos com uma família estrangeira, era a sua razão para abraçar tal sistema incomum de política.

Essa observação, que diz respeito à propensão dos sacerdotes para o governo de uma só pessoa, não se faz valer para uma única seita. O clérigo presbiteriano e o calvinista na Holanda eram amigos declarados da família de Orange, assim como os arminianos, tidos como heréticos, eram da facção Louvestein, e zelosos defensores da liberdade. Mas se um príncipe for escolhido por ambos, pode-se facilmente conceber que ele preferirá a forma de governo episcopal à presbiteriana, tanto por causa da maior afinidade entre monarquia e episcopado, como por causa da facilidade que em tal governo um príncipe encontra para dominar o clero mediante seus eclesiásticos superiores[b].

Se considerarmos a primeira ascensão dos partidos na Inglaterra, durante a grande rebelião, descobriremos que ela se dava em conformidade com essa teoria geral, e que as espécies de governo lhes originam mediante uma operação regular e infalível. A constituição inglesa até então havia disposto uma espécie de confusão;

---

[a] Judaei sibi ipsi reges imposuere; qui mobilitate vulgi expulsi, resumpta per arma dominatione; fugas civium, urbium eversiones, fratrum, conjugum, parentum neces, aliaque solita regibus ausi, superstitionem fovebant; quia honor sacerdotii firmamentum potentiae assumebatur. Tacit. *hist. livro.* V.
[b] Populi imperium juxta libertatem; paucorum dominatio regiae libidini proprior est. Tacit. *Ann. livro VI.*

ainda assim, como os súditos possuíssem muitos nobres privilégios que, embora não exatamente limitados e garantidos por lei, eram universalmente considerados, desde há muito, como a eles pertencentes de direito inato. Até que surgiu um príncipe ambicioso ou, melhor dizendo, um príncipe mal-intencionado, que considerou todos esses privilégios concessões de seus predecessores e revogáveis a seu bel-prazer. Na vigência dessa conduta, agiu abertamente em violação da liberdade, e no curso de muitos anos. A necessidade, por fim, fê-lo recorrer ao parlamento. O espírito da liberdade cresceu e se disseminou: o príncipe, desprovido de qualquer apoio, foi obrigado a conceder tudo o que por ele fosse requerido; e seus inimigos, invejosos e implacáveis, não impuseram limites a suas pretensões. E aqui se iniciaram aquelas contendas em que, não causa admiração, os homens daquele período se dividiam em diferentes partidos; e já naqueles dias a imparcialidade se punha a perder nas decisões relacionadas à justiça entre as partes litigantes. E o parlamento, se se rendesse às suas pretensões, quebrava o equilíbrio da constituição, tornando o governo quase que inteiramente republicano. Se a elas não se rendesse, a nação talvez corresse o risco de se postar sob um poder absoluto, a partir dos princípios estabelecidos e hábitos inveterados do rei, que se limitava a aparecer a cada concessão que fosse obrigado a fazer a esse povo.

Nessa questão, tão incerta e delicada, os homens naturalmente se inclinavam para o lado que fosse o mais conforme a seus princípios usuais; e os partidários mais fervorosos da monarquia declaravam o seu apoio ao rei, enquanto os amigos zelosos da liberdade se alinhavam com o parlamento. As esperanças de êxito sendo quase iguais de ambos os lados, o *interesse* não contava com influência geral nessa contenda; sendo assim, os puritanos e os cavaleiros eram meramente partidos de princípio, nenhum dos quais repudiando fosse a monarquia, fosse a liberdade, inclinando-se o primeiro partido mais para a ala republicana de nosso governo, o segundo, para a monárquica. Quanto a isso, eles podem ser considerados partidos da Corte e do Campo, inflamados deflagradores de uma

Ensaios Políticos 67

guerra civil, por uma infeliz concorrência de circunstâncias e pelo espírito turbulento daquele período. Os homens da comunidade e os partidários do poder absoluto jaziam ocultos em ambos os partidos, deles constituindo uma parte não digna de consideração.

O clero estava de acordo para os desígnios arbitrários do rei; em compensação, foi-lhes permitido que perseguissem os seus adversários, a quem chamavam heréticos ou cismáticos. O clero estabelecido era episcopal; os não-conformistas, presbiterianos; de modo que tudo concorria para que o primeiro se convertesse, sem reservas, no partido do rei, e o segundo, no do parlamento.

Não há quem não tenha conhecimento das decorrências dessa contenda; fatal primeiramente para o rei, em seguida o foi para o parlamento. Após muitas confusões e revoltas, a família real acabou por ser restaurada, e o antigo governo, restabelecido. Carlos II não se fez sábio pelo exemplo de seu pai, mas deu continuidade às mesmas medidas, ainda que de início o fizesse em segredo e cautelosamente. Novos partidos surgiram, sob as denominações de *Whig* e *Tory*, e desde então continuaram a confundir e distrair nosso governo. Determinar a natureza desses partidos talvez seja um dos problemas mais difíceis com que alguém pode se defrontar, sendo também uma prova de que a história pode conter objeções que não se afigurariam com nenhuma clareza na maior parte das ciências abstratas. Temos observado a conduta dos dois partidos pelo curso de 70 anos, sob toda uma variedade de circunstâncias, no poder ou fora dele, em tempos de guerra e de paz: pessoas que se professam de um lado ou do outro, com quem nos encontramos a todo instante, em nossos folguedos ou em nossas ocupações sérias. De algum modo estamos condicionados, a tomar partido; e vivendo em um país onde se desfruta da mais alta liberdade, cada um pode abertamente declarar todos os seus sentimentos e opiniões: no entanto seria um erro atribuir à natureza as pretensões e princípios das diferentes facções.

Quando comparamos os partidos Whig e Tory com os Puritanos e Cavaleiros, a mais óbvia diferença que aparece entre

68 DAVID HUME

eles consiste nos princípios de *obediência passiva* e de *direito inalienável*, dos quais não muito se ouvia entre os cavaleiros, mas que se tornaram uma doutrina universal e foram tidos como uma característica verdadeira de um Tory. Quando desses princípios são extraídas as conseqüências mais óbvias, eles implicam uma renúncia formal a todas as nossas liberdades e uma declaração de monarquia absoluta; ainda assim, nenhum absurdo há de ser maior do que um poder limitado, ao qual não será o caso resistir, mesmo quando ele excede as suas limitações. Mas uma vez que os princípios racionais freqüentemente não passam de um antídoto à paixão, não admira que esses princípios absurdos fossem considerados fracos demais para tal efeito. Os tories, como homens, eram inimigos da opressão; e também como ingleses eram inimigos do poder arbitrário. O seu zelo pela liberdade talvez fosse menos fervoroso do que o de seus antagonistas, mas era suficiente para fazê-los esquecer de seus princípios gerais, quando se viam francamente ameaçados por alguma subversão do antigo governo. Desses sentimentos surgiu a *revolução*; como um acontecimento de poderosas conseqüências e como o mais sólido dentre os fundamentos da liberdade britânica. A conduta dos tories, no curso daquele acontecimento, e depois dele, haverá de nos proporcionar uma verdadeira e abrangente compreensão da natureza daquele partido.

Em *primeiro* lugar, eles parecem ter tido sentimentos autenticamente bretões em sua afeição pela liberdade, e em sua expressa resolução de não o sacrificar a qualquer princípio abstrato, qualquer que fosse, ou a quaisquer direitos imaginários dos príncipes. Dessa parte de seu caráter se poderia bem duvidar antes da revolução, partindo-se da tendência óbvia de seus princípios admitidos e de sua submissão à corte que parecia fazer pouco segredo de seus desígnios arbitrários. A *revolução* se lhes revelou como não sendo nada além de um autêntico *partido da corte*, tal como pode ser esperado em um governo britânico, isto é, *amantes da liberdade, mas muito mais amantes da monarquia*. Contudo, devo confessar que eles levaram mais longe os princípios da

Ensaios Políticos

69

monarquia, mesmo na prática, porém mais o fizeram na teoria do que em qualquer grau se fazia consistente com um governo limitado.

Em segundo lugar, nem os princípios nem as afeições concorreram de maneira integral ou crucial para o acordo feito na revolução, ou para aquele que se deu deste então. Essa parte de seu caráter pode parecer oposta à primeira, uma vez que qualquer outro acordo, naquelas circunstâncias da nação, há de provavelmente ter sido perigoso, quando não fatal, à liberdade. Mas o coração do homem é feito para reconciliar contradições; e essa contradição não é maior do que a que se tem entre *obediência passiva* e a *resistência* empregada na revolução. Por isso, desde os tempos da *revolução* um *tory* pode ser sumariamente definido como um *amante da monarquia, mas sem o abandono da liberdade; além de partidário da família Stuart*. Da mesma forma, um *whig* pode ser definido como um *amante da liberdade, mas sem renunciar à monarquia; além de amigo do acordo estabelecido na linhagem protestante*.

Essas diferentes concepções, relacionadas à instituição da coroa, foram adições acidentais, mas naturais aos princípios dos partidos *da Corte* e *do Campo*, que são divisões autênticas no governo britânico. Um amante apaixonado da monarquia está disposto a ser destituído a cada mudança na sucessão, na condição de excessivo favorecimento de uma comunidade; um amante apaixonado da liberdade é bem capaz de pensar que cada parte do governo deve se subordinar aos interesses da liberdade.

Alguns, não ousando afirmar que a diferença *real* entre *whig* e *tory* se houvesse perdido na revolução, parecem inclinados a pensar que a diferença agora se faz abolida, com isso os assuntos retornando ao seu estado natural, qual seja, o de, no presente, não haver entre nós outros partidos que não o *da Corte* e o *do Campo*, e isso equivale a dizer, homens que, por interesse ou por princípio, vinculam-se ou à monarquia ou à liberdade. Desde então, os tories têm sido obrigados a falar ao estilo republicando, ao qual parecem ter se convertido por hipocrisia, e ter abraçado os sentimentos bem como a língua de seus adversários. Contudo, há reminiscências muito consideráveis daquele partido na Inglaterra, com todos os seus velhos preconceitos; e uma prova de que o da Corte e o do Campo não são nossos únicos partidos está em que quase todos os dissidentes se alinham com a corte, e o baixo clero, pelo menos o da Igreja da Inglaterra, com a oposição. Isso pode nos convencer de que alguma propensão ainda paira sobre nossa constituição, algum peso extrínseco, que a desvia de seu curso natural e provoca uma confusão em nossos partidos[c].

---

[c] Algumas das opiniões emitidas neste Ensaio, com relação às transações públicas no último século, o Autor, a um exame mais acurado, encontrou motivos para recolher em sua História da Grã-Bretanha. E uma vez que não se escravizaria aos sistemas de cada partido, nem agrilhoaria o seu juízo a suas próprias opiniões e princípios preconcebidas, nem se vexaria a reconhecer seus erros. Na verdade esses erros, naquele tempo, eram quase universais neste reino.

ENSAIO NOVE

Da superstição e do entusiasmo

Que a *corrupção das melhores coisas produz as piores* tenha se convertido em máxima, é algo que se deixa comumente provar, dentre outros exemplos, pelos efeitos perniciosos da *superstição* e do *entusiasmo*, que são as corrupções da verdadeira religião.

Essas duas espécies de falsa religião, embora sejam ambas perniciosas, ainda assim são de natureza bem diferente, e mesmo contrária. A mente do homem é sujeita a certos pavores e preocupações inexplicáveis, procedentes ou da infeliz situação dos negócios privados ou públicos, de uma saúde debilitada, de uma disposição melancólica ou da concorrência de todas essas circunstâncias. Em tal estado de espírito, os infinitos males desconhecidos ameaçam provindos de agentes desconhecidos, e onde não há objetos que aterrorizem, a alma os ativa por seu próprio preconceito, e fomentando a sua inclinação predominante, encontra outros que são imaginários e cujo poder e malevolência não conhece limite algum. Sendo esses inimigos inteiramente invisíveis e desconhecidos, os métodos adotados para apaziguá-los são igualmente inapreensíveis, consistindo em cerimônias, observâncias, mortificações, sacrifícios, oferendas ou em qualquer prática, por absurda ou frívola que seja, de maneira tola ou velhaca, recomendando uma credulidade cega e aterrorizada. A fraqueza, o medo, a melancolia, aliados à ignorância são, por isso, as verdadeiras fontes da superstição.

Mas o espírito do homem também está sujeito a inapreensíveis elevação e presunção, advindas de um próspero sucesso, de uma saúde luxuriante, de espíritos fortes, ou de uma disposição ousada e confiante. Em tal estado de espírito, a imaginação se avoluma de concepções grandiosas, porém confusas, à qual sublunares belezas ou gozos podem corresponder. Toda coisa mortal e perecível se esvanece como indigna de atenção. E toda uma amplitude é dada à fantasia nas regiões invisíveis ou no mundo dos espíritos, onde a alma está em liberdade para se permitir toda imaginação que melhor possa se adequar a seu gosto e disposição presente. É então que surgem êxtases, transportes e surpreendentes vôos da fantasia; e a confiança e a presunção ainda aumentam esses êxtases, sendo de todo inapreensíveis e parecendo estar completamente para além de nossas faculdades comuns, atribuídas então à imediata inspiração do Ser Divino, que é objeto de devoção. Em breve espaço de tempo, a pessoa inspirada chega a se considerar um favorito distinguido da Divindade; e uma vez se dando esse frenesi, que é o auge do entusiasmo, toda extravagância assume ares de sagrado: a razão humana e mesmo a moralidade são rejeitadas como guias falaciosos; e o louco fanático se entrega cegamente e sem reservas às supostas irrupções de seu espírito e à inspiração vinda do alto. Esperança, orgulho, presunção, uma imaginação excitada, aliados à ignorância são, por isso, as verdadeiras fontes do entusiasmo.

Essas duas espécies de falsa religião são passíveis de ocasionar muitas especulações; mas por ora devo me limitar a umas poucas reflexões que dizem respeito à diferente influência que exercem no governo e na sociedade.

Minha primeira reflexão é a *de que a superstição é favorável ao poder sacerdotal, e o entusiasmo é não menos contrário a ele, tendendo a sê-lo mais do que a sã razão e filosofia.* Assim como a superstição é fundada no medo, no arrependimento e em uma depressão de espíritos, ela representa o homem a si mesmo com cores tão desprezíveis, que a seus próprios olhos ele se assoma

ENSAIOS POLÍTICOS

73

indigno de se aproximar da presença divina, e naturalmente recorre a uma outra pessoa, cuja santidade de vida, ou talvez, impudência ou sagacidade, o levou a supô-la mais favorecida pela Divindade. A ele o supersticioso confia suas devoções; a seu cuidado ele recomenda suas preces, petições e sacrifícios; e por seus meios, ele espera tornar seus remetimentos aceitáveis à Divindade. Daí a origem dos sacerdotes, que com justeza podem ser considerados uma invenção de uma superstição timorata e abjeta, que, desconfiante de si mesma, não ousa oferendar suas próprias devoções, mas de forma ignorante imagina recomendá-la à Divindade, pela mediação de seus supostos amigos e servos. Uma vez que a superstição é um ingrediente considerável em quase todas as religiões, mesmo as mais fanáticas, só mesmo a filosofia é capaz de vencer totalmente esses terrores; segue-se daí que em quase toda seita religiosa se encontram sacerdotes: maior o misto de superstição, mais alta será a autoridade do sacerdócio.

Por outro lado, pode se observar que todos os entusiastas têm se mostrado livres do jugo eclesiástico e manifestado grande independência de sua devoção, à revelia de formas, cerimoniais e tradições. Os *quakers* são os mais egrégios, ainda que ao mesmo tempo os mais inocentes entusiastas de que se tem notícia, talvez tendo composto a única seita que jamais tenha admitido sacerdotes em seu meio. Os *independentes*, dentre todos os sectários ingleses, estão muito próximos dos *quakers* em fanatismo, e em sua independência do vínculo sacerdotal. Os *presbiterianos* vêm a seguir, em igual distância em ambos os particulares. Em suma, essa observação se encontra fundada na experiência; e também há de parecer fundada na razão, se considerarmos que, à medida que o entusiasmo surge de um presunçoso orgulho e confiança, ele se acha suficientemente qualificado para se *aproximar* da Divindade sem nenhum mediador humano. Suas enlevadas devoções são tão fervorosas, que ele chega a se imaginar *realmente* se *aproximando* de Deus pela via da contemplação e da conversão interior; isso o leva a negligenciar todos os cerimoniais e observâncias externas, para os quais a assistência dos sacerdotes parece tão indispensável aos olhos dos supersticiosos devotos. O fanático a si próprio consagra e empresta à sua própria pessoa um caráter sagrado, muito superior ao que as formas e instituições cerimoniosas podem conferir a qualquer outro.

Minha *segunda* reflexão com relação a esses espécimes de falsas religiões é a *de que as religiões que partilham do entusiasmo são, em seus primeiros arroubos, mais furiosas e violentas do que as que partilham da superstição; em pouco tempo, no entanto, tornam-se mais suaves e moderadas*. A violência dessa espécie de religião, quando instilada pela novidade e incitada pela oposição, aparece em um sem-número de exemplos; dos anabatistas na Alemanha, aos *camisars* na França, aos *levellers* e outros fanáticos na Inglaterra e aos *covenanters* na Escócia. O entusiasmo, fundando-se em espíritos fortes e em uma presunçosa ousadia de caráter, é natural que produza as mais extremadas resoluções; especialmente após se alçar a alturas passíveis de inspirar os desiludidos fanáticos com os pareceres de iluminações divinas e com um desprezo pelas regras mais comuns da razão, da moralidade e da prudência.

Assim, o entusiasmo produz as mais cruéis desordens na sociedade humana; mas a sua fúria é como a de trovões e tempestades, que se exaurem em pouco tempo, deixando o ar mais limpo e sereno do que antes. À extinção do primeiro fogo do entusiasmo, os homens naturalmente, em todas as seitas fanáticas, submergem nos maiores desleixos e impudências quanto a questões sagradas, não havendo entre eles juntas de homens dotadas de suficiente autoridade e com o interesse voltado à sustentação do espírito religioso: ausência de ritos, de cerimônias, de observâncias sagradas, que possam trilhar pela senda comum da vida e preservar os princípios sagrados do oblívio. A superstição, ao contrário, move-se furtivamente, de maneira gradual e insensível, e torna os homens mansos e submissos; é aceitável no magistrado e parece inofensiva ao povo. Até que o último sacerdote, tendo firmemente estabelecido a sua

ENSAIOS POLÍTICOS

autoridade, torna-se o tirano e turbador da sociedade humana, mediante seus infindáveis contenciosos, perseguições e guerras religiosas. Com que suavidade a Igreja Romana avançou em sua aquisição de poder? Mas em que lúgubres convulsões não lançou toda a Europa para mantê-lo? Por outro lado, nossos sectários, antes tão perigosamente intolerantes, agora se tornam raciocinantes muito livres; e os *quakers* parecem próximos do único corpo regular de *deístas* do universo, à semelhança dos *literati* ou dos discípulos de Confúcio, na China[a].

Minha *terceira* observação relacionada ao título acima é a *de que a superstição vem a ser um inimigo da liberdade civil, e o entusiasmo, seu amigo.* À medida que a superstição grassa sob o domínio dos sacerdotes, e que o entusiasmo se faz destruidor de todo o poder eclesiástico, isso justifica a observação presente. Para não mencionar que o entusiasmo, sendo a fraqueza de temperamentos audaciosos e ambiciosos, naturalmente se faz acompanhar de um espírito de liberdade; a superstição, ao contrário, torna os homens dóceis e abjetos, afeitos à servilidade. Com a história inglesa aprendemos que, durante as guerras civis, os independentes e os deístas, por mais opostos que fossem em seus princípios religiosos, ainda assim se mantinham unidos em seus princípios políticos, sendo como que apaixonados por uma comunidade. E quanto à origem do *whig* e do *tory*, os líderes dos *whigs* ou têm sido deístas ou *latitudinarianos* professos de seus princípios; isto é, amigos da tolerância e indiferentes a qualquer seita particular de *cristãos*; já os sectários, todos com as tintas fortes do entusiasmo, têm sempre, e sem exceção, concorrido com aquele partido, em defesa da liberdade civil. A semelhança em suas superstições durante muito tempo manteve unida a alta cúpula dos *tories* e os *católicos romanos*, em apoio ao poder prerrogativo e real; isso muito embora

---

[a] Os *Literati* chineses são desprovidos de sacerdotes e autoridades eclesiásticas.

a experiência de tolerar o espírito do *whig* pareça mais tarde ter reconciliado os *católicos* com aquele partido.

Os *molinistas* e *jansenistas* na França protagonizaram milhares de disputas ininteligíveis, que não são dignas de reflexão por um homem dotado de bom senso; mas o que mais distingue essas duas seitas, sendo o aspecto único digno de atenção, é o espírito diferente de sua religião. Os *molinistas*, conduzidos pelos *jesuítas*, são muito afeitos à superstição, observadores rígidos de formas e cerimoniais exteriores, devotados à autoridade dos sacerdotes e à tradição. Os *jansenistas* são entusiastas e promotores zelosos da devoção apaixonada e da vida interior, pouco influenciados pela autoridade; numa palavra: apenas meio católicos. As conseqüências então são exatamente conformes o raciocínio precedente. Os *jesuítas* são tiranos do povo e servos da corte: e os *jansenistas* preservam vivas as pequenas centelhas do amor à liberdade, as quais podem ser encontradas na nação francesa.

ENSAIO DEZ

Da liberdade civil

Aqueles que fazem uso da pena para tratar de assuntos políticos, livres de partidarismo e preconceitos partidários, cultivam uma ciência que, dentre todas as outras, é a que mais contribui para a utilidade pública e mesmo para satisfação privada de quem se dedica a seu estudo. Contudo, sou capaz de levantar uma suspeita de que o mundo ainda é jovem demais para que se estabeleçam muitas verdades gerais em política, passíveis de continuarem verdadeiras para a posteridade mais tardia. Não tivemos ainda uma experiência de três mil anos, de modo que não só a arte de raciocinar é ainda falha nessa ciência, assim como o é em todas as outras, mas ainda requer materiais suficientes para sobre eles raciocinar. Não se conhece plenamente o grau de refinamento, seja ela virtude ou vício, com que a natureza humana se faz dele suscetível; nem o que se pode esperar da humanidade a partir de qualquer grande revolução em sua educação, costumes ou princípios. Maquiavel certamente foi um grande gênio. Mas tendo confinado o seu estudo aos governos furiosos e tirânicos dos tempos antigos, ou aos pequenos e desordenados principados da Itália, os seus raciocínios, especialmente sobre o governo monárquico, têm sido considerados bastante falhos, dificilmente havendo alguma máxima em seu *príncipe* que a experiência subseqüente não tenha ainda inteiramente refutado. *Um príncipe fraco, diz ele, é incapaz de receber um bom conselho; pois se ele se aconselha com muitos, não será capaz de optar entre seus diferentes conselhos. Se se abandona a um, aquele ministro até poderá ter capacidade, porém não mais será um ministro: ele terá segurança para desapossar o seu mestre e se postar, bem como a sua família, no trono.* Faço menção a isso, entre muitos exemplos de erros que os políticos, por terem vivido em eras por demais primevas do mundo, foram bons juízes da verdade política. Quase todos os príncipes da Europa são, no presente, governados por seus ministros; assim tem sido por quase dois séculos, e no entanto o referido incidente não se deu, nem pode vir a acontecer. Sejano pode planejar destronar os Césares; mas Fleury, ainda que sempre tão vicioso, não poderia, na posse de seu bom senso, alimentar a menor esperança de desapossar os Bourbons.

Os negócios não eram tidos como assunto de Estado até o último século; e dificilmente haverá autor antigo, em política, que a isso tenha feito menção[a]. Mesmo os italianos mantiveram um profundo silêncio a esse respeito, por mais que agora a questão atraia as maiores atenções tanto de ministros de Estado como dos afeitos a raciocínios especulativos. A enorme opulência, a grandeza e os feitos militares dos dois poderes marítimos parecem afigurar-se como os primeiros a informar a humanidade sobre a importância desse intenso comércio.

Tendo, por essa razão, intentado neste ensaio proceder a uma plena comparação entre liberdade civil e governo absoluto, e mostrado as grandes vantagens da primeira sobre o último, começo a alimentar a suspeita de que homem algum naquele tempo tenha sido suficientemente qualificado para tal empreitada, e o que quer que algum deles pudesse aventar sobre aquele tema seria, muito provavelmente, refutado pela experiência e rejeitado pela posteridade. Tais poderosas revoluções se deram nos assuntos humanos, e foram tantos os acontecimentos contrários à expectativa dos antigos, que em si foram suficientes para alimentar a suspeita de ainda outras mudanças.

---

[a] Xenófones faz menção a isso; mas com uma dúvida sobre se seria de alguma vantagem para o Estado. Ei de kai emporia ophelei ti polin, Xen. Hiero. Platão o exclui totalmente de sua república imaginária. De legibus, liv. IV.

Ensaios Políticos

Pelos antigos se tem observado que todas as artes e ciências surgem entre as nações livres; e que persas e egípcios, não obstante o seu ócio, opulência e luxúria, limitaram-se a meros esforços vãos de se deleitar com seus prazeres mais refinados, os quais foram alçados à perfeição pelos gregos, que em meio a guerras contínuas atingiram com a pobreza a maior simplicidade de vida e costumes. Também se tem observado que, quando os gregos perderam a liberdade, com as conquistas de Alexandre, mesmo tendo havido um substancial aumento de suas riquezas, ainda assim as artes, daquele momento em diante, declinaram entre eles, e desde então elas não têm se mostrado capazes de novamente se erguer naquelas latitudes. O aprendizado fez-se transplantado para Roma, a única nação livre no universo e, tendo ali encontrado solo tão favorável, conheceu avanços prodigiosos durante mais de um século, até que a decadência da liberdade produziu também a decadência das letras, espalhando total barbarismo pelo mundo. Esses dois experimentos, cada qual duplo em sua espécie, revelaram um movimento de queda na erudição em governos absolutos, bem como a sua ascensão em governos populares, o próprio pensamento de Longino, se fazendo suficientemente justificado em se tratando da asserção de que as artes e ciências só poderiam florescer em um governo livre. E nessa opinião ele tem se feito seguir por diversos eminentes autores[b] de seu próprio país, os quais ou limitaram a sua concepção meramente a fatos antigos, ou alimentaram uma excessiva parcialidade em favor da forma de governo estabelecida entre nós.

Mas o que teriam dito esses autores sobre os exemplos da moderna Roma ou da moderna Florença? Dessas cidades, a primeira alçou à perfeição todas as belas artes da escultura, da pintura e da música, bem como a da poesia, ainda que gemessem, todas elas, sob o jugo da tirania, e sob a tirania dos sacerdotes. E se a última atingiu seu maior progresso nas artes e nas ciências, logo depois começou a perder sua liberdade pela usurpação da família dos Médici. Ariosto,

---

[b] Mr. Addison and Lord Shaftesbury.

Tasso, Galileu, sem falar em Rafael e Michelângelo, nasceram em suas repúblicas. E muito embora a escola lombarda fosse tão famosa quanto a romana, ainda assim os venezianos têm tido menor participação em suas honras, tendendo a parecer inferiores a outros italianos quanto a seu gênio nas artes e ciências. Rubens estabeleceu sua escola em Antuérpia, e não em Amsterdã, enquanto Dresden, e não Hamburgo, era o centro da alta cultura na Alemanha.[*]

Mas o exemplo mais eminente do florescimento da erudição em governos absolutos é o da França. Dificilmente alguém dirá que ali se desfrutou de qualquer liberdade instituída, e ainda assim artes e ciências alçaram-se a um nível próximo da perfeição, como nenhuma outra nação o fez. O ingleses são talvez os maiores filósofos; os italianos, melhores pintores e músicos, e os romanos, os maiores oradores; mas os franceses são o único povo, exceção feita aos gregos, que a um só tempo compreende filósofos, poetas, oradores, historiadores, pintores, arquitetos, escultores e músicos. No tocante ao palco, têm superado em excelência mesmo aos gregos, que em muito excederam os ingleses. E na vida comum, em ampla medida aperfeiçoaram aquela arte, dentre todas a mais útil e agradável, qual seja, *l'art de vivre*, que é a arte da sociedade e da conversação.

Se considerarmos o estado da ciências e das artes refinadas em nosso próprio país, a observação de Horácio relativamente aos romanos aplica-se, em ampla medida, aos britânicos.

... Sed in longum tamen aevum

Manserunt, hodieque manent vestigia ruris.

---

[*] Antuérpia era a capital do Marquesado de Antuérpia, o qual, no início do século XVII, foi dominado pelos monarcas absolutos da Espanha, enquanto Amsterdã era a capital da Holanda, uma das sete repúblicas empenhadas na luta por manter sua independência da Espanha. Dresden foi a capital da Saxônia e residência do príncipe eleitor daquele principado, enquanto Hamburgo era uma cidade-estado livre. (N. do T.)

ENSAIOS POLÍTICOS 81

A elegância e a propriedade de estilo têm sido muito negligenciadas entre nós. Não temos nenhum dicionário de nossa língua, e raramente uma gramática a que se possa tolerar. A primeira prosa bem acabada de que dispomos foi escrita por um homem ainda vivo[c]. Como no caso de Sprat, Locke e mesmo Temple, conheciam pouco das regras da arte para serem considerados escritores elegantes. As prosas de Bacon, a de Harrington e a de Milton são completamente enrijecidas e pedantes, não obstante a excelência de seu sentido. Neste país, os homens têm estado tão ocupados com grandes disputas em religião, política e filosofia, que não têm como se deleitar com as observações aparentemente minuciosas de gramática e crítica. E embora esse desvio de pensamento tenha melhorado consideravelmente o nosso sentido e o nosso talento de raciocinar, é preciso confessar que, mesmo nas ciências acima referidas, não dispomos de um livro padrão que possamos transmitir à posteridade. O máximo que temos para nos jactar são uns poucos ensaios para uma filosofia mais justa; são boas promessas, mas ainda não alcançaram nenhum grau de perfeição.

Tem se tornado uma opinião instituída que o comércio só pode florescer em um governo livre; e essa opinião parece ter sido fundada em uma experiência mais contínua ou mais ampla do que a precedente, no que diz respeito às artes e ciências. Se rastrearmos o comércio em seu progresso passando por Tiro, Atenas, Siracusa, Cartago, Veneza, Florença, Gênova, Antuérpia, Holanda, Inglaterra etc., havemos de descobrir que ele sempre assentou raízes em governos livres. Os três maiores entrepostos comerciais do mundo são hoje Londres, Amsterdã e Hamburgo. Todas, cidades livres e protestantes, o que quer dizer que desfrutam de uma dupla liberdade. Contudo, deve-se observar que a grande atenção que nos últimos tempos têm recebido o comércio com a França parece provar que essa máxima não é mais certa e infalível do que a precedente, e que os súditos de um príncipe absoluto podem se tornar nossos rivais no comércio, bem como na erudição.

[c] Dr. Swift.

Se é que posso emitir minha opinião em assunto tão obscuro, eu diria que, não obstante os esforços da França, há algo de nocivo inerente ao comércio na própria natureza do governo absoluto, e é dele inseparável; não importando razão que posso atribuir a essa opinião, em certa medida ela difere daquela sobre a qual comumente se insiste. A propriedade privada me parece quase uma garantia em uma monarquia civilizada européia, como em uma república; tampouco, em razão da violência do soberano, é um risco muito temido e maior do que o que se costuma ter de ferimentos por raio ou terremotos ou qualquer acidente o mais atípico e extraordinário. A avareza, este estímulo da indústria, é uma paixão tão obstinada, e se enceta por entre tantos perigos e dificuldades, que não é provável que se deixe amedrontar por um risco imaginário, ainda que bastante pequeno e que quase não possa ser calculado. Por isso o comércio, em minha opinião, pode bem conhecer uma decadência em governos absolutos, não por ser menos *seguro*, mas por ser menos *honorífico*. Uma subordinação de classes é absolutamente necessária para a sustentação da monarquia. Nascimento, títulos e posição devem ser honrados acima da indústria e das riquezas. E enquanto essas noções prevalecem, todos os negociantes de porte considerável serão tentados a se lançar ao comércio, a fim de adquirir alguns desses expedientes, dos quais honras e privilégios decorrerão.

Estando eu a analisar as alterações que o tempo produziu ou pode produzir em política, devo observar que em tempos modernos todos os tipos de governo, livres e absolutos, parecem ter se submetido a uma grande mudança para melhor, e isso tanto no que diz respeito à gerência de negócios externos como de internos. O *equilíbrio de poder* é um segredo na política, e só se revelou de todo na época atual; devo acrescentar que a política interna dos Estados também foi alvo de grandes melhorias no decorrer do último século. Por Salusto ficamos sabendo que o exército de Catilino se fez em ampla medida aumentado pelo recrutamento dos salteadores de estrada nas cercanias de Roma; mas acredito que todos os adeptos dessa prática que atualmente se espalham pela Europa não seriam suficientes para compor um único regimento. Nas argüições de Cícero em favor de Milo encontro esse

ENSAIOS POLÍTICOS

argumento, dentre outros, utilizado para provar que seu cliente não havia assassinado Clódio. Disse ele que, tivesse Milo tentado matar Clódio não o teria atacado à luz do dia e a tal distância da cidade: ele o teria espreitado à noite, pelos subúrbios, fazendo parecer que ele tivesse sido morto por ladrões; e a freqüência de incidentes teria favorecido o engodo. Essa é uma prova surpreendente da lassidão da polícia de Roma, bem como do número e força desses ladrões, até porque Clódio[d], na época, era servido por 30 escravos, completamente armados e suficientemente acostumados ao sangue e ao perigo nos tumultos freqüentes incitados por aquela sediciosa tribuna.

Mas embora todos os tipos de governo tenham sido aperfeiçoados nos tempos modernos, ainda assim o governo monárquico parece ter feito os maiores avanços rumo à perfeição. A esta altura se pode afirmar das monarquias civilizadas o que antes foi dito somente em louvor das repúblicas, isto é, que são um governo de Leis, não de Homens. São tidos como passíveis de ordem, método ou constância a um grau surpreendente. A propriedade é ali segura; a indústria, fomentada; as artes florescem, e o príncipe vive seguro entre seus súditos, como um pai entre seus filhos. Talvez tenha havido na Europa, por quase dois séculos, quase duas centenas de príncipes absolutos, grandes e pequenos; e concedendo a cada um deles um reinado de, supomos, 20 anos, perfazem ao todo dois mil os monarcas ou tiranos, como os gregos os chamariam. Ainda assim, entre esses não se conta nenhum, nem mesmo Felipe II, da Espanha, que seja tão mau quanto o foi Tibério, Calígula, Nero ou Domiciano, que foram quatro em doze dos imperadores romanos. Contudo, deve-se confessar que, embora os governos monárquicos tenham chegado mais perto dos populares em brandura e estabilidade, ainda assim eles são inferiores. Nossa educação moderna e nossos costumes instilam mais humanidade e moderação do que os antigos; ainda assim eles não têm sido capazes de sobrepujar inteiramente as desvantagens daquela forma de governo.

---

[d] *Vide Asc. Ped. in Orat. Pro Milone.*

Mas aqui devo pedir permissão para aventar uma conjectura, que até parece provável, mas que só a posteridade poderá plenamente julgar. Estou propenso a pensar que, em governos monárquicos, há uma fonte de melhorias, e, nos populares, uma fonte de degenerescência, as quais com o tempo farão essas espécies de depuramento civil se aproximarem de uma igualdade. Os maiores abusos surgidos na França, onde se tem o modelo mais perfeito da monarquia pura, procedem não do número ou do peso dos impostos, superiores àqueles com que se pode deparar em países livres; mas dos custosos, desiguais, arbitrários e intrincados métodos de arrecadá-los, pelos quais a operosidade dos pobres, sobretudo dos camponeses e agricultores, é largamente desencorajada, e a agricultura é tornada uma ocupação mendicante e escravagista. Mas a que vantagens tendem esses abusos? Se para a da nobreza, podem ser considerados inerentes àquela forma de governo, sendo a nobreza o verdadeiro sustentáculo da monarquia, e dada a naturalidade do fato de ser o seu interesse mais consultado, em tal constituição, do que o do povo. Mas na verdade são os nobres os que mais têm a perder com essa opressão, uma vez que ela provoca a ruína de seus Estados e reduz os seus arrendatários à mendicância. Os únicos a ganhar são os *financistas*, esta raça de homens mais odiosa que a nobreza e que todo o reino. Se um príncipe ou ministro, por essa razão, deve ascender, dotado de suficiente discernimento para conhecer o seu próprio interesse e o de seu povo, e também dotado de suficiente força mental para romper com antigos hábitos, podemos esperar ver esses abusos remediados; nesse caso, a diferença entre o governo absoluto e o nosso, livre, não haveria de parecer tão grande quanto se faz no presente.

A fonte de degenerescência, que pode ser observada em governos livres, consiste na prática de se fazer dívidas e de se empenhar rendas públicas, de modo que os impostos podem, com o tempo, se tornar completamente intoleráveis, e toda a propriedade do Estado ser trazida para as mãos do povo. Essa prática data de tempos modernos. Os atenienses, ainda que governados por uma república, pagavam algo próximo de duzentos *por cento* pelas somas em dinheiro que uma ou outra emergência impunha a necessidade de

ENSAIOS POLÍTICOS

85

tomarem de empréstimo, conforme sabemos por Xenófones[e]. Entre os modernos, os holandeses foram os primeiros a introduzir a prática do empréstimo de grandes somas a juro baixo, e da noite para o dia se arruinaram com isso. Príncipes absolutistas também contraíram dívidas, mas como um príncipe absolutista pode decretar a falência quando bem lhe aprouver, o seu povo jamais será oprimido por suas dívidas. Em governos populares, as pessoas, sobretudo aquelas com os mais altos postos, sendo comumente credores públicos, é difícil para o Estado fazer uso desse remédio, que, embora por vezes necessário, é sempre cruel e bárbaro. Esse, pois, parece ser o inconveniente sempre passível de ameaçar todos os governos livres; especialmente o nosso próprio, na atual conjuntura das coisas. É de se perguntar que forte motivo será este, para aumentar a nossa parcimônia com o dinheiro público. Que forte motivo será este que, receando que ele seja corroído pela multiplicação de impostos ou, o que é pior, pela nossa impotência pública e incapacidade de defesa, faça blasfemar contra nossa própria liberdade, desejando para nós o mesmo estado de servidão que é o de todas as nações à nossa volta?

---

[e] Ktesin de ap'oudenos an houto kalen ktesainto hosper aph'hou an protelesosin eis ten aphormen... hoi de ge pleistoi Athenaion pleiona lepsontai kat'eniauton e hosa an eisenenkosin, hoi gar mnan protelesantes, engus dyoin mnain prosodon hexousi... ho dokei ton anthropinon asphalestaton te kai polychroniotaton einai. Xen Poroi.

ENSAIO ONZE

Da ascensão e do progresso das artes e ciências

Nada requer maior precisão em nossas investigações relacionadas aos assuntos humanos do que distinguir exatamente o que se deve ao *acaso* e o que procede de *causas*; nem há assunto algum em que um autor possa mais se enganar por falsas sutilezas e refinamentos. Dizer que um acontecimento deriva do acaso corta pela raiz toda investigação adicional a seu respeito, deixando o autor no mesmo estado de ignorância que o resto da humanidade. Mas quando o acontecimento supostamente procede de causas certas e estáveis, ele então pode dar mostras de seu engenho, imputando-lhe essas causas; e como um homem de qualquer sutileza jamais pode se mostrar perplexo nesse particular, com isso ele tem a oportunidade de fazer valer seus volumes e descobrir o seu conhecimento profundo, observando o que escapa ao vulgar e ignorante.

A distinção entre acaso e causas deve depender da sagacidade de qualquer homem particular em considerar qualquer incidente particular. Mas se devemos atribuir qualquer regra geral que nos ajude a aplicar essa distinção, essa regra seria a seguinte: *o que depende de umas poucas pessoas é, em grande medida, atribuído ao acaso, ou a causas secretas e desconhecidas, enquanto o que surge de um grande número pode muitas vezes ser explicado por causas determinadas e conhecidas.*

Duas razões naturais podem ser atribuídas a essa regra. Em primeiro lugar, supondo um dado viciado, embora não o seja em grande medida, tenda a cair com uma face voltada para cima, mesmo que isso não transpareça em alguns poucos lances certamente prevalecerá em um grande número e fará pender o equilíbrio inteiro para aquele lado. De certa forma, quando uma causa qualquer produz uma inclinação ou uma paixão particular, por algum tempo e entre certas pessoas, ainda que muitos indivíduos possam escapar ao contágio e se governar por paixões que lhe sejam peculiares, a multidão certamente será tomada pela afeição comum e por ela será governada em todas as suas ações.

Em segundo lugar, os princípios ou causas que se revelarem adequados para atuar sobre uma multidão são sempre de natureza mais grosseira e obstinada, menos sujeitos a acidentes e menos influenciados por extravagâncias e pela fantasia de cada um do que os que atuam sobre uns poucos. Os últimos são comumente tão delicados e refinados, que o menor incidente envolvendo a saúde, a educação ou a boa sorte de uma pessoa particular bastará para provocar uma divergência em seu curso e retardar a sua operação; não é possível reduzi-los a quaisquer máximas ou observações gerais. Sua influência a um determinado tempo jamais nos fará considerar a sua influência em outro, ainda que todas as circunstâncias gerais sejam as mesmas em ambos os casos.

A julgar por essa regra, as revoluções internas e graduais de um Estado devem ser um tema mais adequado para o raciocínio e observação do que as revoluções externas e violentas, geralmente produzidas por indivíduos e mais influenciadas por extravagâncias, por loucura ou por capricho do que por paixões e interesses gerais. A queda dos lordes e a ascensão dos comuns na Inglaterra, após os estatutos de alienação e o crescimento do negócio e da indústria, são mais facilmente explicadas por princípios gerais do que a queda da monarquia espanhola e a ascensão da francesa após a morte de Carlos V. Tivessem Henrique IV, o Cardeal Rechilieu e Luís XIV sido espanhóis, e Felipe II, III e IV e Carlos II sido franceses, bem outra teria sido a história dessas duas nações.

Ensaios Políticos   89

Pela mesma razão, é mais fácil considerar a ascensão e o progresso do comércio em qualquer reino do que fazê-lo com os avanços de sua erudição; e um Estado que devesse se aplicar ao encorajamento de um, seria mais garante de seu sucesso do que aquele que cultivasse a outra. A avareza ou o desejo de ganhar é uma paixão universal, que opera em todos os tempos, em todos os lugares e sobre todas as pessoas; mas a curiosidade ou o amor ao conhecimento exerce uma influência muito limitada e requer juventude, lazer, educação, gênio e exemplo para que possa governar qualquer pessoa. Não se há de querer vendedores de livros havendo compradores de livros; mas pode freqüentemente haver leitores onde há autores. Multidões de pessoas, de necessidades e de liberdade produziram o comércio na Holanda, mas estudo e aplicação dificilmente produzem quaisquer escritores eminentes.

Por isso, podemos concluir que não há tema em que devamos proceder com mais cautela do que o traçar da história das artes e ciências; sob pena de imputar causas que nunca existiram e reduzir o que é meramente contingente a princípios estáveis e universais. Os que cultivam as ciências em qualquer Estado são sempre em número pequeno; a paixão, que os governa, limitada, o seu gosto e juízo, delicados se facilmente pervertidos, e sua aplicação, perturbada pelo menor acidente. O acaso, sendo assim, ou as causas secretas ou desconhecidas devem exercer grande influência na ascensão e no progresso das belas artes.

Mas há uma razão que me induz a atribuir esse tópico a um completo acaso. Embora as pessoas que cultivem as ciências com tão espantoso êxito, e suscitem assim a admiração da posteridade, sejam sempre poucas em todas as épocas e nações, é impossível que o compartilhar do mesmo espírito e gênio previamente se dissemine por todo o povo que dá guarida ao surgimento dessas ciências, com isso já produzindo, constituindo e cultivando, desde a sua mais tenra infância, o gosto e o juízo daqueles eminentes autores. A massa de onde se extraem tais refinados autores não pode ser completamente insípida. Diz Ovídio *que há um Deus entre nós*

90   DAVID HUME

que respira o fogo divino, pelo qual somos animados[a]. Poetas, em todas as eras, fizeram essa afirmação dar conta de uma inspiração. Contudo, em tal caso não há nada de sobrenatural. O seu fogo não é acendido a partir dos céus. Ele percorre tão-somente a terra; ele passa de um peito a outro, e neles se detém, e queima da maneira mais radiante onde os materiais são mais bem preparados e dispostos do modo mais feliz. Por isso, a questão que diz respeito à ascensão e ao progresso das artes e ciências não é de todo uma questão relativa ao gosto, ao gênio e ao espírito de uns poucos, sendo-o, isto sim, aos de todo um povo. E é por isso que em certa medida ela pode ser explicada por causas e princípios gerais. Concedo que um homem, se se propusesse a investigar por que determinado poeta, como, por exemplo, Homero, tenha existido em determinado lugar e em determinado tempo, tal homem se lançaria em uma quimera e jamais poderia abordar o assunto sem recorrer a uma multiplicidade de falsas sutilezas e refinamentos. Ele pode bem pretender aventar uma razão para determinados generais, como Fábio e Scípio, terem vivido em Roma em determinado tempo, e por Fábio ter vindo ao mundo antes de Scípio. Para ocorridos como esse, nenhuma outra razão pode ser dada a não ser aquela de Horácio.

> Scit genius, natale comes, qui temperat astrum,
>
> Naturae Deus humanae, mortalis in unum...
>
> ...Quodque caput, vultu mutabilis, albus & ater.

Mas estou persuadido de que em muitos casos podem ser dadas boas razões para que uma nação, em determinada época, seja mais culta e erudita do que suas vizinhas. No mínimo se tem aí um tema curioso a ponto de ser uma pena abandoná-lo inteiramente

---

[a] Est Deus in nobis; agitante calescimus illo:
Impetus hic, sacrae semina mentis habet.
Ovid, Fast, lib. I.

ENSAIOS POLÍTICOS 91

antes de descobrirmos se ele é suscetível de raciocínio e se pode ser reduzido a quaisquer princípios gerais.

Minha primeira observação sob esse tema versa sobre *a impossibilidade de artes e ciências surgirem pela primeira vez entre quaisquer povos a não ser que aquele povo desfrute da bênção de um governo livre.*

Nas primeiras eras do mundo, os homens, ainda bárbaros e ignorantes, ainda não buscavam garantia adicional contra a violência e a injustiça mútuas que não pela escolha de alguns legisladores, muitos ou poucos, em quem depositavam uma confiança implícita, sem contar com nenhuma segurança, mediante leis ou instituições políticas, contra a violência e injustiça desses legisladores. Se a autoridade se centrasse em uma única pessoa, e se a pessoa, por conquista ou pelo comum desenrolar da reprodução, se convertesse em uma grande multidão, o monarca, achando impossível exercer, em todos os lugares, por sua própria pessoa todos os deveres de soberania, deveria delegar sua autoridade a magistrados inferiores, que preservassem a paz e a ordem em seus respectivos distritos. Uma vez que a experiência e a educação ainda não refinaram os juízos do homem a um grau considerável, o príncipe, ele próprio isento de impedimentos, nem sequer sonha em impedir seus ministros, mas delega sua plena autoridade a cada um deles, e os posiciona acima de um determinado grupo de pessoas. Todas as leis gerais são assoladas por inconveniências quando aplicadas a casos particulares, e requerem grande penetração e experiência para perceber que essas inconveniências são em menor número do que as resultantes da totalidade dos poderes discricionários em cada magistrado, como também para discernir que as leis gerais são, como um todo, assoladas pelo menor número possível de inconveniências. Essa é uma questão de tão grande dificuldade que os homens podem ter feito alguns avanços, até mesmo nas artes sublimes da poesia e da eloqüência, onde uma rapidez de gênio e de imaginação auxilia em seu progresso, antes de chegarem a um grande refinamento em suas leis municipais, onde julgamentos

92 DAVID HUME

freqüentes e a observação diligente podem por si sós direcionarem seus aperfeiçoamentos. Por essa razão, não há que se supor que um monarca bárbaro, isento de restrições e de instrução, algum dia se tornará um legislador ou pensará em restringir o seu *paxás*, em cada província, ou mesmo o seu *cádis*, em cada cidade. Viemos a saber que o último *czar*, mesmo que animado por um nobre gênio, e tomado de amor e admiração pelas artes européias, ainda assim nutria confessa estima pela política turca nesse particular, e aprovava decisões sumárias como as que são praticadas na monarquia bárbara, onde os juízes não se encontram restringidos por quaisquer métodos, formas ou leis. Ele não percebeu quão contrária tal prática teria sido de todos os seus esforços em refinar o seu povo. O poder arbitrário em todos os casos pode ser algo opressivo e humilhante, mas é completamente ruinoso e intolerável quando contraído em pequenas medidas. E ainda pior se torna quando aquele que o possui sabe que o tempo de sua autoridade é limitado e incerto. *Habet subjectos tanquam suos; viles, ut alienos.* Ele governa os súditos com plena autoridade, como se fossem propriedade sua; e com negligência ou tirania, como se pertencessem a outro. Um povo, governado de tal maneira, é escravo no pleno e próprio sentido da palavra; e é impossível que possa algum dia aspirar a quaisquer refinamentos de gosto ou razão. Ele não ousa mais do que a pretensão de desfrutar dos bens necessários à vida em abastança e segurança.

Por isso, esperar que as artes e ciências devam conhecer o seu primeiro impulso em uma monarquia é contar com uma contradição. Antes que esses refinamentos possam se dar, assoma-se um monarca ignorante e carente de instrução; e não havendo conhecimento suficiente para sensibilizá-lo da necessidade de equilibrar o seu governo sob leis gerais, ele delega o seu pleno poder a todos os magistrados inferiores. Essa política bárbara rebaixa as

---

[b] Tacit. hist., lib. I.

pessoas, e atravanca para sempre todo o desenvolvimento. Se fosse possível que, antes de a ciência ser conhecida no mundo, um monarca pudesse ter sabedoria para se tornar um legislador e governar o seu povo pela lei, e não pela vontade arbitrária dos súditos seus seguidores, talvez fosse possível ter em tais espécies de governo o berço mesmo das artes e ciências. Mas nessa suposição parece haver manifesta contradição.

Se acontecer que uma república em estado incipiente seja sustentada por tão poucas leis quanto uma bárbara monarquia, podemos incumbir de autoridade os seus magistrados ou juízes. Mas além do fato de as freqüentes eleições pelo povo serem um considerável refreamento da autoridade, com o tempo, e só com ele, por fim virá a necessidade de restringir os magistrados com o intuito de preservar a liberdade e dar livre curso a leis e estatutos gerais. Durante algum tempo, os cônsules romanos decidiram todas as causas sem estarem confinados por quaisquer estatutos positivos, até que o povo, na impaciência de levar seu jugo, criou os *decênviros*, que promulgaram as *doze tábuas*; um corpo de leis que, embora, talvez não fosse em substância igual ao estatuto inglês do parlamento, consistia quase que nas únicas leis escritas a regular a propriedade e as penas, no curso de algumas eras, naquela famosa república. No entanto, eles bastaram juntamente com as formas de um governo livre para garantir as vidas e propriedades dos cidadãos; para isentar um homem do domínio de outro, e para proteger cada qual contra a violência ou a tirania de seus concidadãos. Em tal situação as ciências podem se arvorar e florescer; mas jamais em tal cenário de escravidão e opressão, o qual sempre resulta de monarquias bárbaras, onde os povos por si sós se deixam conter por qualquer lei ou estatuto. Um despotismo ilimitado dessa natureza, se existe, efetivamente faz estancar todas as melhorias e impede os homens de atingir o conhecimento que é requisito para instruí-los nas vantagens advindas de uma política melhor e de uma autoridade mais moderada.

Eis aqui, pois, as vantagens dos Estados livres. Embora uma república fosse bárbara, ela, necessariamente, por uma infalível

94   DAVID HUME

operação, dá origem à lei muito antes de a humanidade ter realizado quaisquer avanços consideráveis nas outras ciências. E da lei advém a segurança; da segurança, a curiosidade; e da curiosidade, o conhecimento. Os últimos passos desse progresso podem ser mais acidentais, mas os primeiros são completamente necessários. Uma república sem leis não pode ter qualquer duração. E ao contrário, em um governo monárquico, a lei surge não necessariamente das formas de governo. A monarquia, quando absoluta, chega a conter mesmo algo repugnante à lei. Mas tal grau de sabedoria nunca pode ser esperado antes de maiores refinamentos e aperfeiçoamentos da razão humana. Esses refinamentos requerem curiosidade, segurança e lei. Por isso, o crescimento *primeiro* das artes e ciências jamais pode ser esperado em governos despóticos.

Há outras causas que são um desincentivo à ascensão das artes refinadas em governos despóticos, embora eu tome o desejo de leis e a delegação de plenos poderes a cada tacanho magistrado como sendo as principais. A eloqüência por certo brota mais naturalmente em governos populares; também a imitação em cada realização deve ali ser mais dotada de ânimo e vivificação. E o gênio e a capacidade têm mais plenos escopo e atuação. Todas essas causas fazem dos governos livres o único berço apropriado para as artes e ciências.

A observação a seguir, a que devo fazer a partir desse tema, *é a de que não há nada mais favorável à ascensão da cultura e da erudição do que uma série de Estados vizinhos e independentes, atrelados entre si pelo comércio e pela política.* A emulação que naturalmente surge entre esses Estados vizinhos é uma óbvia fonte de aperfeiçoamentos: mas aquilo em que eu mais insistiria seria o modo como tais limitados territórios fazem estancar a um só tempo o *poder* e a *autoridade*.

Governos ampliados, onde uma única pessoa exerce grande influência, logo se tornam absolutos; mas alguns pequenos naturalmente se convertem em comunidades. Um governo amplo se acostuma a graus de tirania; porque cada ato de violência é primei-

Ensaios Políticos   95

ramente perpetrado sobre uma parte, que, distante da maioria, não se apercebe da fermentação violenta, nem a instiga. Além disso, um governo amplo, ainda que o todo esteja descontente, pode, com um pouco de engenho, ser mantido em obediências, enquanto cada parte, ignorante das resoluções do resto, teme iniciar qualquer comoção ou insurreição. Isso para não mencionar a existência de uma supersticiosa reverência aos príncipes, essa de que a humanidade naturalmente se faz suscetível quando não vê com muita freqüência o soberano, e quando muitos homens não o conhecem pessoalmente a ponto de perceber suas fraquezas. E como Estados de grande porte podem se permitir vultosos dispêndios, a fim de sustentar a pompa da majestade, esse é um modo pelo qual ele exerce um fascínio sobre os homens, o que naturalmente contribui para a sua escravização.

Em um governo pequeno, cada ato de opressão imediatamente se faz conhecer pelo todo. Os murmúrios e manifestações de descontentamento que dele procedem são facilmente comunicáveis; e a indignação se eleva tanto mais alto porque em tais Estados os súditos não se apercebem quão grande é a distância entre eles próprios e seu soberano. "Homem algum", disse o príncipe de Conde, "é um herói para o seu *valet de chambre*". É certo que a admiração e o conhecimento pessoal são completamente incompatíveis ante qualquer criatura mortal. O sono e o amor convenceram o próprio Alexandre de que ele não era um Deus; mas eu suponho que a cotidianidade a assolá-lo poderia facilmente, a partir das inúmeras fraquezas a que ele estava sujeito, dar-lhe ainda muitas provas convincentes de sua humanidade.

Mas as divisões em pequenos Estados são favoráveis ao aprendizado, pelo estancar do progresso da *autoridade* bem como o do *poder*. A reputação não raro exerce grande fascínio sobre os homens como soberania, e é igualmente destrutiva da liberdade de pensamento e de análise. Mas onde alguns diversos Estados vizinhos tiverem algum grande intercurso de artes e comércio, o zelo alimentado mutuamente há de impedi-los de receber muito facilmente a lei do outro em questões de gosto e de raciocínio, e de fazê-los examinar cada obra de arte com o máximo de cuidado e precisão. O contágio da opinião pública não se dissemina com tanta facilidade de um lugar para o outro. Ele é prontamente refreado em um Estado ou outro, onde não concorre com os preconceitos que ali prevalecem. E nada além da natureza e da razão, ou que ao menos com elas guarde grande semelhança, pode forçar o seu caminho através de todos os obstáculos e unir as mais rivais dentre as nações em sua estima e admiração.

A Grécia era um aglomerado de pequenos principados, que logo se tornaram repúblicas; e, sendo unidos tanto por sua próxima vizinhança como pelos laços da mesma língua e interesse, entraram no mais íntimo intercurso de comércio e aprendizado. Concorreram aqui um clima ameno, um solo que não era infértil e a mais harmoniosa e abrangente linguagem; de modo que cada circunstância entre aquele povo parecia favorecer a ascensão das artes e ciências. Cada cidade produzia seus muitos artistas e filósofos, que se recusavam a se render à preferência por aqueles das repúblicas vizinhas. Suas disputas e debates tornavam mais aguda a sagacidade dos homens; uma variedade de objetos era apresentada a seu juízo, com cada qual desafiando a preferência dos demais. E as ciências, sem se apequenarem pelas restrições da autoridade, incapacitaram-se de proceder a quaisquer lances consideráveis, como são, mesmo em nosso tempo, objetos de nossa admiração. Depois que a Igreja *cristã* ou *católica* romana disseminou-se pelo mundo civilizado, e monopolizou todo o aprendizado de todos os tempos, veio a ser, de fato, um grande Estado no âmbito de seus limites, e unido sob um só líder, essa variedade de seitas de pronto desapareceu, e a filosofia peripatética foi, só mesmo ela, admitida em todas as escolas, para a completa depravação de todo tipo de aprendizado. Mas com a humanidade, aos poucos se livrando desse jugo, as coisas voltam agora quase ao mesmo estado que antes, e a Europa sendo uma cópia em tamanho maior do que a Grécia foi antes o padrão em miniatura. A vantagem dessa situação, nós a temos visto em diversos exemplos. O que refreou o progresso da filosofia cartesiana, para a qual a nação francesa se mostrou tão propensa por volta do final do último século, se não a oposição que lhe foi feita por outras nações da Europa, que não tardaram a descobrir os pontos fracos daquela filosofia? O escrutínio mais rigoroso a pesar sobre a teoria de Newton procedeu não de seus compatriotas, mas de estrangeiros. E se ele puder

ENSAIOS POLÍTICOS

ultrapassar os obstáculos com que no presente se defronta em todas as partes da Europa, provavelmente voltará triunfalmente na posteridade mais tardia. Os ingleses se tornaram mais sensíveis à escandalosa licenciosidade de seu palco a partir do exemplo da decência e moral francesas. E os franceses estão convencidos de que seu teatro tem se tornado em certa medida afeminado, por excesso de amor e galanteria, e já começam a aprovar o gosto mais masculino de algumas nações vizinhas.

Na China parece haver uma linhagem bem considerável de erudição e ciência da qual, no curso de tantos séculos, bem pode se esperar terem amadurecido em algo mais perfeito e acabado em relação ao que até agora se teve delas. Mas a China é um vasto império falando uma só língua, governado por uma lei e acordando-se nas mesmas maneiras. A autoridade de algum professor, como Confúcio, facilmente se fez propagar de um canto a outro do império. Ninguém teve a coragem de resistir à torrente da opinião popular. E a posteridade não foi ousada o bastante para disputar o que universalmente fora recebido de seus ancestrais. Essa parece ser uma razão natural pela qual as ciências têm feito um progresso tão lento naquele poderoso império[c].

---

[c] Se fosse perguntado como podemos nos reconciliar com os precedentes princípios da felicidade, de riquezas e de boa política dos chineses, sempre governados por um só monarca e dificilmente podendo fazer uma idéia de governo livre, eu responderia que embora o governo chinês fosse uma pura monarquia, ele não é, propriamente falando, absoluto. Isso procede de algo peculiar na situação daquele país: eles não têm vizinhos, exceto os tártaros, dos quais estão, em certa medida, garantidos, ou ao menos parecem assim estar, pela famosa muralha, bem como pela sua enorme superioridade em número. Assim, a disciplina militar tem sempre sido negligenciada entre eles, e suas forças permanentes são meras milícias, e da pior estirpe, além de impróprias para suprimir qualquer insurreição geral em países tão extremamente populosos. Da espada, por essa razão, pode bem se dizer estar sempre nas mãos do povo, e com isso se restringe suficientemente o monarca e se lhe obriga a dispor seus mandarins ou governantes de províncias sob a restrição de leis gerais, a fim de evitar aquelas rebeliões, que pela história aprendemos ser tão freqüentes e perigosas naquele governo. Talvez uma pura monarquia desse tipo, se adequada fosse à defesa contra inimigos externos, seria o melhor de todos os governos, trazendo em si tanto a tranqüilidade inerente ao régio poder, como a moderação e a liberdade de assembléias populares.

Se considerarmos a face do globo, a Europa, dentre os quatro cantos do mundo, é a mais recortada por mares, rios e montanhas, e a Grécia o é mais do que todos os países da Europa. Disso se segue que essas regiões foram naturalmente divididas em muitos governos distintos. Daí que as ciências surgiram na Grécia; e a Europa, desde então, tem sido delas a morada mais constante.

Às vezes sou inclinado a pensar que interrupções nos períodos de aprendizado, se não se fizessem acompanhar de tal destruição de livros antigos, e dos registros da história, seriam mais favoráveis às artes e ciências pelo romper com o progresso da humanidade e pelo destronar dos usurpadores tirânicos da razão humana. Nesse particular, elas têm a mesma influência que as interrupções em governos políticos e nas sociedades. Considere-se a cega submissão dos filósofos antigos aos muitos mestres em cada escola, e se estará convencido de que um escasso bem poderia ser esperado de uma centena de séculos de tal filosofia servil. Mesmo os ecléticos, que surgiram aproximadamente no século de Augusto, não obstante professarem a livre escolha do que lhes agradasse em cada seita, igualmente foram, em conjunto, tão servis e dependentes quanto quaisquer de seus irmãos; procuravam a verdade não na natureza, mas nas diversas escolas onde, supunham, ela se encontrava, necessariamente, não unida em um corpo, mas dispersa em algumas partes. Por ocasião da revivescência do aprendizado, aquelas seitas de estóicos e epicureus, platonistas e pitagóricos, não pode mais recuperar qualquer crédito ou autoridade; e ao mesmo tempo, pelo exemplo de sua queda, os homens se abstiveram de se submeter, com tal cega deferência, àquelas novas seitas, que haviam tentado obter uma ascendência sobre eles.

A *terceira* observação a que devo proceder com relação a esse tema, da ascensão e progresso das artes e ciências, é *a de que, embora o único berço adequado dessas nobres plantas seja um Estado livre, ainda assim elas podem ser transplantadas para qualquer governo; e assim como a república é mais favorável ao desenvolvimento das ciências, uma monarquia civilizada o é para as artes refinadas.*

Equilibrar um grande Estado ou sociedade, seja ela monárquica ou republicana, sobre leis gerais, é um trabalho de tão grande dificuldade que nenhum gênio humano, por inteligente que seja, é capaz de consegui-lo a poder de razão e reflexão. Os juízos de ambos devem se unir nesse trabalho: a experiência deve guiar a sua labuta; o tempo deve conduzi-la à perfeição; e a percepção das inconveniências deve corrigir os erros a que inevitavelmente se incorre nas primeiras provas e experiências. Aqui surge a impossibilidade de esse empreendimento se iniciar e se realizar sob qualquer monarquia, visto que tal forma de governo, antes de ser civilizada, não conhece outra prática ou norma que não seja a de confiar poderes ilimitados a todo governante ou magistrado, e subdividir o povo em bem pequenas classes e ordens de servidão. Nesse quadro, melhoria alguma é de se esperar nas ciências, nas artes liberais, tampouco nas leis, e dificilmente nas artes manuais e manufaturas. O mesmo barbarismo e ignorância, com o qual o governo se inicia, propaga-se a toda a posteridade, jamais chegando a um termo pelos esforços ou pelo engenho de tão infelizes escravos.

Mas embora a lei, fonte de toda a segurança e felicidade, surge tardiamente em todo governo, sendo o produto lento da ordem e da liberdade, ela não se deixa preservar com a mesma dificuldade com que é produzida. Mas, uma vez tendo assentado raízes, erige-se qual planta rija que dificilmente perece pelo cultivo desregrado do homem ou pelo rigor das estações. As artes da luxúria, e muito mais as artes liberais, que dependem de um gosto ou sentimento refinado, facilmente se deixam perder, já que são sempre apreciadas por uns poucos, cujo lazer, boa sorte e gênio os tornam adequados a tais divertimentos. Mas o que é proveitoso a qualquer mortal, e na vida comum, quando uma vez descoberto, dificilmente há de cair no esquecimento, a não ser que o seja pela total subversão da sociedade e pelas furiosas inundações de invasores bárbaros, que obliteram toda a memória de artes e civilidade primeira. A imitação também é capaz de transportar essas artes úteis, ainda que grosseiras, de um clima a outro, e fazer com que elas precedam as artes refinadas em seu progresso, embora talvez lhes sejam posteriores em seu primeiro impulso e propagação. Dessas causas procedem as monarquias civilizadas, onde as artes de governo, primeiro inventadas em Estados livres, são preservadas para a vantagem e segurança mútuas de soberano e súdito.

Por mais perfeita que a forma da monarquia possa se afigurar a alguns políticos, ela deve toda a sua perfeição à forma republicana. Tampouco é possível que um puro despotismo, estabelecido entre um povo bárbaro, possa algum dia, por sua força e energia nativas, refinar-se e polir-se a si próprio. Deve tomar de empréstimo leis e métodos, instituições, e conseqüentemente sua estabilidade e ordem de governos livres. Essas vantagens desenvolvem-se tão-somente nas repúblicas. O despotismo extensivo de uma monarquia bárbara, chegando ao detalhe do governo, bem como aos pontos principais de sua administração, impede para sempre tais melhorias.

Em uma monarquia civilizada, só o príncipe é isento de restrições no exercício de sua autoridade, e possui, sozinho, um poder que não é limitado por nada além do costume, do exemplo e do sentido de seu próprio interesse. Cada ministro ou magistrado, ainda que eminente, deve se submeter às leis gerais que governam toda a sociedade, tendo de exercer a autoridade que lhe é delegada segundo a maneira prescrita. De ninguém depende o povo, a não ser do soberano, para a segurança de sua propriedade. Está bem distante daqueles que, de tão isentos de zelos ou interesses privados, sua dependência dificilmente se faz sentir. Surge assim uma espécie de governo a que, com um empolamento próprio à alta política podemos chamar *tirania*, mas que, por uma administração justa e prudente, há de proporcionar ao povo garantias toleráveis e satisfazer a maior parte dos fins da sociedade política.

Mas embora em uma monarquia civilizada, bem como em uma república, o povo tenha a garantia do desfrute de sua propriedade, ainda assim, em ambas essas formas de governo, os que possuem a suprema autoridade têm a seu dispor muitas honras

ENSAIOS POLÍTICOS   101

e vantagens que instigam a ambição e a avareza da humanidade. A única diferença é que, em uma república, os candidatos aos cargos devem olhar para baixo, a fim de obter os sufrágios do povo; em uma monarquia, devem atentar para cima, a fim de obter as boas graças e favores dos grandes. Para ser bem sucedido no primeiro caso, a um homem é necessário tornar-se *útil*, por sua operosidade, capacidade ou conhecimento; e para prosperar no segundo caso, o requisito é tornar-se *agradável*, pelo seu espírito, complacência ou civilidade. Um gênio forte obtém melhor êxito em monarquias. E em decorrência disso as ciências são o crescimento mais natural a um, as artes da polidez a outro.

Para não mencionar que as monarquias, recebendo a maior parte de sua estabilidade de uma supersticiosa reverência a sacerdotes e príncipes, comumente limitaram a liberdade de raciocínio no tocante à religião e à política, e conseqüentemente à metafísica e à moral. Todas essas formam os ramos mais consideráveis da ciência. A matemática e a filosofia natural, as duas que restam, não têm metade do valor.

Entre as artes da conversação, nenhuma agrada mais do que a deferência mútua ou civilizada que nos faz renunciar a nossas inclinações favorecendo os que estão mais próximos de nós, e a declinar e a ocultar a presunção e a arrogância tão naturais ao espírito humano. Um homem provido de boa natureza, e que é bem educado, pratica essa civilidade para com cada mortal, sem premeditação ou interesse. Mas a fim de generalizar por entre todo o povo aquela valiosa qualidade válida, parece necessário auxiliar a disposição natural por algum motivo geral. Lá onde o poder se alça do povo aos grandes, como em toda república, tais refinamentos de civilidade são passíveis de serem praticados, uma vez que todo o Estado é trazido, por aqueles meios, para bem perto de um nível, e cada um de seus membros em ampla medida se torna independente de outro. O povo tem a vantagem, pela autoridade de seus sufrágios: os grandes, pela superioridade de sua colocação. Mas em uma monarquia civilizada, há um longo rastro de dependência que vai do príncipe ao camponês, e que não é grande o bastante para tornar a propriedade precária ou para deprimir o espírito do povo; mas é suficiente para produzir em cada qual uma inclinação a agradar seus superiores e a constituir-se sobre os modelos que são os mais aceitáveis ao povo de condição e educação. A polidez das maneiras, por isso, surge mais naturalmente nas monarquias e nas cortes; e onde ela floresce, nenhuma das artes liberais será de modo algum negligenciada ou desprezada.

Nos dias que correm, é notável como as repúblicas na Europa carecem de polidez. *As boas maneiras de um* suíço civilizado na Holanda[d] é uma expressão de caráter rústico entre os franceses. O inglês, até certo ponto, merece a mesma censura, não obstante a sua erudição e gênio. E se os venezianos são uma exceção à regra, devem-nos, talvez, à sua comunicação com os outros italianos, a maior parte de cujos governos produz uma dependência mais do que suficiente para civilizar seus modos.

É difícil emitir qualquer juízo ante os refinamentos das repúblicas antigas nesse particular; mas sou levado a suspeitar de que as artes da conversação não são levadas a tão grande proximidade da perfeição entre eles como as artes da escrita e da composição. A insolência dos antigos oradores, em muitos casos, é completamente espantosa e vai muito além do que se poderia crer. Também a vaidade não raro é um pouco ofensiva em autores daquele período[e], bem como a licenciosidade e a imodéstia de seu estilo;

---

[d] C'est la politesse d'un Suisse
En Hollande civilisé.
Rousseau

[e] Não é preciso aqui citar Cícero ou Plínio; mas não surpreenderia se se encontrasse Ariano, autor muito circunspecto e judicioso, a interromper de súbito o fio de sua narração para contar a seus leitores ser ele próprio uma eminência entre os gregos em virtude de sua eloqüência, como Alexandre o era pelas armas. Lib. I.[18]

ENSAIOS POLÍTICOS

quicunque impudicus, adulter, ganeo, manu, ventre, pene, bona patria laceraverat, diz Salústio em uma das mais solenes e morais passagens de sua história. *Nam fuit ante Helenam Cunnuns teterrima belli Causa,* é uma expressão de Horácio, a que ele recorre ao traçar a origem do bem e do mal moral. Ovídio e Lucrécio[f] são quase tão licenciosos em seu estilo quanto Lorde Rochester, embora os primeiros fossem refinados cavalheiros e delicados autores, enquanto o último, das cortes corruptas em que viveu, parece ter lançado fora toda vergonha e a decência. Juvenal inculca a modéstia com grande zelo, mas dela personifica um exemplo bastante ruim, se levarmos em conta a impudência de suas demonstrações.

Devo também ousar afirmar que entre os antigos não havia excessiva delicadeza de criação, e que a polidez na deferência e no respeito a que a civilidade nos obriga, ou se expressa ou se contrafaz ante à pessoas com quem conversamos. Cícero foi por certo um dos mais refinados cavalheiros de seu tempo; no entanto, devo confessar que freqüentes vezes fico espantado ante a tão pobre figura pela qual ele representa o seu amigo Ático naqueles diálogos em que ele próprio é introduzido como orador. O erudito e virtuoso romano, embora em si sempre fosse um cavalheiro, tinha uma dignidade inferior à de qualquer um em Roma, sendo apresentado sob uma luz tanto mais lastimável do que a que se tem sobre o amigo de Filaleto em nossos modernos diálogos. Ele é um humilde admirador do orador, e lhe faz cumprimentos constantes, e recebe suas instruções com toda a deferência que um aprendiz rende a seu mestre[g]. Mesmo Cato é tratado de uma forma um tanto cavalheiresca nos diálogos *de finibus.*

---

[f] Esse poeta (ver lib. IV, 1.165.) recomenda uma cura bastante extraordinária, e o defrontar-se com tão elegante e filosófico poema não é algo que se espera. Parece ter sido o original da soma de algumas das imagens do Dr. Swift. O elegante Catulo e Fedro incorrem na mesma censura.

[g] Att. Nom mihi videtur ad beate vivendum satis esse virtutem. Mar. At hercule Bruto meo videtur; cujus ego judicium, pace tua dixerim, longe antepono tuo. Tusc. Quaest. Lib. V.

104   DAVID HUME

Um dos detalhes mais particulares de um diálogo real com que nos defrontamos na Antigüidade é relatado por Políbio[h], quando Felipe, rei da Macedônia, príncipe de inteligência e responsabilidade, se encontra com Tito Flamínio, um dos mais refinados entre os romanos, como sabemos por Plutarco[i], veio acompanhado de embaixadores de quase todas a cidades gregas. Foi de maneira abrupta que o embaixador etólio disse ao rei que ele estava a falar como um tolo, ou como um louco *(lerein)*. Ao que sua majestade diz: *É evidente [que o sou], mesmo para um homem cego;* tratava-se de uma pilhéria sobre a cegueira de sua excelência. No entanto, tudo isso não ultrapassava os limites usuais: a conferência não se deixou convulsionar, e Flamínio muito se divertiu com aquelas tiradas humorísticas. Ao final, quando Felipe ansiava por uma pequena parla com seus amigos, nenhum dos quais estava presente, o general romano, desejoso também de demonstrar seu espírito, conforme relata o historiador, lhe diz *que talvez a razão pela qual não estivesse presente nenhum de seus amigos estivesse no fato de ele os ter assassinado a todos;* o que efetivamente era o caso. Essa despropositada demonstração de rudez não é condenada pelo historiador; não causou maiores ressentimentos em Felipe, nem lhe provocou um sorriso sardônico, ou o que chamamos de um "arreganhar de dentes". Tampouco impediu que ele tornasse a conferenciar no dia seguinte. Também Plutarco[j] menciona essa pilhéria entre os dizeres espirituosos e agradáveis de Flamínio.

O Cardeal Wolsey desculpou-se por sua célebre demonstração de insolência ao dizer *"ego et rex meus", eu e meu rei**, observando

---

[h] Lib. XVII.

[i] In vita Flamin.

[j] Plut. in vita Flamin.

* Cumpre observar que é regra da língua inglesa sempre mencionar a pessoa a quem se fala, ou de quem se fala, antes do pronome que designa aquele que emite o enunciado; por exemplo: *"You and I", "você e eu",* sempre em vez do que se teria na tradução *"eu e você",* forma que é possível e bastante usual em português. (N. do T.)

ENSAIOS POLÍTICOS   105

que essa expressão estava em conformidade com o idioma latim, e que um romano sempre se nomeava a si próprio antes da pessoa a quem ou de quem ele fala. Ainda assim, isso parece ter sido um exemplo de falta de civilidade no seio daquele povo. Os antigos tinham como regra que a pessoa de maior dignidade devesse ser mencionada antes no discurso; tanto que temos por causa de contenda ou ciúme entre os romanos ou etólios um poeta ter nomeado os etólios antes dos romanos ao celebrar uma vitória obtida por seus exércitos unidos sobre os macedônios[k]. E foi assim que Lívia desgostou a Tibério por inserir o seu próprio nome antes do dele em uma inscrição[l].

Vantagem alguma neste mundo é pura e isenta de mesclas. Assim, como acontece na polidez moderna, naturalmente tão ornamental, incorre-se tão freqüentemente em afetação e dandismo, dissimulação e falta de sinceridade. Desse modo, a simplicidade antiga, naturalmente tão amistosa e afetuosa, muitas vezes se degenera para o francamente rústico e abusivo, para a insolência e obscenidade.

Se a superioridade em polidez veio a se dar nos tempos modernos, as noções modernas de *galanteria*, esse produto natural de cortes e monarquias, provavelmente serão designadas como causas desse refinamento. Ninguém nega tratar-se essa de uma invenção moderna[m]; mas alguns dos partidários mais zelosos dos antigos denunciaram o seu caráter dândi e ridículo, sendo mais um opróbrio do que uma boa reputação para os tempos atuais[n]. Aqui pode ser adequado examinar essa questão.

A natureza implantou em todas as criaturas vivas uma afeição entre os sexos, a qual, mesmo nas bestas mais violentas e ferozes, não está meramente confinada à satisfação dos apetites corporais,

---

[k] Ibid.

[l] Tacit. Ann. Lib. III. cap. 64.

[m] No *Self-Tormentor* de Terence, Clínias, sempre que vem à cidade, em vez de esperar pela sua amante, faz ela vir com ele.

[n] Lorde Shaftesbury, ver seu *Moralists*.

produzindo uma amizade e simpatia mútuas, que perpassam todo o curso de suas vidas. No entanto, mesmo nas espécies em que a natureza limita a indulgência desse apetite a uma estação e a um objeto, formando uma espécie de casamento ou associação entre um macho e uma fêmea, há uma visível complacência e benevolência estendendo-se para além e mutuamente suavizando as afeições entre os sexos. Em que medida isso se dá no homem, onde o comedimento do apetite não é natural, mas deriva, por acidente, de algum forte encanto de amor, ou surge de reflexões sobre dever e conveniência? Por isso, nada pode menos derivar da afetação do que a paixão da galanteria. Ela é *natural* no mais alto grau. Arte e educação, nas cortes mais elegantes, nela não operam alteração alguma que não o façam também sobre outras louváveis paixões. Limitam-se a direcionar a mente um tanto mais em direção a ela; elas a refinam, dão-lhe algum polimento e lhe proporcionam uma graça e expressão adequada.

Mas a galanteria é tão *generosa* quanto *natural*. Corrigir tão crassos vícios, que nos levam a cometer injúrias reais a outras pessoas, é parte da moral e objeto da mais comum educação. Onde *isso* não se pode esperar, em algum grau nenhuma sociedade humana pode subsistir. Mas a fim de tornar mais fácil e agradável a conversação e o intercurso dos espíritos, foram inventadas as boas maneiras, que levaram a questão um pouco mais longe. Sempre que a natureza confere ao espírito alguma propensão para qualquer vício ou para qualquer propensão desagradável a outrem, o refinado cultivo tem ensinado os homens a tender para o viés do lado oposto e preservar em todo o seu comportamento, a aparência de sentimentos diferentes daqueles para os quais naturalmente se inclinam. Assim, somos comumente orgulhosos e egoístas, e aptos a assumir a preferência sobre os outros, um homem polido aprendendo a se comportar com deferência ante seus companheiros, e a garantir a superioridade em relação a eles em todos os incidentes comuns da sociedade. De modo semelhante, onde quer que a situação de uma pessoa possa naturalmente produzir qualquer suspeita desagradável sobre ela, faz

ENSAIOS POLÍTICOS

107

parte das boas maneiras evitá-lo por um arranjo estudado de sentimentos, diretamente contrários àqueles de que ele está apto a ser zeloso. Assim, homens idosos sabem de suas enfermidades, e naturalmente receiam serem desprezados pelos jovens; sendo assim, os jovens bem-educados fazem redobrar os exemplos de respeito e deferência para com seus mais velhos. Estrangeiros e forasteiros carecem de proteção; sendo assim, em todos os países civilizados eles recebem os mais altos deferimentos e privilégios quando em companhia de outros. Um homem é senhor em sua própria família, e seus convivas estão, de certa forma, sujeitos a sua autoridade; dessa forma, ele é a última pessoa entre os seus, no sentido de se pôr atento às necessidades de todos e de chamar para si todos os problemas, a fim de perscrutar incômodos que não sejam tão visíveis ou de impor o máximo limite a seus convivas[o]. A galanteria nada mais é do que um exemplo da mesma generosa atenção. À medida que a natureza confere ao *homem* a superioridade sobre a *mulher,* munindo-o de maior força tanto no espírito como no corpo, a ele próprio cabe, tanto quanto possível, amenizar a sua superioridade pela generosidade de seu comportamento, e por uma estudada deferência e uma afabilidade para com todas as inclinações e opiniões que ela manifeste. Nações bárbaras dispõem essa superioridade reduzindo suas mulheres à mais abjeta servilidade, confinando-as, impondo-lhes castigos físicos, vendendo-as e matando-as. Mas o sexo masculino entre um povo que conhece a polidez descobre a sua autoridade de um modo mais generoso, ainda que menos evidente; pela civilidade, pelo respeito, pela afabilidade e, em uma palavra, pela galanteria. Em boa companhia não há que se perguntar

---

[o] A menção freqüente em autores antigos daquele vicioso costume pelo qual o mestre da família comia o melhor pão e bebia vinho melhor do que o oferecido a seus convivas não é mais que uma marca indiferente na civilidade daquelas eras. Ver Juvenal, sat. 5. Plínio, lib. XIV Cap. 13. Também Plínio *Epist. Lucian de mercede conductis, Saturnalia &c.* Dificilmente haverá qualquer rincão na Europa dos dias atuais que seja pouco civilizado a ponto de admitir tal costume.

"quem é o senhor da festa?". O homem que está sentado no lugar mais baixo, e que é sempre operoso em ajudar a todos, certamente há de ser essa pessoa. Devemos ou condenar todos esses exemplos de generosidade como dandismo e afetação, ou admitir a galanteria entre os demais. Os antigos moscovitas casavam suas noivas com um chicote, em vez de com um anel. Essas mesmas pessoas, em suas próprias casas, sempre assumiam a precedência sobre os estrangeiros, ainda que fossem embaixadores estrangeiros[p]. Esses são apenas dois exemplos de sua generosidade e polidez.

A galanteria não é menos consistente com a *sabedoria* e com a *prudência* do que com a natureza e a generosidade; e quando sob as regulamentações apropriadas, contribui mais do que qualquer outra invenção para o *entretenimento* e para o *desenvolvimento* de jovens de ambos os sexos. Entre todas as espécies de animais, a natureza fundou no amor entre os sexos o seu mais doce e melhor desfrute. Mas a satisfação do apetite corporal não basta para gratificar a mente; e mesmo entre criaturas brutas descobrimos que seus jogos e passatempos, além de outras manifestações de folguedos, constituem-se na maior parte do entretenimento. Em seres racionais, certamente devemos admitir para o espírito uma considerável participação. Se do festim retirássemos tudo o que ele possui de razão, discurso, simpatia, amizade e alegria, o que restaria dificilmente seria digno de aceitação, no juízo dos realmente elegantes e luxuriosos.

Qual a melhor escola de boas maneiras senão a companhia de mulheres virtuosas, onde o mútuo esforço de agradar insensivelmente vai polindo o espírito, onde o exemplo da suavidade e modéstia feminina deve se fazer comunicar por si próprio a seus admiradores, e onde a delicadeza daquele sexo a todos põem de guarda, com receio da menor ofensa por qualquer quebra de decência?

---

[p] Ver *Relation of three Embassies*, pelo Conde de Carlisle.

Entre os antigos, o caráter do belo sexo era tido como completamente doméstico; as mulheres nem ao menos eram consideradas parte da vida culta ou da boa companhia. Talvez seja essa a verdadeira razão pela qual os antigos talvez não nos tenham legado nem uma só peça de harmonia e graça que seja excelente (a não ser, pode-se excetuar, o *Banquete* de Xenófones e os *Diálogos* de Luciano), ainda que muitas de suas composições sérias não possam ser imitadas. Horácio condena as pilhérias grosseiras e gracejos frios de Plauto: mas, mesmo sendo o autor mais fácil, agradável e judicioso do mundo, é o seu talento para o ridículo muito notável ou refinado? Por isso, tem-se aí um aperfeiçoamento considerável, que as artes refinadas receberam da galanteria e das cortes, lá onde elas primeiramente surgiram.

Mas, voltando dessa digressão, devo aventar, com uma *quarta* observação sobre o tema a questão da ascensão e do progresso das artes e ciências, *qual seja: quando as artes e ciências atingem a perfeição em qualquer estado, a partir daquele momento elas naturalmente, ou melhor, necessaria-mente declinam, e raramente ou jamais tornam a reviver naquela nação em que um dia floresceram.*

Deve se confessar que essa máxima, embora conforme à experiência, pode, à primeira vista, ser tida como contrária à razão. Se o gênio natural da humanidade for o mesmo em todas as eras e em todos os países (como parece ser o caso), deve-se estimulá-lo e cultivá-lo para se ter a posse dos padrões em toda a arte, os quais possam regular o gosto e fixar os objetos de imitação. Os modelos que nos foram legados pelos antigos originaram todas as artes por aproximadamente 200 anos, e de maneira poderosa fizeram avançar o seu progresso em todos os países da Europa. Por que não tiveram efeito semelhante durante o reinado de Trajano e seus sucessores, quando eram bem mais completos e ainda admirados e estudados pelo mundo afora? Até mesmo no tempo do imperador Justiniano, entendia-se por poeta, a título de distinção, entre os gregos, Homero, e entre os romanos, Virgílio. Tal admiração perdurou ainda por esses gênios divinos, embora por muitos anos não tivesse aparecido poeta algum que pudesse, com justiça, tê-los imitado.

Um homem de gênio é sempre, no início da vida, tão desconhecido de si quanto dos outros, e somente após freqüentes tentativas coroadas de êxito, ele ousa se achar igual aos empreendimentos que, bem sucedidos, sideraram a admiração da humanidade. Se a sua própria nação já tivesse possuído muitos modelos de eloqüência, ele naturalmente compararia os seus próprios exercícios juvenis àqueles; e sendo sensível à maior desproporção, far-se-ia desincentivado de quaisquer tentativas outras, jamais tendo como objetivo uma rivalidade com autores tão alvos de sua admiração. Uma nobre emulação é a fonte de toda excelência. A admiração e a modéstia naturalmente extinguem essa emulação. E não há ninguém tão suscetível de um excesso de admiração e modéstia do que um gênio verdadeiramente grande.

Logo após a emulação, o orgulho e a glória são os maiores incentivadores das nobres artes. Um autor é animado com renovada força quando ouve os aplausos do mundo para as suas primeiras produções; estimulado por tal motivo, não raro alcança um píncaro de perfeição, o que surpreende igualmente a si próprio e a seus leitores. Mas quando os postos de honra estão todos ocupados, ele primeiro tenta, mas é friamente recebido pelo público, sob o peso da comparação com produções que tanto são em si mesmas mais excelentes como têm já a vantagem de uma reputação estabelecida. Se Molière e Corneille tivessem de levar ao palco hoje suas primeiras produções, que a princípio foram tão bem recebidas, tal faria desanimar os poetas jovens, que conheceriam a indiferença e o desdém do público. Somente a ignorância da época teria admitido *O príncipe de Tiro*, mas a ela se deve *O Mouro*. *Se todo homem* tivesse sido rejeitado *em sua disposição*, jamais teríamos conhecido Volpone.

Pode não ser vantajoso para nação alguma terem as artes importado das nações vizinhas tão grande perfeição. Isso faz cessar

Ensaios Políticos

a emulação e sucumbir o ardor da generosa juventude. Tantos modelos de pintura italiana trazidos para a Grã-Bretanha, em vez de excitar nossos artistas, são a causa de seu escasso progresso naquela nobre arte. Talvez tenha sido bem esse o caso de Roma, quando recebeu as artes da Grécia. Aquela miríade de refinadas produções na língua francesa, a se espalhar por toda a Alemanha e pelo norte, impedia essas nações de cultivar a sua própria língua, mantendo-as na dependência de seus vizinhos para aqueles elegantes entretenimentos.

É verdade que os antigos nos legaram modelos em todo o tipo de escrita, os quais são altamente dignos de admiração. Mas além disso eles foram escritos em línguas só conhecidas dos eruditos; e além disso, digo que a comparação não é tão perfeita ou inteira entre espíritos modernos e os que viveram em era tão remota. Se Waller tivesse nascido em Roma, e durante o reinado de Tibério, suas primeiras produções teriam sido alvo do desprezo se comparadas às perfeitas odes de Horácio. Mas nesta ilha a superioridade do poeta romano não dirimiu em nada a fama do inglês. Podemos nos julgar bem felizes por terem o nosso clima e idioma produzido uma cópia, ainda que pálida, de tão excelente original.

Em suma, as artes e ciências, como algumas plantas, requerem um solo descansado; e ainda que a terra seja muito rica, por mais que a recuperemos pela arte e pelo cuidado, uma vez exaurida ela jamais produzirá coisa alguma que seja perfeita ou acabada em seu gênero.

ENSAIO DOZE

Das características nacionais

O vulgo é afeito a levar a extremos todas as *características nacionais*; e tendo uma vez estabelecido como princípio que qualquer pessoa é velhaca, ou covarde, ou ignorante, ele não admitirá nenhuma exceção, mas compreenderá todo indivíduo sob a mesma censura. Homens de senso condenam esses juízos indistintos, ainda que ao mesmo tempo concedam que cada nação tem uma série peculiar de costumes, e que algumas qualidades particulares são mais freqüentemente encontradas entre um povo do que entre seus vizinhos. As pessoas comuns na Suíça são provavelmente mais honestas do que as da mesma classe na Irlanda; e todo homem prudente desejará, pautando-se tão-somente por esse pormenor, operar uma distinção quanto à confiança que deposita em cada indivíduo. Temos razão em esperar mais sagacidade e alegria em um francês do que em um espanhol, muito embora Cervantes tenha nascido na Espanha. De um inglês naturalmente se suporá ter mais conhecimento que um dinamarquês, embora Tito Brache fosse nativo da Dinamarca.

Diferentes razões são atribuídas para essas *características nacionais*; enquanto alguns as consideram *morais,* outros lhe emprestam causas *físicas.* Por causas morais refiro-me a todos os pormenores dispostos a atuar na mente como motivos ou razões, e que fazem com que nos habituemos a um peculiar conjunto de costumes. Desse gênero são a natureza do governo, as revoluções em assuntos públicos, a opulência da penúria em que as pessoas vivem, a situação da nação com relação a seus vizinhos, e circunstâncias que tais. Por causas físicas refiro-me às qualidades do ar e do clima, as quais supostamente agem de maneira insensível sobre a temperatura, alterando o tônus e os hábitos do corpo, e dando-lhe uma compleição particular que, embora a reflexão e a razão possam eventualmente lhe sobrevir, ainda assim serão prevalecentes entre a generalidade da humanidade e exercerão influência sobre seus costumes.

Que a característica de uma nação em muito dependerá de causas morais, é algo que se evidenciará para o observador mais superficial; isso porque uma nação nada mais é do que uma coleção de indivíduos, e porque os costumes dos indivíduos são freqüentemente determinados por essas causas. Uma vez que a pobreza e o trabalho duro rebaixam as mentes das pessoas comuns, tornando-as inadequadas para qualquer ciência e profissão engenhosa, assim sendo, onde qualquer governo se torna muito opressivo para todos os seus súditos, ele deve exercer um efeito proporcional sobre sua têmpera e gênio, banindo de entre eles todas as artes liberais.

O mesmo princípio de causas morais fixa o caráter de diferentes profissões e altera até mesmo a disposição que os membros particulares recebem da mão da natureza. Um *soldado* e um *sacerdote* possuem características diferentes em todas as nações e em todas as eras; e essa diferença funda-se em circunstâncias, cuja operação é eterna e inalterável.

A incerteza quanto à sua própria vida torna os soldados pródigos e generosos, bem como bravos: sua ociosidade, juntamente com as grandes sociedades, que eles formam em campos e guarnições militares, inclinam-lhes para o prazer e para a galanteria. Por sua freqüente mudança de companhia, adquirem boa cultura e uma abertura de comportamento: sendo empregados tão-somente ante um público e um inimigo aberto, tornam-se cândidos, honestos

ENSAIOS POLÍTICOS   115

e submissos. E como usam mais o trabalho do corpo que o da mente, são comumente irrefletidos e ignorantes[a].

É uma máxima trivial, porém não completamente falsa, a de que *sacerdotes de todas as religiões são iguais*; e embora o caráter da profissão não há de prevalecer, em todo o caso, sobre o caráter pessoal, ainda assim ele por certo será predominante no maior número. Pois como observam os químicos, aqueles humores, quando alçados a certa altura, são todos os mesmos, não importando de que materiais sejam extraídos, assim aqueles homens, elevando-se sobre a humanidade, adquirem um caráter uniforme, que é inteiramente seu e que, em minha opinião é, falando em termos gerais, não exatamente o mais amistoso que pode ser encontrado na sociedade humana. Na maior parte de seus aspectos, ele é oposto ao de um soldado, assim como o modo de vida do qual se origina[b].

---

[a] É um dito de Menander: Kompsos stratiotes, oud'an ei plattei [sic] theos Outheis genoit'an. Men apud Stobaeum. *Não está nem mesmo sob o poder de Deus fazer um soldado polido.* A observação contrária com relação às maneiras dos soldados pode ser feita nos dias de hoje. Isso me parece uma suposição de que os antigos deviam todo o seu refinamento e civilidade a livros e ao estudo, para os quais, de fato, uma vida de soldado não está tão bem coadunada. As companhias e o mundo são a sua esfera. E se houver alguma polidez a ser aprendida com a companhia, eles certamente terão nela considerável participação.

[b] A humanidade como um todo manifesta forte propensão para a religião em certas épocas e segundo certas disposições; ainda assim há pouca ou nenhuma que a tenha em grau e constância requeridos para vir em apoio ao caráter de sua profissão. Por isso, o que se tem clérigos atraídos pela massa comum da humanidade, como pessoas o são para outros empregos, pelas visões de lucro; a maior parte, ainda que não ateístas ou livres-pensadores, vê necessário, em ocasiões particulares, simular mais devoção do que aquela que foi sua outrora, e manter a aparência de fervor e seriedade, mesmo quando exauridos pelo exercício de sua religião, ou quando tiverem suas mentes voltadas para as ocupações comuns da vida. Eles não devem, como o restante da humanidade, dar vazão a seus movimentos e sentimentos naturais: devem se postar em guarda sobre seus olhares, palavras e ações. E com o intuito de apoiar a veneração que lhes é prestada pelo vulgar ignorante, devem não só manter uma notável reserva, mas promover o espírito de superstição por uma

116 DAVID HUME

Como no caso das causas físicas, estou inclinado a não duvidar completamente de sua operação nesse particular; nem penso que os homens devam coisa alguma de sua têmpera ou gênio ao ar, ao alimento ou ao clima. Confesso que a opinião contrária pode com justeza, à primeira vista, parecer provável. Uma vez que achamos

---

continuada mímica e hipocrisia. Essa dissimulação não raro destrói a candura e a ingenuidade de sua têmpera, e impõe um dano irreparável a seu caráter.

Se por um acaso qualquer um deles for possuído de uma têmpera mais suscetível de devoção do que a usual, ele terá rara ocasião para a hipocrisia de sustentar o caráter de sua profissão; é-lhe tão natural superestimar essa vantagem e pensar que expia cada violação da moralidade, que freqüentemente será não mais virtuoso do que hipócrita. E embora sejam poucos os que ousam abertamente concordar com aquelas opiniões destrutivas, *de que toda coisa é conforme às leis para os santos, e de que eles, e só eles, têm a propriedade em seus bens*, ainda assim podemos observar que esses princípios movem-se furtivamente em cada seio e representam um zelo pelas observâncias religiosas, uma vez que tão grande mérito ele pode compensar com muitos vícios e atrocidades. Essa observação é tão comum, que todos os homens prudentes fazem-se dela guardiões ao se deparam com qualquer aparição extraordinária de religião; no entanto, ao mesmo tempo admitem que há muitas exceções a essa regra geral e que a probidade e a superstição, ou mesmo a probidade e o fanatismo, não são completamente, e em toda e qualquer instância, incompatíveis.

A maior parte dos homens é ambiciosa; mas a ambição de outros homens pode comumente ser satisfeita, pela excelência em sua profissão particular e por esse intermédio promovendo os interesses da sociedade. A ambição do clero pode não raro ser satisfeita somente em se promovendo a ignorância e a superstição e a fé implícita e fraudes pias. E não se obtendo o que Arquimedes tão-só queria (*isto é*, outro mundo em que pudesse fixar seus engenhos), não é de causar espanto que movam este mundo a seu bel-prazer.

Os homens, em sua maioria, têm um conceito desmesurado de si próprios; mas *esses* homens manifestam uma tentação particular para esse vício, a ponto de serem considerados com tal veneração e de serem até mesmo tidos por sagrados pela multidão ignorante.

A maioria dos homens é propensa a produzir uma consideração particular por membros de seu próprio ofício; mas na condição de advogado, de físico ou de mercador, cada qual mantém à parte seus negócios, e os interesses dessas profissões não se encontram tão intimamente unidos quanto os interesses dos clérigos de uma mesma religião, onde todo o corpo ganha pela veneração, paga pelos princípios comuns e pela supressão de antagonistas.

ENSAIOS POLÍTICOS

que essas circunstâncias exercem uma influência sobre qualquer outro animal, e que mesmo aquelas criaturas adequadas para viver em todos os climas, como cães, cavalos etc., não atingem a mesma perfeição em todos. A coragem dos buldogues e dos galos de briga parece peculiar à Inglaterra. Flandres se fez célebre por seus cavalos

---

Poucos homens podem produzir contradição com paciência; mas o clérigo sob essa égide procede muito freqüentemente mesmo com certo grau de fúria: porque todo o seu crédito e subsistência dependem da crença que for concorde com sua opinião; e só eles pretendem uma autoridade divina e sobrenatural ou têm as tinas para representar seus antagonistas como ímpios e profanos. O *Odium Theologicum* faz-se observado mesmo como provérbio, e manifesta aquele grau de rancor que é o mais furioso e implacável.

A vingança é uma paixão natural à humanidade, mas ela parece reinar com muito maior força entre sacerdotes e mulheres, porque em sendo privados do exercício imediato do ódio na violência e no combate, estão bastante propensos a se imaginar desprezados nesse aspecto; e seu orgulho sustenta essa disposição vindicativa.

Assim, muitos dos vícios da natureza humana são, por causas morais imutáveis, inflamados naquela profissão; e embora muitos indivíduos escapem ao contágio, ainda assim todos os governos sábios se postarão em guarda contra as tentativas de uma sociedade, que sempre se reunirá como facção e, enquanto atua como sociedade, para sempre terá sua atuação pautada pela ambição, pelo orgulho, pela vingança e por um espírito persecutório.

A têmpera da religião é grave e séria, sendo esse o caráter que se requer de padres, o qual os mantém confinados às estritas regras da decência, e comumente evita a desordem e a intemperança entre eles. A alegria, muito menos que os excessos de prazer, não é permitida naquele corpo, e talvez seja essa a única virtude a que lhes obrigue a sua profissão. Em religiões efetivamente calcadas em princípios especulativos, e onde os discursos públicos são parte do serviço religioso, pode-se igualmente supor que os clérigos terão uma considerável participação na sabedoria dos tempos; certo é, porém, que o seu gosto pela eloqüência será sempre melhor do que a sua habilidade em raciocinar e na filosofia. Mas quem quer que possua as outras nobres virtudes da humanidade, a meiguice e a moderação, e muitos dos clérigos certamente as possuem, é visto por eles como as tendo por natureza ou por reflexão, e não pelo gênio de sua vocação.

Não se tinha como expediente ruim entre os antigos romanos, por se evitar o forte efeito do caráter eclesiástico, converter em lei que ninguém fosse acolhido pelo ofício sacerdotal antes de ultrapassar os 50 anos de idade, Dion. *Hal,* lib I. Tendo vivido um homem laico até aquela idade, supostamente seria capaz de manter inalterado o seu caráter.

118   DAVID HUME

grandes e pesados; a Espanha por cavalos leves e de boa índole. E qualquer criação dessas criaturas, transplantada de um país para o outro, logo perderá suas qualidades, que eles obtinham de seu próprio clima nativo. Pode-se perguntar por que o mesmo não acontece com os homens[c].

Não há muitas questões mais curiosas que essa, ou que ocorrerão com mais freqüência em nossas investigações relativas aos assuntos humanos; e por essa razão pode ser apropriado dar a ela um exame completo.

A mente humana é de natureza bastante imitativa. A nenhum agrupamento de homens é possível confabular em conjunto sem que um adquira do outro uma semelhança nos modos, e sem lhes comunicar seus vícios, bem como suas virtudes. A propensão para a companhia e para a sociedade é forte em todas as criaturas racionais; e a disposição mesma que nos dá essa propensão faz cada qual adentrar mais profundamente os sentimentos do outro, e causas como paixões e inclinações estendem-se como que por contágio, por todo o clube ou aglomeração de companheiros. Onde alguns homens se encontram unidos em um corpo político, as ocasiões de seu intercurso devem

---

[c] César (*de Bello* Gallico, lib. I) diz que os cavalos gálicos eram muito bons; os alemães, muito ruins. Nós o encontramos em lib. VII que ele era obrigado a remontar parte da cavalaria alemã com cavalos gálicos. Atualmente, nenhuma parte da Europa tem piores cavalos, de todos os tipos, do que a França: mas na Alemanha abundam excelentes cavalos de guerra. Isso pode produzir uma pequena suspeita, de que mesmo animais não dependam do clima, mas das diferentes maneiras de alimentá-los e da habilidade e do cuidado em criá-los. O norte da Inglaterra é profícuo nos melhores cavalos de todos os tipos que há em todo o mundo. Nos países vizinhos, pelas bandas do Tweed, ao norte, não se há de encontrar cavalos bons de tipo algum. Strabo, lib. II rejeita, e o faz terminantemente, a influência do clima sobre os homens. Tudo é costume e educação, diz ele. Não foi por natureza que os atenienses se fizeram sábios, os lacedemônios, ignorantes e os tebanos também, esses últimos tanto mais avizinhados dos primeiros. Mesmo diferenças em animais, acrescenta ele, não dependem do clima.

Ensaios Políticos

119

ser tão freqüentes, seja por defesa, comércio ou governança, que, juntamente com a mesma fala ou linguagem, eles adquirirão uma semelhança em suas maneiras e assumirão um caráter comum ou nacional, bem como um pessoal, peculiar a cada indivíduo. Agora, embora a natureza produza todos os tipos de têmpera e entendimento em grande abundância, não se segue que ela os produza sempre em proporções similares, e que em cada sociedade os ingredientes de industriosidade e indolência, valor e covardia, humanidade e brutalidade, sabedoria e loucura estarão mesclados da mesma forma. Na infância da sociedade, se quaisquer dessas disposições fosse encontrada em maior abundância do que as restantes, tal disposição naturalmente prevalecerá na composição e dará as tons do caráter nacional. Ou deveria ser avaliado que nenhuma espécie de têmpera pode razoavelmente ser presumida como predominante, mesmo naquelas sociedades contratuais, e que as mesmas proporções estarão sempre preservadas na mistura. Ainda que certamente as pessoas de crédito e autoridade compusessem ainda um corpo mais acordado, elas não podem sempre ser presumidas como sendo do mesmo caráter; e sua influência sobre os costumes daquele povo deve, todas as vezes, ser considerável. Se no primeiro estabelecimento de uma república um Brutus fosse alçado à posição de autoridade e fosse transportado com tal entusiasmo para liberdade e para bem público, à revelia de todos os laços de natureza, e também de todo interesse privado, tal ilustre exemplo naturalmente exercerá um efeito sobre toda a sociedade e acenderá a mesma paixão em cada peito. O que quer que esteja a constituir as maneiras de uma geração, o que virá em seguida terá de absorver uma tintura mais profunda do mesmo tingimento; os homens são mais suscetíveis a todas as impressões durante a infância e retêm essas impressões por todo o tempo em que permanecem no mundo. Insisto, então, que todas as características nacionais, à medida que não dependem de causas *morais* fixas, advirão de acidentes como esses, e que causas físicas não exercem sobre a alma humana ação passível de ser compreendida.

É uma máxima em toda a filosofia que as causas que não aparecem devem ser consideradas como não existentes.

Se percorrermos todo o globo, ou revolvermos os anais da história, descobriremos por toda a parte sinais de simpatia ou contágio de maneiras, nenhum dos quais influenciado pelo ar ou pelo clima.

Primeiro. Podemos observar que, onde um governo muito extenso tenha sido estabelecido por muitos séculos, ele dissemina um caráter nacional sobre todo o império, e comunica a cada parte uma semelhança de maneiras. Desse modo, os chineses apresentam uma maior uniformidade quanto ao caráter da imaginação, ainda que o ar e o clima, em diferentes rincões daqueles vastos domínios, admita variações bastante consideráveis.

Segundo. Em pequenos governos, contíguos, os povos têm, ainda assim, um caráter diferenciado, e são muitas vezes tão passíveis de serem distinguidos em seus costumes quanto a maior parte dos povos de nações distantes. Atenas e Tebas não distam entre si mais que um dia de viagem, embora os atenienses fossem tão notáveis pela ingenuidade, refinamento e alegria, como os tebanos pela obtusidade, rusticidade e têmpera fleumática. Plutarco, discursando sobre os efeitos do ar sobre as mentes dos homens, observa que os habitantes do Pireu possuíam têmperas muito diferentes daqueles dos da cidade mais alta de Atenas, que distava cerca de quatro milhas da primeira; mas creio que ninguém atribuirá a diferença de maneiras em Wapping em St. James a uma diferença de ar ou climática.

Terceiro. O mesmo caráter nacional comumente segue a autoridade do governo até uma fronteira precisa; e ao se cruzar um rio ou subir uma montanha, encontra-se um novo conjunto de costumes, com um novo governo. Os languedoquianos e os gascões são os povos mais alegres da França; mas passa-se pelos Pirineus e chega-se à Espanha. É concebível que as qualidades do ar devam mudar exatamente com os limites de um império, que tão mais dependem dos acidentes de batalhas, negociações e casamentos?

ENSAIOS POLÍTICOS

Quarto. Onde qualquer grupo de homens, espalhados por nações distantes, mantêm íntima sociedade ou comunicação, eles passam a adquirir uma semelhança de costumes, tendo porém pouco em comum com as nações entre as quais eles vivem. Assim os judeus na Europa e os armênios no leste manifestam um caráter peculiar, os primeiros se notabilizando pela fraude na mesma medida em que os últimos o fazem pela probidade[d]. Os *jesuítas*, em todos os países católico-romanos, também se notabilizam por um caráter peculiar.

Quinto. Onde qualquer acidente, como uma diferença em língua ou religião, impede duas nações, habitando o mesmo país, de se misturarem uma à outra, elas preservarão, durante vários séculos, um conjunto de maneiras que é distinto e mesmo está em franca oposição. A integridade, a gravidade e a bravura dos turcos formam um exato contraste com a impostura, leviandade e covardia dos modernos gregos.

Sexto. O mesmo conjunto de maneiras seguirá uma nação, e a ele fará aderir todo o globo, o mesmo se aplicando às leis e à língua. As colônias espanholas, inglesas, francesas e holandesas são todas passíveis de serem distinguidas, ainda que na zona tropical.

Sétimo. Os costumes de um povo mudam muito considera-velmente de uma época para outra, seja por grandes alterações em seu governo, pelas misturas de novos povos ou por aquela inconstância a que todos os assuntos humanos estão sujeitos. A engenhosidade, a industriosidade e a atividade dos antigos gregos

---

[d] Uma pequena seita ou sociedade em meio a uma que for maior costuma apresentar mais regularidade em sua moral; isso porque o grupo menor é como que marcado, e as faltas dos indivíduos atraem desonra para o todo. As únicas exceções a essa regra se têm quando a superstição e os preconceitos da sociedade mais ampla são fortes a ponto de lançar infâmia sobre a sociedade menor, independentemente da moral ali cultivada. Pois naquele caso, não se tendo nenhum caráter para se salvar ou para se obter, descuidam-se de seu comportamento, a não ser entre eles próprios.

nada têm em comum com a estupidez e indolência dos atuais habitantes daquelas regiões. A candura, a bravura e o amor à liberdade formaram o caráter dos antigos romanos; assim como a sutileza, a covardia e uma disposição servil constituíram o caráter do homem moderno. Os antigos espanhóis eram irrequietos, turbulentos e, assim, tão afeitos à guerra, que muitos deles se matavam quando privados de suas armas pelos romanos[e].

Encontraríamos igual dificuldade no presente (ao menos se lha encontraria há 50 anos) se quiséssemos incitar às armas os modernos espanhóis. Os batavos eram todos soldados da fortuna, e a si mesmos se alugavam para os exércitos romanos. Ocorre que seus pósteros vieram a se utilizar de estrangeiros com o mesmo intuito dos romanos em relação aos seus ancestrais batavos. Muito embora alguns traços do caráter francês sejam os mesmos que os atribuídos por César aos gauleses, como comparar a civilidade, humanidade e conhecimento dos modernos habitantes daquele país à ignorância, ao barbarismo e à vulgaridade do antigo? Isso para não insistir na enorme diferença entre os atuais possuidores da Grã-Bretanha e aqueles de antes da conquista romana. Podemos observar que nossos ancestrais, há poucos séculos, estavam submersos na mais abjeta superstição, que no século passado se deixaram inflamar pelo mais furioso entusiasmo e que hoje se encontram estabelecidos na mais cálida indiferença que se possa encontrar em qualquer nação do mundo no tocante a questões religiosas.

Oitavo. Onde diversas nações vizinhas dispõem entre si de uma comunicação muito íntima, seja por política, por comércio ou pelas viagens, elas adquirem uma semelhança nas maneiras, proporcionada pela comunicação. Assim, todos os francos parecem ter um caráter uniforme ao dos povos das nações mais ao leste. As diferenças entre eles são como os sotaques peculiares às diversas

---

[e] Tit. LVII, lib. XXXIV, cap. 17.

ENSAIOS POLÍTICOS   123

províncias, os quais só são distinguíveis a um ouvido habituado a eles, comumente escapando a um estrangeiro.

Nono. Podemos com freqüência observar uma formidável mistura de costumes e características na mesma nação, que fala a mesma língua e está submetida ao mesmo governo. E nesse particular os ingleses são os mais notáveis dentre todos os povos que algum dia existiram sobre a face da terra. Isso não deve ser atribuído nem à mutabilidade e incerteza de seu clima, nem a quaisquer outras causas *físicas*, uma vez que todas essas causas se registram no país vizinho que é a Escócia, sem exercer o mesmo efeito. Onde se é completamente monarquista, está-se mais apto a exercer o mesmo efeito; a imitação dos seus superiores disseminando os costumes nacionais com mais presteza entre o povo. Se a parte governante de um Estado consiste completamente de mercadores, como na Holanda, o seu modo de vida uniforme lhe determinará o caráter. Se ela consiste sobretudo de nobres e da alta burguesia do campo, como na Alemanha, França e Espanha, os mesmos efeitos se seguirão. O gênio de uma seita ou religião particular também está apto a moldar os costumes do povo. Ocorre que o governo inglês é um misto de monarquia, aristocracia e democracia. O povo em situação de autoridade se compõe de alta burguesia e mercadores. Todas as seitas religiosas podem ser encontradas entre eles. E as grandes liberdade e independência de que cada homem desfruta permite a cada qual dispor dos costumes que lhes são peculiares. Daí ter o inglês, dentre todos os povos do universo, o menor quinhão de caráter nacional, exceto essa própria singularidade, que pode passar por tal.

Se as características dos homens dependem do ar e do clima, dos graus de calor e frio, deve-se naturalmente esperar que exerçam grande influência, uma vez que nada exerce maior efeito sobre todas as plantas e animais irracionais. E na verdade há alguma razão para se pensar que todas as nações que vivem para além dos círculos polares ou entre os trópicos sejam inferiores ao restante da espécie, e que sejam de todo incapazes dos mais elevados feitos da mente humana. A pobreza e a miséria dos habitantes mais ao norte do

124 DAVID HUME

globo, e a indolência própria aos mais para o sul, advinda de suas parcas necessidades, podem talvez dar conta dessa notável diferença, sem que se tenha de recorrer a causas *físicas*. Contudo, é certo que as características das nações são muito promíscuas nos climas temperados, e que de quase todas as observações gerais, formadas a partir dos povos mais ao sul ou mais ao norte nesses climas, descobre-se serem incertas e falaciosas[f].

Diríamos que o avizinhar-se do sol inflama a imaginação dos homens, e lhes confere espírito e vivacidade particulares. Os franceses, gregos, egípcios e persas são notáveis por sua alegria. Dos espanhóis, turcos e chineses observa-se a gravidade e um comportamento sério, sem qualquer diferença de clima a produzir essa diferença de têmpera.

Os gregos e romanos, que chamavam bárbaras todas as outras nações, restringiam gênio e uma fina compreensão aos climas mais ao sul, proferindo as nações mais ao norte como incapazes de todo conhecimento e civilidade. Mas a Grã-Bretanha tem produzido

---

[f] Estou propenso a suspeitar que os negros, e em geral todas as demais espécies de homens (das quais há quatro ou cinco diferentes tipos) são naturalmente inferiores aos brancos. Dificilmente algum dia tiveram uma nação civilizada, mesmo de diferente compleição, do que os brancos. Não há manufaturas engenhosas entre eles, não há artes, não há ciências. Por outro lado, os mais rudes e bárbaros dos brancos, como foram os antigos alemães, os atuais tártaros, ainda possuem algo de eminente entre eles, em seu valor, forma de governo ou em algum outro particular. Tal diferença uniforme e constante não poderia se dar em tantos países e eras, se a natureza não tivesse operado uma distinção original entre essas raças de homens. Para não mencionar nossas colônias, há escravos negros dispersos por toda a Europa, dos quais ninguém jamais descobriu quaisquer sintomas de ingenuidade; mesmo sendo pessoas de baixa estirpe, sem educação, impulsionam-se em nosso meio, e se distinguem em sua profissão. Com efeito, na Jamaica se fala de negros como homens de palavra e também de sabedoria; mas é provável que ele seja ali admirado por feitos parcos, como um papagaio, que meramente emite umas poucas palavras.

ENSAIOS POLÍTICOS

125

tantos grandes homens, seja para ação, seja para a sapiência, quanto Grécia e Itália puderam de tanto se jactar.

Alega-se que os sentimentos dos homens se tornam mais delicados à medida que o país mais se aproxima do sol; e que o gosto pela beleza e elegância recebe melhorias proporcionais a cada latitude, como podemos observar particularmente no caso das línguas, que indo mais para o sul são suaves e melodiosas, e as do norte mais duras e menos cantadas. Mas essa observação não tem sustentação universal. O árabe é rude e desagradável; o moscovita, afável e musical. Energia, força e dureza formam o caráter da língua latina; o italiano é língua mais líquida, insinuante e afeminada que alguém possa imaginar. Toda língua dependerá em certa medida dos costumes do povo, mas muito mais daquela estirpe original de palavras e sons recebidos de seus ancestrais, e que permanecem imutáveis, mesmo quando seus costumes admitirem as maiores alterações. Quem há de duvidar que o povo inglês é, atualmente, um mais refinado e culto do que os gregos foram por muitas eras, após o cerco de Tróia? Ainda assim, não há comparação entre a língua de Milton e a de Homero. Não, por maiores que sejam as alterações e melhorias que se dão nos costumes de um povo, pouco se pode esperar de sua línguas. Alguns poucos eminentes e refinados gênios transmitirão o seu gosto e seu conhecimento a todo um povo e produzirão os maiores avanços; mas eles fixam a língua por seus escritos e evitam, em certo grau, mudanças mais profundas.

Lorde Bacon observou que os habitantes do sul são, em geral, mais engenhosos que os do norte; mas que onde o nativo de um clima frio tem gênio, ele o alça a um grau mais elevado do que pode ser alcançado pelos espíritos sulinos. Essa observação é confirmada por um autor[g] posterior, ao comparar os povos do sul a pepinos, que comumente são de todo bons em seu gênero; mas na melhor das hipóteses são frutos insípidos; ao passo que os gênios do norte

---

[g] Dr. Berkeley, *Minute Philosopher.*

são como melões, dos quais de nenhum em 50 se pode dizer "bom"; mas quando acontece de o ser, tem-se ali um sofisticado paladar. Creio que se possa concordar com a justeza dessa observação, contanto que limitada às nações européias e à presente era, ou talvez mais à precedente; mas creio que possa ser atribuída a causas morais. Todas as ciências e artes liberais têm sido importadas por nós do sul; e é fácil imaginar que, no primeiro ímpeto de sua aplicação, quando, excitados pela emulação e pela glória, os poucos que a elas aderirem as levarão às maiores alturas e esforçarão cada nervo e cada faculdade para alcançar o pináculo da perfeição. Tais ilustres exemplos disseminam o conhecimento por toda parte e geram uma estima universal pelas ciências; depois disso, não se admira que relaxe o engenho, enquanto os homens não se depararem com um adequado incentivo, nem chegaram a qualquer distinção pelos seus feitos. A difusão universal do aprendizado entre um povo, e o inteiro banimento da vulgar ignorância e rusticidade são, por isso, raramente atingidos com qualquer notável perfeição em indivíduos particulares. Parece ter-se por pressuposto que o diálogo D*e Oratoribus*, que o conhecimento foi muito mais comum na era de Vespasiano do que na de Cícero ou na de Augusto. Quintiliano também reclama da profanação da sapiência, pelo torná-la tão comum. "Antigamente", diz Juvenal, "a ciência se limitava à Grécia e à Itália. Hoje o mundo inteiro emula Atenas e Roma. O eloqüente Gáulio, conhecedor das leis, ensinou a Grã-Bretanha. Mesmo Túlio entabula pensamentos de eminentes retóricos para a sua instrução[h]". Esse estado de sapiência é notável; porque Juvenal é ele próprio o último dos autores romanos que possuía algum grau de gênio. Os que vieram depois são valorizados por nada mais além de questões

---

[h] "Sed Cantaber unde
Stoicus? antiqui praesertim aetate Metelli.
Nunc totus Graias, nostrasque habet orbis Athenas.
Gallia causidicos docuit facunda Britannos:
De conducendo loquitor jam rhetore Thule." Sat. 15

Ensaios Políticos

127

de fato, das quais podem nos dar alguma informação. Espero que a última conversão de Muscovy para o estudo das ciências não dará provas de prognóstico semelhante ao atual período de sapiência.

O cardeal Bentivoglio concede primazia às nações do norte sobre as do sul no tocante à candura e à sinceridade, mencionando, por um lado, os espanhóis e italianos, e, por outro, os flamengos e alemães. Mas sou levado a pensar que isso aconteceu por acidente. Os antigos romanos parecem ter sido um povo cândido e sincero, como são os modernos turcos. Mas se tivermos de supor que esse evento se originou de causas determinadas, dele podemos concluir que todos os extremos são capazes de concorrer e são comumente atingidos, com as mesmas conseqüências. A traição é a concomitância usual da ignorância e do barbarismo; e se nações civilizadas algum dia abraçarem a política sutil e torpe, um excesso de refinamento as fará desdenhar o caminho óbvio e direto para o poder e para a glória.

A maior parte das conquistas tem se dado do norte para o sul; e disso tem se inferido que as nações do norte possuem um grau superior de coragem e ferocidade. Porém mais correto seria dizer que a maior parte das conquistas é feita pela pobreza desejosa de abundância e riquezas. Os sarracenos, deixando os desertos da Arábia, levaram suas conquistas para o norte, para todas as províncias férteis do Império Romano; a meio caminho encontraram os turcos, que iam para o sul a partir dos desertos da Tartária.

Um eminente autor[i] observou que todos os animais corajosos são também carnívoros, e que maior coragem se espera de um povo, como o inglês, cuja alimentação é forte e saudável do que da comunalidade semifaminta de outros países. Mas os suecos, não obstante suas desvantagens nesse particular, não são inferiores, em coragem marcial, do que qualquer outra nação em tempo algum sobre a face da terra.

---

[i] A abordagem dos Países Baixos por *Sir* William Temple.

128 DAVID HUME

De um modo geral, podemos observar que a coragem, dentre todas as qualidades nacionais, é a mais precária, pois exercida somente em intervalos, e por alguns poucos em cada nação; já a indústria, o conhecimento e a civilidade podem ser de uso constante e universal, e isso no curso de muitas eras, podendo se fazer habituais para todo um povo. Se a coragem for preservada, ela o terá de ser pela disciplina, pelo exemplo e pela opinião. A décima legião de César, e o regimento da Picardia, na França, formaram-se de maneira promíscua a partir dos cidadãos, mas uma vez estabelecida uma noção de que eram as melhores tropas em serviço, essa opinião por si mesma os fez assim.

A provar o quanto a coragem depende da opinião, pode-se observar que, das duas principais tribos da Grécia, os dórios e os jônicos, a primeira foi sempre considerada como de maior bravura e virilidade do que a última, e também o aparentava, embora as colônias de ambas as tribos fossem dispersas e entremeadas por toda a extensão da Grécia, da Ásia menor, da Sicília, da Itália e das ilhas do mar Egeu. Os atenienses foram os únicos jônicos que algum dia alcançaram qualquer reputação de valor ou de feitos militares, embora mesmo esses fossem tidos como inferiores aos lacede-mônios, os mais bravos entre os dórios.

A única observação com relação à diferença de homens e diferentes climas, e à qual podemos dar alguma importância, é a vulgar segundo a qual nas regiões mais para o norte há maior inclinação para os teores alcoólicos mais fortes e naquelas mais ao sul, para o amor e para as mulheres. Pode-se atribuir uma causa *física* bastante provável para essa diferença. O vinho e os espíritos destilados aquecem o sangue enregelado nos climas mais frios, e fortificam os homens contra os rigores do clima, assim como o calor favorável do sol, nos países expostos à sua irradiação, inflama o sangue e exalta a paixão entre os sexos.

Talvez também a questão possa ser atribuída a causas morais. Todos os teores alcoólicos fortes são mais raros no norte, e conse-

ENSAIOS POLÍTICOS

129

qüentemente são mais cobiçados. Deodoro Siculu[j] nos conta que os gauleses em seu tempo foram grandes beberrões e adeptos do vinho; principalmente, como posso supor, por sua raridade e novidade. Por outro lado, o calor nos climas mais ao sul, obrigando homens e mulheres a andarem seminus, torna mais perigoso o seu comércio, e inflama a paixão mútua. Isso torna os maridos mais ciumentos e reservados, o que inflama ainda mais a paixão. Para não dizer que, amadurecendo as mulheres com mais rapidez nas regiões sulinas, necessário se faz observar maior zelo e cuidado em sua educação; evidencia-se que meninas de 12 anos não possuem igual discrição para governar sua paixão do que outras que só aos 17 ou 18 sentirão sua violência.

Talvez também seja falso o fato de que a natureza tenha, por causas morais ou físicas, distribuído essas respectivas inclinações pelos diferentes climas. Os antigos gregos, embora nascidos em um clima quente, parecem ter sido fervorosos adeptos da garrafa; suas festas de prazer não passavam de competições de beberagem entre homens, que passavam suas horas livres de todo a distância do belo sexo. No entanto, quando Alexandre conduziu os gregos à Pérsia, um clima ainda mais ao sul, eles multiplicaram as orgias desse tipo, imitando os costumes persas[k]. Tão honrado era o caráter de um bêbado entre os persas, que Ciro, o jovem, solicitou ao sóbrio Lacedemônio que o socorresse de seu irmão Artaxerxes, clamores que tanto mais se deveram ao superior talento daquele, como sendo mais valoroso, mais belo e melhor bebedor[l]. Dario Histapes fez com

---

[j] Lib. V. O mesmo autor atribui taciturnidade àqueles povos; mais uma prova de que características nacionais podem apresentar grandes alterações. A taciturnidade, como caráter nacional, implica insociabilidade. Aristóteles, em sua *Política*, livro II, diz serem os gauleses o único povo de nação guerreira a se mostrar negligente com suas mulheres.

[k] Babilônia *maxime in vinum, e quae ebrietatem sequuntur, effusi sunt*. Quint. Cur., lib. V, cap. I.

[l] Plut. *Simp.* lib. I quaest. 4.

que se inscrevesse em sua lápide, dentre outras de suas virtudes e qualidades principescas, que ninguém conseguia tolerar maior quantidade de álcool. Pode-se obter qualquer coisa dos negros oferecendo-lhes uma bebida forte; e com facilidade se pode persuadi-los a vender não só os seus próprios pais, mas suas esposas e concubinas, por um cálice de brandy. Na França e na Itália poucos bebem vinho puro, exceto nos calores mais excessivos do verão; e na verdade faz-se então quase que necessário, a fim de se recuperar os espíritos, evaporar o calor, como na Suécia, durante o inverno, a fim de aquecer os corpos congelados pelo rigor da estação.

Se o zelo pode ser tido como prova de disposição amorosa, povo algum terá sido mais zeloso que os moscovitas, que antes de seu contato com a Europa já tinham de algum modo alterado seus costumes nesse particular.

Mas supondo verdadeiro o fato de que a natureza, por princípios físicos, de maneira regular tem distribuído essas duas paixões, uma para as regiões mais ao norte, outra para as regiões mais ao sul, só podemos inferir que o clima pode afetar os órgãos menos delgados e mais robustos de nossa constituição; ele não pode atuar sobre aqueles órgãos mais refinados, de que dependem as operações da mente e do entendimento. E isso é condizente com a analogia da natureza. As raças de animais jamais degeneram quando se olha para elas com cuidado; e cavalos, em particular, sempre mostram o seu sangue em sua forma, em seu espírito e rapidez. Mas um almofadinha pode gerar um filósofo, assim como um homem de virtude pode deixar uma prole sem valor.

Devo concluir esse tema observando que, embora a paixão pelo álcool seja mais brutal e depreciante que o amor, que, quando adequadamente administrado, é a fonte de toda a polidez e refinamento, isso concede não tão excelsa vantagem aos climas do sul como estamos propensos a imaginar à primeira vista. Quando o amor excede certo grau, torna os homens ciumentos e opera uma cisão no livre intercurso entre os sexos, do qual o refinamento de uma

Ensaios Políticos

nação não raro dependerá. E ao sutilizar e refinar esse aspecto, há que se observar que, em climas muito temperados, os povos fazem-se mais propensos a alcançar todos os tipos de aperfeiçoamento, o seu sangue não sendo inflamado a ponto de os tornar ciumentos, e sendo ainda quentes o bastante para dar o devido valor aos encantos e talentos do belo sexo.

ENSAIO TREZE

Do comércio

A maior parte da humanidade pode ser dividida em duas classes: a dos pensadores *superficiais*, que não vão fundo na verdade; e a dos pensadores *abstrusos*, que vão além dela. Os da última classe são de longe os mais comuns; e posso acrescentar, os mais úteis e valiosos. Eles encetam insinuações, pelo menos, e iniciam dificuldades, que talvez desejem se tornar hábeis em perseguir, mas que podem produzir sutis descobertas quando manuseadas por homens dotados de um modo mais justo de pensar. Na pior das hipóteses, o que dizem é incomum; e se há de custar algumas dores para compreendê-la, tem-se, contudo, o prazer de ouvir algo que é novo. Não há muito a ser valorizado em um autor que não nos diz nada além do que podemos aprender em uma conversa de botequim.

Todas as pessoas de pensamento *superficial* são capazes de descrer até mesmo daqueles de entendimento mais sólido, como os pensadores abstrusos, e de metafísicos, e dos mestres do refinamento; e jamais permitirão coisa alguma que seja tão-somente algo além de suas frágeis concepções. Existem casos, eu admito, em que um refinamento extraordinário permite uma forte presunção de falsidade, e nos quais só há que se confiar em um raciocínio se ele for natural e fácil. Quando um homem delibera sobre algo que diga respeito a sua conduta em qualquer assunto particular, e elabora esquemas em políticas, negócios, economia ou em quaisquer negócios na vida, ele jamais deve levar seus argumentos a tão grande refinamento ou conectá-los todos em uma cadeia de conseqüências.

Algo certamente acontecerá para desconcertar seu raciocínio e produzir um evento diferente do esperado. Mas quando raciocinamos sobre temas *gerais*, alguém pode com justeza afirmar que nossas especulações dificilmente hão de ser por demais refinadas, se forem justas; e que a diferença entre um homem comum e um homem de gênio se faz ver sobretudo na superficialidade ou profundidade dos princípios de que procedem. Raciocínios gerais parecem intrincados pelo simples fato de serem gerais; tampouco é fácil para a maior parte da humanidade distinguir, em grande número de particulares, aquela circunstância comum em que todos os homens concordam, ou extraí-la, pura ou não mesclada, das outras circunstâncias supérfluas. Com eles, cada juízo ou conclusão é particular. Eles não podem ampliar sua visão até aquelas proposições universais que sob si compreendem um número infinito de individuais e incluem toda uma ciência em um único teorema. Os seus olhos são confundidos com tão extensivo prospecto; e as conclusões daí derivadas, muito embora claramente expressas, parecem intrincadas e obscuras. Mas por mais intrincadas que possam parecer, certo é que princípios gerais, se justos e perfeitos, sempre devem prevalecer no curso geral das coisas, embora possam falhar em casos particulares; e é a tarefa principal dos filósofos considerar o geral no curso das coisas. Posso acrescentar ser essa também a principal tarefa dos políticos, especialmente no governo interno do Estado, onde o bem público, que é ou deve ser o seu objeto, depende da concorrência de causas múltiplas, e não, como na política externa, de acidentes e acasos, e caprichos de umas poucas pessoas. Por essa razão, isso faz a diferença entre deliberações *particulares* e raciocínios *gerais* e torna a sutileza e o refinamento muito mais adequados às últimas do que aos primeiros.

Julguei que essa introdução seria necessária antes dos discursos que se seguirão sobre *comércio, dinheiro, interesse, balança comercial* etc., onde, talvez ocorram alguns princípios que sejam incomuns e que possam ser por demais refinados e sutis para tais assuntos tão vulgares. Se falsos, deixemos que sejam rejeitados; mas ninguém entreterá preconceito contra eles meramente por estarem eles fora da vala comum.

ENSAIOS POLÍTICOS

A grandeza de um Estado, e a felicidade de seus súditos, por supostamente independentes que sejam em muitos aspectos, comumente são tidos como inseparáveis no tocante ao comércio; e assim como homens particulares, na posse de seus negócios e riquezas, recebem maior segurança do poder público, também o poder público se torna proporcionalmente poderoso ante a opulência e o comércio extensivo de homens particulares. Essa máxima é verdadeira em geral, muito embora eu não me impeça de pensar que possivelmente admitam exceções e que não raro as estabelecemos com pouca reserva e limitação. Pode haver algumas circunstâncias em que o comércio, as riquezas e luxos de indivíduos, em vez de incrementar em força o poder público, servirão apenas para enfraquecer seus exércitos e diminuir a sua autoridade entre as nações vizinhas. O homem é um ser muito variável e suscetível de muitas opiniões, princípios e regras de conduta. Do que pode ser verdadeiro, enquanto ele adere a um modo de pensar, poderá se descobrir ser falso, quando ele tiver abarcado um conjunto oposto de costumes e opiniões.

O cerne de todo Estado pode ser dividido em *lavradores* e *artífices*. Os primeiros são empregados na cultura da terra; os últimos transformam os materiais fornecidos pelos primeiros em todos os artigos necessários ou ornamentais à vida humana. Tão logo os homens deixaram o estado selvagem, em que viviam principalmente da caça e da pesca, passaram a incorrer nessas duas classes, embora as artes da agricultura tivessem empregado *primeiro* os contingentes mais numerosos da sociedade[a]. O tempo e a experiência aperfeiçoaram

---

[a] Mons. Melon, em seu ensaio político sobre o comércio afirma que no presente, se se dividir a França em vinte partes, dezesseis serão compostas de trabalhadores ou lavradores; duas somente se farão compostas de artesãos; uma pertencerá à lei, à Igreja e aos militares; e uma aos mercadores, financistas e burgueses. Esse cálculo está certamente bastante equivocado. Na França, na Inglaterra e mesmo na maior parte da Europa, metade dos habitantes vivem em cidades; e mesmo entre aqueles que vivem no campo, grande número se compõe de artesãos, talvez mais de um terço.

de tal forma essas artes, que a terra pode facilmente sustentar um número de homens muito maior do que aqueles empregados de maneira imediata em seu cultivo ou que fornecem as manufaturas mais necessárias para os que dela se ocupam.

Se essas mãos supérfluas se aplicarem às artes mais refinadas, comumente denominadas artes do *luxo*, elas acrescentam felicidade a seu estado, permitindo a muitos a oportunidade de desfrutes que de outro modo não estariam em seu alcance. Mas não será possível propor outro esquema para essas mãos supérfluas? O soberano não há de reivindicá-las e empregá-las em esquadras e exércitos, a fim de aumentar os domínios do Estado no estrangeiro e disseminar sua fama em nações distantes? É certo que menos desejos e carências são encontrados em proprietários e trabalhadores da terra quanto menos mãos eles empregarem; e conseqüentemente as superfluidades da terra, em vez de manter os homens de negócio e artífices, podem sustentar esquadras e exércitos em muito maior extensão do que as muitas requeridas para ministrar o luxo de pessoas particulares. Por essa razão, acena-se aqui com um tipo de oposição entre a grandeza do Estado e a felicidade do indivíduo. Um Estado nunca é maior do que quando todas as suas mãos supérfluas são empregadas a serviço do público. A comodidade e a conveniência de pessoas privadas requer que essas mãos sejam empregadas em seu serviço. Um só pode ser satisfeito às expensas do outro. Assim como a ambição do soberano deve se assentar sobre a afeição ao luxo dos indivíduos, deste a afeição ao luxo deve diminuir a força da ambição do soberano, e a ela servir de anteparo.

Tampouco é o raciocínio meramente quimérico, mas funda-se na história e na experiência. A república de Esparta certamente foi mais poderosa do que qualquer Estado hoje no mundo, consistindo de igual número de pessoas; e isso se deveu inteiramente à vontade de comércio e do luxo. Os hilotas eram os trabalhadores; os espartanos eram os soldados ou cavaleiros. É evidente que o trabalho dos hilotas não poderia ter mantido espartanos em tão grande número, se tivessem esses últimos vivido na comodidade e

Ensaios Políticos

delicadeza, e ensejado grande variedade de negócios e manufaturas. Política semelhante pôde ser observada em Roma. E na verdade, por todo o curso da história antiga se observa que as menores repúblicas reuniram e mantiveram exércitos maiores do que aqueles que Estados com o triplo do número de habitantes são capazes de prover nos dias atuais. Calcula-se que, em todas as nações européias, a proporção entre soldados e o povo não exceda uma centena. Mas lemos que a cidade de Roma sozinha com o seu pequeno território, reuniu e manteve, em seus primeiros tempos, dez legiões contra os latinos. Atenas, o todo de cujos domínios não era tão amplo quando em Yorkshire enviou em expedição contra a Sicília quase 40 mil homens[b]. Diz-se que Dionísio, o Velho, manteve a postos um exército de cem mil homens a pé e dez mil montados, além de uma grande esquadra de 400 velas[c]; embora seus territórios se estendessem para além da cidade de Siracusa, abrangessem cerca de um terço da ilha da Sicília e algumas cidades e guarnições portuárias da costa da Itália e do Ilírico. Verdade é que os antigos exércitos, em tempos de guerra, subsistiam em grande parte à custa de saques — mas os inimigos, por sua vez, também não saqueavam? — este que é o modo mais arruinante de se impor uma taxa do que qualquer outro que se possa imaginar. Em suma, não há razão provável que possa ser atribuída ao maior poder dos Estados mais antigos sobre os modernos, a não ser o seu desejo de comércio e de luxo. Poucos artesãos foram mantidos pelo trabalho de agricultores, e por isso mais soldados podem viver à custa deles. Tito Lívio observa que Roma, em seu tempo, encontraria dificuldades para reunir um exército tão grande quanto aquele que, em seus primeiros dias, foi enviado contra gauleses e latinos[d]. Em vez dos soldados que lutavam pela

---

[b] Tucídedes, lib. VII.

[c] Diod. Sic. lib. VII. Admito que essa abordagem é algo suspeita, para não dizer pior; principalmente porque esse exército não se compunha de cidadãos, mas de forças mercenárias.

[d] Tito Lívio, lib. VII, cap. 24. "Adeo in quae laboramus" diz ele "sola crevimus, divitias luxuriemque."

liberdade e pelo império no tempo de Camilo, havia, nos dias de Augusto, músicos, pintores, cozinheiros, atores e alfaiates; e se a terra era igualmente cultivada em ambos os períodos, podia certamente manter igual número em uma profissão como em outra. Não acrescentavam nada ao mero necessário à vida, no último período mais do que no primeiro.

É natural que a esta altura se pergunte se soberanos não podem voltar às máximas da política antiga e consultar o seu próprio interesse a esse respeito, mais do que a felicidade de seus súditos. Respondo que isso me parece quase impossível; e que a política antiga foi violenta, e contrária ao curso mais natural e usual das coisas. Bem se sabe sobre as leis peculiares com que Esparta foi governada, e sobre o prodígio que essa república era considerada, com justeza, por todos os que levam em conta a natureza humana tal como ela se apresenta em outras nações e se o fez em outras eras. Fosse o testemunho da história menos positivo e circunstancial, tal governo pareceria mera extravagância ou ficção filosófica, e impassível de se fazer prática em tempo algum. E embora a república romana e outras repúblicas antigas se fizessem sustentar por princípios em certa medida mais naturais, havia lá uma extraordinária concorrência de circunstâncias para fazer com que se submetessem a encargos tão pesados. Eram Estados livres; eram pequenos; e a época sendo marcial, todos os seus vizinhos estavam, ato contínuo, armas a postos. A liberdade naturalmente gera espírito público, especialmente em pequenos Estados; e esse espírito público, esse *amor patriae*, deve aumentar quando o poder público está quase sempre em estado de alerta, com os homens sendo obrigados, a cada momento, a se expor aos maiores perigos a fim de garantir sua defesa. Uma contínua sucessão de guerras faz de cada cidadão um soldado; vai para o campo quando é chegada a sua hora, e durante o serviço a si próprio se sustenta. Esse serviço na verdade vem a ser equivalente às mais pesadas taxas; no entanto, menos se faz sentir por um povo em plena adesão às armas, que luta pela honra e pela vingança mais do que pela paga, acostumado ao ganho

Ensaios Políticos

139

e à indústria bem como ao prazer[e]. Para não mencionar a grande igualdade de fortunas entre os habitantes das antigas repúblicas, onde cada campo, pertencendo a um proprietário diferente, podia bem manter uma família e tornar mui considerável o número de cidadãos, mesmo sem o comércio e as manufaturas.

Mas embora a vontade de comércio e manufaturas, entre um povo livre e um muito marcial, possa *às vezes* não exercer qualquer outro efeito que não seja o de tornar o poder público mais poderoso, é certo que, na origem comum dos assuntos humanos, ele terá uma tendência completamente contrária. Soberanos devem encarar a humanidade tal como a encontram, e não podem fingir introduzir qualquer mudança violenta em seus princípios e modos de pensar. Um longo período de tempo, com uma variedade de acidentes e circunstâncias, é requisito para se produzir aquelas grandes revoluções, que tanto diversificam a face dos negócios humanos. E por menos naturais que sejam quaisquer conjuntos de princípios, que venham em apoio a uma sociedade particular, mais dificuldade terá um legislador em reuni-los e cultivá-los. É sua melhor política aceder à inclinação

---

[e] Os romanos mais antigos viviam em guerra perpétua contra todos os seus vizinhos, e em latim antigo, o termo *hostis* expressava tanto um estrangeiro quanto um inimigo. Isso é observado por Cícero; mas ele atribuía humanidade a seus ancestrais, que tanto quanto possível faziam amenizar a denominação de inimigo, chamando-os pela mesma designação que significa "estrangeiro". *De Off*, lib. II. Contudo, é muito mais provável, pelos costumes dos tempos, que a ferocidade daqueles povos fosse grande a ponto de se considerar todos os estrangeiros como inimigos e chamá-los pelo mesmo nome. Além disso, não está de acordo com as máximas mais comuns da política ou da natureza que qualquer Estado devesse visualizar seus inimigos públicos com um olhar amistoso ou mantivesse por eles qualquer sentimento, como o orador romano atribuía a seus ancestrais. Para não mencionar que os primeiros romanos realmente exerciam a pirataria, como sabemos dos primeiros tratados com Cartago, preservado por Políbio, lib. III e, conseqüentemente, como os piratas sálios e argelinos estavam de fato em guerra com a maior parte das nações, e com isso estrangeiro e inimigo seriam quase que sinônimos.

140   DAVID HUME

comum da humanidade de lhe dar todas as melhorias de que for suscetível. Agora, de acordo com o curso mais natural das coisas, a indústria, as artes e o comércio aumentam o poder do soberano, bem como a felicidade de seus súditos; e é violenta a política que engrandece o poder público pela pobreza dos indivíduos. Isso facilmente se mostrará a partir de umas poucas considerações, que apresentarão para nós as conseqüências da preguiça e da barbárie.

Onde as manufaturas e as artes mecânicas não são cultivadas, a maior parte do povo pode se aplicar à agricultura; e se a sua habilidade e industriosidade aumentar, advirá grande superfluidade de seu trabalho para além do que basta para mantê-los. Por essa razão, não incorrem na tentação de aumentar a sua habilidade e indústria, uma vez que não podem trocar aquela superfluidade por quaisquer superfluidades, que podem servir ou para o seu prazer ou para a sua vaidade. Um hábito de indolência naturalmente prevalece. A maior parte da terra jaz não cultivada. E a que é cultivada não rende o seu máximo para as necessidades de habilidade e assiduidade entre os agricultores. Se em qualquer tempo são requeridas as exigências públicas, o trabalho do povo não oferece superfluidades pelas quais esses números possam ser mantidos. Os agricultores não podem aumentar a sua habilidade e industriosidade de repente. Terras não cultivadas não podem ser convertidas à lavoura em alguns anos. Os exércitos, enquanto isso, devem ou proceder a conquistas repentinas e violentas, ou debandar por necessidade de subsistência. Por isso, não se pode esperar um ataque ou defesa regular de tais povos, e seus soldados têm de ser tão ignorantes e inábeis quanto os seus agricultores e artífices.

Tudo no mundo se adquire pelo trabalho. E nossas paixões são a causa única do trabalho. Quando uma nação abunda em manufaturas e artes mecânicas, os proprietários de terra, bem como os agricultores, estudam a agricultura como ciência, e duplicam a sua industriosidade e atenção. O que de supérfluo advém do seu trabalho não é perdido, mas trocado com artífices por seus artigos, pelas quais a afeição ao luxo pelos homens agora os faz ansiar. Por meio disso, a terra provê um tanto mais as necessidades da vida,

ENSAIOS POLÍTICOS

141

do que as que bastam àqueles que as cultivam. Em tempos de paz e tranqüilidade, essa superfluidez vai até a manutenção de manufatureiros e até os aperfeiçoamentos das artes liberais. Mas é fácil para o povo converter muitos desses artífices em soldados, e mantê-los com aquela superfluidez que advém do trabalho dos agricultores. Assim sendo, verificamos ser esse o caso em todos os governos civilizados. Quando o soberano reúne um exército, qual a conseqüência? Ele cria um imposto. Esse imposto obriga todo o povo a suprimir o que não é necessário a sua subsistência. Os que trabalham em tais artigos devem ou se alistar nas tropas, ou se voltar para a agricultura, com isso obrigando alguns agricultores a se alistar por falta de trabalho. E para considerar a questão de maneira abstrata, os artífices aumentam o poder do Estado somente à medida que armazenam tanto trabalho, e este de tal espécie que o poder público venha a buscá-lo sem privar quem quer que seja do necessário à vida. Por isso, quanto mais trabalho é empregado para além das meras necessidades, mais poderoso será qualquer Estado, uma vez que as pessoas engajadas em tal trabalho podem facilmente ser convertidas ao serviço público. E um Estado sem artífices, pode haver o mesmo número de mãos; mas não há a mesma quantidade de trabalho, nem o há do mesmo tipo. Todo o trabalho é dedicado ao necessário, ao que não admite diminuição.

Assim, a grandeza do soberano e a felicidade do Estado estão, em grande medida, unidas no que diz respeito ao comércio e às manufaturas. É um método violento, e na maior parte dos casos impraticável, a obrigar o agricultor a fatigar-se, a fim de extrair da terra mais do que o necessário para fazer subsistir ele e sua família. Que se lhe dê provimentos de manufaturas e artigos, e ele o fará por si próprio. Em seguida, mais fácil será tomar-lhe parte do trabalho supérfluo e empregá-la no serviço público, sem lhe dar o retorno desejado. Habituado à indústria, ele o tomará por algo de somenos gravidade do que se se lhe obrigasse um aumento de trabalho sem qualquer recompensa. É o mesmo caso com relação a outros membros do Estado. Maior o estoque de trabalho de todas as qualidades, maior a quantidade que dele se pode tomar, sem lhe impingir com isso qualquer alteração sensível.

Um depósito de milho, um armazém de tecidos, uma loja de armamentos; tudo isso deve proporcionar reais força e riqueza em qualquer Estado. O comércio e a indústria na verdade nada mais são do que trabalho armazenado, que, em tempos de paz e tranqüilidade, é empregado para a comodidade e satisfação dos indivíduos; mas as exigências do Estado podem, em parte, ser convertidas em vantagem pública. Se convertêssemos uma cidade em uma espécie de campo fortificado e o infundíssemos em cada peito gênio tão marcial e tal paixão pelo bem público, de modo a tornar todos dispostos a suportar as maiores privações com vistas ao bem público, essas afecções poderiam agora, como em tempos antigos, provar tão-somente um estímulo suficiente à indústria e um apoio à comunidade. Seria então vantajoso, como nos campos, banir todas as artes e todo luxo; e, por restrições nos equipamentos e nas mesas, fazer com que as provisões e pilhagens durassem mais tempo do que se o exército se sobrecarregasse de certo número de servidores supérfluos. Mas uma vez que esses princípios são por demais desinteressados e difíceis de sustentar, é requisito para governar homens por outras paixões e animá-los com um espírito de avareza e indústria, arte e luxo. Nesse caso o campo se faz carregar de supérflua retenção; mas as provisões fluem em quantidades proporcionalmente maiores. A harmonia do conjunto ainda se faz sustentar, e acedendo mais à inclinação do espírito, os indivíduos, bem como o público, encontram lucro na observância daquelas máximas.

O mesmo método de raciocínio nos permitirá visualizar a vantagem do comércio *exterior* em aumentar o poder do Estado, bem como as riquezas e a felicidade do súdito. Ele aumenta o volume de trabalho na nação; e o soberano pode converter a participação que ele julga necessária para o serviço do público. O comércio exterior, por suas importações, fornece materiais para novas manufaturas; e por suas exportações produz trabalho em artigos

Ensaios Políticos

143

particulares, que não serão consumidas no país. Em suma, um reino, dispondo de grande movimento de importação e exportação, deve ser mais abundante na indústria, e essa empregada em luxo e refinamentos, do que um reino que se contenta com as mercadorias nele produzidas. Por essa razão ele é mais poderoso, e também mais rico e mais feliz. Os indivíduos colhem os benefícios dessas mercadorias, à medida que gratificam os sentidos e o apetite. E o poder público também se faz ganhador, enquanto um maior volume de trabalho se acumula, por esse meio, para satisfazer qualquer exigência pública; isto é: mantém-se um número maior de homens laboriosos que podem ser desviados para o serviço público sem prejuízo de quaisquer necessidades ou mesmo das principais conveniências da vida.

Se consultarmos a história, descobriremos que, na maior parte das nações, o comércio exterior precedeu a todo apuro por parte dos artífices internos, e fez originar o luxo no país. Mais forte é a tentação de fazer uso de mercadorias externas, prontas para o uso e inteiramente novas para nós, do que aperfeiçoar quaisquer mercadorias do próprio país, num processo que sempre avança a passos lentos e jamais chega a impressionar pela novidade. O lucro é também muito grande ao se exportar o que é supérfluo em casa e o que não tem preço para países estrangeiros, cujo solo ou clima não favorece aquele artigo. Assim, os homens entram em contato com os *prazeres* do luxo e com os *lucros* do comércio; e sua *delicadeza* e *indústria*, uma vez despertadas, os fazem perseguir tantas outras melhorias, em cada ramo do comércio interno ou do exterior. Talvez essa seja a principal vantagem a advir de um comércio com estrangeiros. Faz os homens despertarem de sua indolência. E apresentando a parte mais alegre e mais opulenta da nação com objetos luxuosos, com os quais nunca antes se sonhou, desperta neles o desejo por um viver mais esplêndido ante o que fora desfrutado pelos seus ancestrais. E ao mesmo tempo, os poucos mercadores que possuem o segredo dessa importação e exportação fazem grandes lucros; tornando-se rivais na riqueza, como na nobreza antiga, tentam outras aventuras para se tornar rivais também no comércio. A imitação não tarda em difundir todas as artes; enquanto os artífices do país emulam os estrangeiros em suas melhorias e levam, pelo trabalho, cada artigo nacional à mais excelsa perfeição que se possa atingir. Os próprios aço e ferro, em tais laboriosas mãos, tornam-se iguais ao ouro e aos rubis na Índia.

Tendo os negócios da sociedade chegado a esse ponto, uma nação pode perder a maior parte de seu comércio exterior e ainda assim continuar a ser um grande e poderoso povo. Se os estrangeiros não receberem de nós qualquer artigo particular, deveremos deixar de produzi-lo. As mesmas mãos se aplicarão a outros apuros em outros artigos de que se pode carecer em casa. E sempre deve haver materiais em que possam trabalhar, até que cada pessoa no Estado, que possui riquezas, desfrute de artigos ali produzidos em grande quantidade, e na perfeição mesma ditada pelo seu desejo, o que possivelmente jamais acontecerá. A China é representada como um dos impérios mais florescentes em todo o mundo; ainda assim, escasso comércio é mantido para além de seu próprio território.

Espero que não se considere supérflua esta digressão, se eu aqui observar que, sendo vantajosa a variedade das artes mecânicas, também o será o grande número de pessoas a que se incumbe a sua produção. Uma desproporção grande demais entre os cidadãos enfraquece qualquer Estado. Toda pessoa, se possível for, deve desfrutar dos frutos de seu trabalho, em plena posse de tudo o que lhe for necessário e das muitas conveniências da vida. Ninguém há de duvidar, mas tal igualdade é a mais adequada à natureza humana, e diminui muito menos a *felicidade* do rico do que acrescenta à do pobre. Também aumenta o *poder do Estado*, fazendo com que quaisquer taxas ou imposições extraordinárias sejam pagas com maior satisfação. Quando poucos partilham das riquezas, vêem-se obrigados a contribuir mui amplamente para a satisfação das necessidades públicas. Mas quando os ricos se dispersam em multidões, o peso é sentido leve em cada ombro, e os impostos não fazem sensível diferença para o modo de vida de quem quer que seja.

Ensaios Políticos

Acrescente-se a isso que, onde as riquezas estão em poucas mãos, estas devem desfrutar de todo o poder, e prontamente haverão de conspirar para imputar aos pobres todos os encargos e oprimi-los ainda mais, para o desestímulo a toda a indústria.

Nessa circunstância consiste a grande vantagem da Inglaterra sobre toda nação no mundo, nos dias atuais ou sobre qualquer outra que conste nos anais de qualquer história. É verdade que os ingleses sentem alguma desvantagem no comércio exterior pelo alto preço de sua força de trabalho, o que em parte se deve às riquezas de seus artesãos e à abundância de dinheiro. Mas uma vez que o comércio exterior não é a mais material das circunstâncias, não se deve fazê-lo concorrer com a felicidade de tantos milhões, e, se nada mais houvesse para lhes tornar caro o governo livre sob o qual vivem, isso por si só já seria suficiente. A pobreza do povo comum é um efeito natural, se não infalível da monarquia absoluta; mas duvido, por outro lado, que seja sempre verdadeiro resultar a riqueza infalivelmente da liberdade. A liberdade tem de vir acompanhada de acidentes particulares e de certo modo de pensar para que se produza tal efeito. Lorde Bacon, justificando as grandes vantagens da Inglaterra nas guerras contra a França, é levado a atribuí-las sobretudo à superior comodidade e abastança do povo comum; no entanto, bem similar era o governo de ambos os reinos na ocasião. Onde os trabalhadores e artesãos estão habituados a trabalhar por baixos soldos, e a reter porção bem pequena dos frutos de seu trabalho, é-lhes difícil, mesmo em um governo livre, melhorar a sua condição ou conspirar entre eles próprios para elevar seus soldos. Mas mesmo estando habituados a um modo de vida mais abundante, é fácil, para os ricos, em um governo arbitrário, conspirar contra eles, lançando-lhes sobre os ombros todo o peso dos impostos.

Pode parecer estranho que a pobreza do povo comum na França, na Itália e na Espanha em certa medida se deva à maior riqueza do solo e ao mais benevolente clima; ainda assim, não há razões que justifiquem esse paradoxo. Em terra ou solo tão bons quanto esses das regiões mais ao sul, a agricultura é uma arte fácil;

e um homem, auxiliado por dois cavalos ruins, será capaz, em uma estação, de cultivar terras suficientes para pagar um arrendamento bastante considerável ao proprietário. A única arte que o agricultor bem conhece é a de deixar a terra de pousio durante um ano após a colheita, tão logo ela estiver exaurida; e o calor do sol tão-só, e a temperatura do clima a enriquece, e restaura a sua fertilidade. Os camponeses pobres, por essa razão, requerem tão-somente a manutenção do seu trabalho. Não dispõem de estoques ou riquezas, a exigir mais; e ao mesmo tempo, fazem-se para sempre dependentes de seu senhorio, que não renova o arrendamento, pois não teme a inutilização da terra por métodos equivocados de cultivo. Na Inglaterra, a terra é rica, mas inferior; seu cultivo requer grande dedicação, e produz colheitas magras, quando não são cuidadosamente tratadas, e por um método que só renderá plenos lucros no curso de alguns anos. Um agricultor na Inglaterra, por essa razão, deve ter reservas consideráveis e um arrendamento de longo prazo, o que gera lucros proporcionais. As esplêndidas vinhas de Champagne e da Borgonha não raro garantem ao senhorio mais de cinco libras *por* acre, são cultivadas por camponeses que à mesa quase carecem do pão; isso porque tais camponeses não necessitam de reservas outras que não seus próprios membros e instrumentos de cultivo, e esses, podem comprá-lo por 20 xelins. Os agricultores encontram-se comumente em circunstâncias um tanto mais favoráveis naqueles países. Mas são os pastores os que o mais das vezes cultivam a terra. Ainda aqui a razão é a mesma. Os homens devem ter lucros proporcionais ao seu esforço e risco. Onde um tão considerável número de pobres trabalhadores como camponeses e agricultores encontram-se em tão precárias circunstâncias, todo o restante deve compartilhar de sua pobreza, seja o governo daquela nação monárquico ou republicano.

Podemos fazer uma observação semelhante com relação à história geral da humanidade. Qual é a razão pela qual povos, vivendo entre os trópicos, jamais podem alcançar qualquer arte ou civilidade ou mesmo qualquer política em seu governo, e qualquer disciplina

Ensaios Políticos

militar, enquanto são poucas as nações em climas temperados que se fazem completamente privadas dessas vantagens? É provável que uma causa desse fenômeno seja o calor e a uniformidade do tempo na zona tórrida, que torna roupas e casas menos requisitadas por seus habitantes, o que os subtrai, em parte, daquela necessidade, que é o grande estímulo da indústria e da invenção. *Curtis acuens mortalia corda*. Para não mencionar que quanto menos bens ou posses desse tipo um povo desfruta, menos prováveis serão as querelas entre eles, e menor a necessidade de uma política estabelecida ou de uma autoridade regular para protegê-los e defendê-los de inimigos estrangeiros, ou de si próprios.

ENSAIO QUATORZE

Do refinamento das artes

Luxo é uma palavra de significação incerta, e pode ser tomada em um sentido bom, como em um mau sentido. Em geral, significa grande refinamento na gratificação dos sentidos; e em qualquer grau desse refinamento ele pode ser inocente ou condenável, de acordo com a época, o país ou com a condição da pessoa. Os limites entre a virtude e o vício não podem ser aqui fixados com exatidão, mais do que em outros assuntos morais. Imaginar que a gratificação de qualquer sentido, ou que a indulgência em qualquer delicadeza nas refeições, nas bebidas ou no vestuário é ela própria um vício jamais pode entrar em uma cabeça que não esteja sob as desordens dos frenesis do entusiasmo. Eu soube até mesmo de um monge do estrangeiro que, as janelas de seu aposento permitindo vislumbrar uma nobre paisagem, fez um *pacto com seus olhos* para que jamais vislumbrassem ou recebessem tão sensual gratificação. E tal é o crime de se preferir champanhe ou vinho da Borgonha a um pouco de cerveja ou *porter*. Essas indulgências são tão-somente vícios, quando perseguidas às expensas de alguma virtude, como a liberalidade ou a caridade; de modo similar ao das tolices, quando um homem arruína a sua fortuna e se reduz à necessidade e à mendicância. Quando elas não atrapalham nenhuma virtude, mas dão oportunidade para o auxílio de amigos, família e cada objeto próprio de generosidade e compaixão, fazem-se inteiramente inocentes e como tal têm sido reconhecidos em todas as eras por quase todos os moralistas. Ocupar-se quase que inteiramente com o luxo da mesa, por exemplo, sem qualquer deleite para com os prazeres da ambição, do estudo ou da conversação é marca de estupidez e incompatível com qualquer vigor de têmpera ou gênio. Confinar seus esforços inteiramente a tal gratificação, em desconsideração de amigos ou da família, é um indicador de coração destituído de humanidade ou benevolência. Mas se um homem reserva tempo suficiente para todas as atividades louváveis, e dinheiro suficiente para todas as finalidades generosas, ele estará isento de toda sombra de culpa ou reprovação.

Uma vez que o luxo pode ser considerado tanto inocente como condenável, causarão espécie aquelas opiniões despropositadas que foram acalentadas a seu respeito; enquanto homens de princípios libertinos rendem louvores até mesmo ao luxo vicioso, e o representam como altamente vantajoso à sociedade; por outro lado, homens de moral austera culpabilizam até mesmo o luxo mais inocente e o representam como estando na origem de todas as corrupções, desordens e facções que incidem no governo civil. Devemos aqui nos esforçar para corrigir ambos esses extremos, provando, em primeiro lugar, que as épocas de refinamento são a um só tempo as mais felizes e mais virtuosas, e, em segundo lugar, que, deixando o luxo de ser inocente, ele também deixa de ser benéfico; e quando levado longe demais, é uma qualidade perniciosa, ainda que talvez não seja a mais perniciosa, à sociedade política.

Para provar o primeiro ponto, precisamos considerar os efeitos do refinamento tanto sobre a vida privada como sobre a vida pública. De acordo com as noções mais aceitas, a felicidade humana parece consistir de três ingredientes: ação, prazer e indolência, embora esses ingredientes devam ser mesclados em proporções diferentes, de acordo com a disposição particular da pessoa; no entanto, nenhum ingrediente pode ser completamente desejado sem destruir, em certa medida, o apreciar de toda a composição. Indolência ou repouso, na verdade, parecem não contribuir por si próprios para o nosso desfrute; mas, como o sono, são requisitadas com indulgência à fraqueza da natureza humana, que não pode supor-

ENSAIOS POLÍTICOS   151

tar um curso ininterrupto de negócios ou de prazer. O célere suceder de ânimos, que tira um homem de si mesmo e sobremaneira o satisfaz, acaba por exaurir sua mente, e requer alguns intervalos de repouso que, por agradáveis que sejam por um momento, ainda assim, se prolongados, produzem langor e letargia, essas que destroem todo desfrute. A educação, o costume e o exemplo exercem poderosa influência em fazer voltar a mente para quaisquer dessas buscas; e deve-se admitir que, onde promovem uma inclinação para a ação e o prazer, nessa medida, favorecem a felicidade humana. Em tempos de florescimento da indústria e das artes, os homens são mantidos em ocupação perpétua, desfrutando, como recompensa, de sua própria ocupação, bem como dos prazeres que são fruto de seu trabalho. A mente adquire vigor novo; amplia seus poderes e faculdades; e por uma assiduidade na indústria honesta, a um só tempo satisfaz seus apetites naturais e evita o crescimento dos não naturais, que comumente brotam quando alimentados pelo comodismo e pelo ócio. Ao banir essas artes da sociedade, priva-se os homens a um só tempo da ação e do prazer, não deixando em seu lugar apenas a indolência, destrói-se então o gosto pela indolência, o qual nunca é agradável, a não ser quando sucede ao trabalho e recupera os espíritos exauridos pelo excesso de aplicação e de fadiga.

Outra vantagem da indústria e dos refinamentos nas artes mecânicas está no fato de acarretarem alguns refinamentos nas liberais; tampouco uns podem ser levados à perfeição, sem se fazer acompanhar, em certo grau, pelo outros. A mesma época que produz grandes filósofos e políticos, renomados generais e poetas, geralmente abunda em hábeis tecelões e carpinteiros navais. É razoável esperar que uma peça de roupa de algodão seja alçada às raias da perfeição em uma nação, que é ignorante em astronomia, ou onde a ética é negligenciada. O espírito da época afeta todas as artes, e as mentes dos homens, uma vez despertas de sua letargia, e postas em fermentação, voltam-se para todos os lados e trazem melhorias para toda arte e ciência. A ignorância profunda é totalmente banida, e os

DAVID HUME

homens desfrutam do privilégio, próprio de criaturas racionais, de pensar bem como de agir, de cultivar os prazeres da mente bem como os do corpo.

Quanto mais avançam essas artes refinadas, mas sociáveis se tornam os homens; tampouco é possível que, enriquecidos de ciência, e munidos de um lastro de conversação, devam se contentar em permanecer na solidão ou viver com seus concidadãos naquela maneira distante, peculiar às nações bárbaras e ignorantes. Agrupam-se em cidades; amam receber e passar conhecimento; revelam o seu espírito ou sua cultura; o seu gosto na conversação e no viver, no vestuário e na mobília. A curiosidade fascina os sábios; a vaidade, os tolos; e o prazer, a ambos. Clubes e sociedades particulares formam-se por toda a parte: ambos os sexos se encontram de maneira fácil e sociável; e as têmperas dos homens, bem como as de seus comportamentos, refinam-se a passos largos. De modo que, além dos aprimoramentos que recebem do conhecimento e das artes liberais, não há como não experimentar um acréscimo de humanidade com o hábito mesmo de conviverem e contribuírem para o prazer e para o entretenimento uns dos outros. Assim, a indústria, o conhecimento e a humanidade encontram-se atrelados por uma cadeia indissociável e, pela experiência, bem como pela razão, são tidos como peculiares às eras mais polidas e, como se lhes denomina comumente, mais luxuriosas.

Tampouco se fazem acompanhar essas vantagens de desvantagens que de algum modo lhes são proporcionais. Quanto mais os homens se refinam no prazer, menos se permitirão excessos de qualquer tipo; porque nada é mais destrutivo ao verdadeiro prazer do que tais excessos. Pode-se seguramente afirmar que os tártaros são mais freqüentemente culpados de glutonice bestial, quando se regalam com seus cavalos mortos, do que os cortesãos europeus com todo o refinamento de sua cozinha. E se o amor libertino, ou mesmo a infidelidade conjugal, é mais freqüente nas eras polidas, quando não raro são vistos como ingredientes de galanteio, a beberagem, por outro lado, é muito menos comum: um vício mais odioso e mais pernicioso tanto para a mente como para o corpo. E

Ensaios Políticos   153

quanto a isso eu apelaria não só a um Ovídio ou a um Petrônio, mas
também a um Sêneca ou a um Catão. Sabemos que, durante a
conspiração contra Catilina, César, necessitado de pôr nas mãos de
Catão um *billet-doux*, descobriu uma intriga com Servília, a própria
irmã de Catão, e aquele brilhante filósofo devolveu-o, indignado, e, no
azedume de sua cólera, chamou-o de bêbedo, como termo mais
oprobrioso do que aquele com o qual ele o poderia censurar.

Mas indústria, conhecimento e humanidade não são vantajosos
apenas na vida privada. Eles difundem a sua benéfica influência no
poder *público*, e tornam o governo tão grande e florescente quanto
fazem felizes e prósperos os indivíduos. O aumento e o consumo de
todos os artigos que servem para a ornamentação e para o prazer da
vida são vantajosos para a sociedade; isso porque, ao mesmo tempo
em que multiplicam aquelas gratificações inocentes aos indivíduos,
são uma espécie de *depósito* de trabalho, que, nas exigências do
Estado, podem ser convertidos em serviço público. Em uma nação
onde não há demanda por tais superfluidades, os homens se afundam
na indolência, perdem todo o desfrute pela vida e fazem-se inúteis
para o poder público, que não pode manter ou sustentar suas
esquadras e exércitos com a indústria de tais preguiçosos membros.

As fronteiras de todos os reinos europeus são, no presente, quase
as mesmas de há 200 anos: mas qual a diferença no poder e grandiosidade
desses reinos? Ela não pode ser atribuída a nada que não seja o incremento
da arte e da indústria. Quando Carlos VIII da França invadiu a Itália,
levou consigo cerca de 20 mil homens: essa armada exauriu de tal maneira
a nação, como sabemos por Guicciardini, que durante alguns anos ela
não foi capaz de fazer tão grande esforço. O falecido rei da França, em
tempos de guerra, manteve a paga de 400 mil homens[a], muito embora,
desde a morte de Mazarino até a sua própria, ele se envolveu em uma
seqüência de guerras que duraram quase 30 anos.

---

[a] A inscrição na Place-de-Vendome fala em 440 mil.

154 DAVID HUME

Essa indústria é em grande parte promovida pelo conhecimento inseparável das eras de arte e refinamento; como, por outro lado, esse conhecimento capacita o poder público a extrair as melhores vantagens da industriosidade de seus súditos. Leis, ordem, política, disciplina; essas jamais podem ser levadas a qualquer grau de perfeição antes que a razão humana seja ela própria refinada pelo exercício e por uma aplicação ao menos às artes mais vulgares do comércio e da manufatura. Podemos esperar que um governo seja bem constituído por um povo que não saiba como fazer uma roda de fiar, ou que não saiba como tirar proveito de um tear? Para não mencionar que todas as eras ignorantes estão infestadas de superstições, que desviam o governo da inclinação que lhe é própria e perturbam os homens na busca de seu interesse e felicidade.

O conhecimento nas artes do governo naturalmente gera brandura e moderação, pelo instruir dos homens nas vantagens de máximas humanas sobre rigor e austeridade, que conduzem os súditos à rebelião e os fazem retornar à submissão impraticável, ao cortar toda a esperança de perdão. Quando a têmpera dos homens é suavizada, e aprimorado o seu conhecimento, a sua humanidade aparece com freqüência ainda maior, sendo essa a característica principal a distinguir uma era civilizada dos tempos de barbárie e ignorância. As facções são então menos inveteradas, as revoluções menos trágicas, a autoridade menos severa, e as sedições menos freqüentes. Mesmo os estrangeiros são de menor crueldade, e após o campo de batalha, quando a honra e o interesse enrijecem os homens contra a compaixão e o medo, os combatentes se desinvestem da brutalidade e recuperam o homem.

Tampouco precisamos temer que os homens, ao perder sua ferocidade, percam também o seu espírito marcial, ou tornem-se menos destemidos e vigorosos na defesa de seu país ou de sua liberdade. As artes não exercem efeito algum em enervar a mente ou o corpo. Pelo contrário: a indústria, sua guardiã inseparável, a um e outro acrescenta renovada força. E o medo, de que se diz ser a pedra de toque da coragem, perde algo de sua aspereza pela polidez e pelo refinamento;

Ensaios Políticos 155

um senso de honra, que é um princípio de governo mais forte, mais constante e mais governável, adquire refrigério vigor pela elevação de gênio que surge do conhecimento e de uma boa educação. Acrescente-se a isso que a coragem não pode ter qualquer duração, nem ser de uso algum, se não se fizer acompanhar de disciplina e habilidade marcial, raramente encontradas entre um povo bárbaro. Os antigos observaram que os datames eram o único povo bárbaro que algum dia chegou a conhecer a arte da guerra. E Pirro, vendo os romanos conduzirem o seu exército com alguma arte e habilidade, exclamou, tomado pela surpresa: *esses bárbaros nada têm de bárbaros em sua disciplina!* Digno de nota é que os antigos romanos, aplicando-se tão-somente à guerra, foram praticamente o único povo não civilizado a um dia possuir disciplina militar; e é assim que, entre os europeus, os modernos italianos são o único povo civilizado que um dia careceu de coragem e espírito marcial. Quem atribuísse tal afeminação dos italianos a seu luxo, polidez ou aplicação às artes, bastaria que considerasse os franceses e ingleses, cuja bravura é tão inconteste quanto seu amor às artes e sua assiduidade no comércio. Os historiadores italianos dão-nos uma razão mais satisfatória para essa degeneração de seus camponeses. Eles nos mostraram como a espada havia derribado de uma só vez todos os soberanos italianos; enquanto a aristocracia veneziana era zelosa de seus súditos, a democracia florentina voltou-se inteiramente ao comércio; Roma foi governada por sacerdotes, e Nápoles, por mulheres. A guerra se tornou o negócio de soldados de fortuna, que poupavam um ao outro e, para espanto do mundo inteiro, poderiam se engalfinhar durante um dia inteiro no que chamavam "batalha", e retornar à noite para seu acampamento, sem a menor mácula.

O que mais seduziu austeros moralistas a reclamar contra o refinamento nas artes foi o exemplo da antiga Roma, que, desfrutando, à custa de sua pobreza e rusticidade, da virtude e do espírito público, elevou-se a tão surpreendente altura de grandeza e liberdade. Tendo, porém, conhecido, com suas províncias conquistadas o luxo asiático, incorreu em todos os tipos de corrupção; quando espocavam

156   DAVID HUME

sedições e guerras civis, podia-se esperar, ao final, a total perda da
liberdade. Todos os clássicos latinos, sobre os quais em nossa infância
passávamos os olhos algo desatentos, são plenos desses sentimentos,
e unânimes em atribuir a ruína de seu Estado às artes e riquezas
importadas do leste; é assim que Salústio representa um gosto pela
pintura como sendo um vício de não menos nocividade que o da
lascívia e o da beberagem. E tão populares eram esses sentimentos
durante os últimos períodos da república, que seu autor é pródigo em
louvores à velha e rígida virtude romana, embora ele próprio, essa
instância mais egrégia dos modernos luxo e corrupção, fale com
desdém da eloqüência grega, embora seja o mais elegante escritor
em todo o mundo. Ademais, emprega digressões e declamações
despropositadas, sendo um modelo de gosto e correção.

De todos os reinos europeus, parece ser a Polônia o mais defici-

Mas fácil seria provar que esses autores se equivocaram quanto
aos desmandos no Estado romano, atribuindo ao luxo e às artes o que
na verdade procedia de todo governo mal constituído e da extensão
ilimitada de suas conquistas. O refinamento dos prazeres e das
conveniências da vida não tende a naturalmente gerar a venalidade e a
corrupção. O valor, que todos os homens imputam a qualquer prazer
particular, depende da comparação e da experiência; um porteiro não
tem menos ganância por dinheiro, este que ele gasta em toucinho e
conhaque, do que um palaciano, em suas aquisições de champanha e
hortulanas. Riquezas são valiosas em todos os tempos e para todos os
homens, porque por elas sempre se adquirem prazeres a que os homens
estão acostumados, e também os que desejam. Coisa alguma pode
melhor restringir e regular o amor ao dinheiro do que o senso de honra
e virtude, que, se não é igual em todos os tempos, naturalmente abundará
em todas as eras de conhecimento e refinamento.

De todos os reinos europeus, parece ser a Polônia o mais deficiente nas artes da guerra como da paz, e nas artes mecânicas, como nas
liberais; ainda assim, naquele reino a venalidade e a corrupção prevalecem mais que tudo. Os nobres parecem ter preservado a sua coroa
eletiva para a finalidade única de vendê-la à maior oferta. Essa é quase
a única espécie de comércio com que seu povo está familiarizado.

Ensaios Políticos 157

As liberdades da Inglaterra, longe de uma decadência desde o aprimoramento das artes, jamais floresceu tanto quanto durante aquele período. E embora possa parecer que a corrupção tenha aumentado nos últimos anos, tal se deve atribuir sobretudo a nossa liberdade estabelecida, quando nossos príncipes descobriram a impossibilidade de governar sem parlamentos, ou de aterrorizar parlamentos pelo fantasma da prerrogativa. Isso para não mencionar que essa corrupção ou venalidade prevalece muito mais entre os eleitores do que entre os eleitos. Assim, com justeza ela não pode ser atribuída a quaisquer refinamentos em questões de luxo.

Se considerarmos a questão a uma luz apropriada, descobriremos que um progresso nas artes se faz um tanto favorável à liberdade, e tende naturalmente a preservá-la, se não produzir um governo livre. Em nações rudes e não polidas, onde as artes são negligenciadas, todo o trabalho é dedicado ao cultivo do solo; e a sociedade como um todo se divide em duas classes: proprietários de terra e seus vassalos ou inquilinos. Os últimos são necessariamente dependentes e passíveis de escravidão e sujeição, especialmente por não possuírem riquezas e não serem valorizados pelo seu conhecimento em agricultura, como sempre há de ser o caso onde as artes são negligenciadas. Os primeiros naturalmente se arvoram a tiranetes, e devem ou submeter-se a um mestre absoluto, tendo em vista a paz e a ordem, ou, se preservarem a sua independência, como os antigos barões, devem incorrer em rixas e disputas intestinas e lançar toda a sociedade em balbúrdia, talvez pior do que no governo mais despótico. Mas onde o luxo alimenta o comércio e a indústria, os camponeses, por um cultivo adequado da terra, tornam-se ricos e independentes, enquanto os homens de negócios e mercadores adquirem participação na propriedade e atraem autoridade e consideração para aquela classe mediana de homens, que são a base melhor e mais firme da liberdade pública. Esses não se submetem à escravidão, como os camponeses, de pobreza e mediocridade de espírito; e não possuindo esperanças de exercer sua tirania sobre outros, como é o caso dos barões, não ficam tentados, em consideração à sua gratificação, a se submeter à tirania de seu soberano. Cobiçam leis igualitárias, que possam garantir sua propriedade e preservá-los da tirania monárquica, bem como da aristocrática.

A casa dos comuns é o sustentáculo de nosso governo popular; e o mundo inteiro reconhece que isso se deve a sua grande influência e consideração no incremento do comércio, o qual lança o equilíbrio de propriedade nas mãos dos comuns. Quão inconsistente é, pois, culpar severamente um refinamento nas artes e representá-lo como forma de banir a liberdade e o espírito público!

Deplorar os tempos atuais e magnificar a virtude de remotos ancestrais é uma propensão quase que inerente à natureza humana: e como os sentimentos e opiniões de eras civilizadas por si sós são transmitidos à posteridade, depararmo-nos daí com juízos tão severos emitidos contra o luxo, e mesmo contra a ciência; e é assim que no presente damos tão pronto assentimento a eles. Mas a falácia é facilmente percebida comparando-se diferentes nações que são contemporâneas; quando ao mesmo tempo julgamos mais imparcialmente e melhor podemos opor aqueles costumes àqueles com que estamos suficientemente familiarizados. A traição e a crueldade, estes mais perniciosos e mais odiosos de todos os vícios, parecem peculiares às eras de não civilidade, e pelos refinados gregos e romanos eram atribuídas a todas as nações bárbaras que estavam à sua volta. Por essa razão, poderiam ter justamente presumido que seus próprios ancestrais, tão excelsamente celebrados, não possuíam nenhuma superior virtude, sendo tão inferiores a sua posteridade em honra e humanidade, como em gosto e em ciência. Um antigo franco ou saxão pode ser altamente exaltado; mas creio homem nenhum pensaria a sua vida ou fortuna muito menos segura nas mãos de um mouro ou de um tártaro, do que nas de um cavalheiro francês ou inglês, que compõem a classe de homens mais civilizados das nações mais civilizadas.

Chegamos agora ao *segundo* aspecto aqui proposto a título de ilustração, para compreender o modo como o luxo inocente, ou um refinamento nas artes e nas conveniências da vida oferece vanta-

Ensaios Políticos

gens ao poder público; desse modo, sempre que o luxo deixa de ser inocente, também deixa de ser benéfico, e quando avança ainda um grau, passa a ser uma qualidade perniciosa, mesmo não sendo de todas a mais perniciosa para a sociedade política.

Consideremos o chamado luxo vicioso. Nenhuma gratificação, ainda que sensual, pode ser tida como viciosa. Uma gratificação só é viciosa quando absorve todos os dispêndios de um homem e impede ações de dever e generosidade requeridos por sua posição e fortuna. Suponha-se que ele corrija o vício e empregue parte de seus esforços na educação dos filhos, no apoio aos amigos e no alívio dos pobres; disso resultaria algum prejuízo para a sociedade? Ao contrário, o mesmo consumo surgiria; e o trabalho que, no momento, é empregado somente em se produzir uma escassa gratificação para um homem, serviria de alívio aos necessitados e permitiria a satisfação de algumas centenas. O mesmo cuidado e labuta que produz um prato de favas no Natal alimentaria de pão toda uma família durante seis meses. Dizer que sem um luxo vicioso o trabalho não seria empregado de modo algum nada mais é que afirmar algum defeito na natureza humana, como a indolência, o egoísmo, a desconsideração aos demais; e para o luxo vicioso, em certa medida, produz um remédio, assim como um veneno pode ser um antídoto a outro. Mas a virtude, como um alimento saudável, é melhor do que venenos, ainda que haja antídotos para combatê-los.

Suponha-se certo número de homens, presentes na Grã-Bretanha, com o mesmo solo e clima; pergunto se não lhes é possível ser mais felizes pelo modo de vida mais perfeito que se possa imaginar e pela reforma, em maior amplitude, que a própria Onipotência poderia exercer em sua têmpera e disposição. Asseverar pela negativa pode parecer, evidentemente, ridículo. Assim como a terra parece capaz de manter mais do que todos os seus habitantes, jamais eles poderiam, em tal Estado utópico, ser acometidos de quaisquer outras doenças corporais; e essas não são metade das misérias humanas. Todas as outras doenças advêm do vício, em nós mesmos ou nos outros; e até mesmo muitas de nossas doenças procedem da mesma origem. Remova os vícios, e todas as doenças irão embora com eles. Remova-os em parte, e tudo pode piorar. Banindo o luxo *vicioso*, sem curar a preguiça e a indiferença para com os outros, só fará diminuir a indústria no Estado, e nada acrescentará à caridade dos homens ou à sua generosidade. Por essa razão, contentemonos com afirmar que dois vícios opostos em um Estado podem ser mais vantajosos do que um deles tomado em si só; mas guardemonos de pronunciar o vício como em si mesmo vantajoso. Não muito pecará por inconsistência o autor que asseverar em uma página serem as distinções morais invenções de políticos para o interesse público, mantendo na página seguinte que o vício é desvantajoso para o público?[b] E de fato parece que, em se tratando de um sistema de moralidade, é pouco menos que uma contradição em termos falar de vício, que em geral é benéfico para a sociedade.

Achei necessário esse arrazoar para lançar alguma luz à questão filosófica, alvo de tantas disputas na Grã-Bretranha. Eu lhe denomino questão *filosófica*, e não política. Pois o que quer que possa ser a conseqüência de tal miraculosa transformação da humanidade, dotála-ia de tal espécie de virtude e a livraria de toda espécie de vício; isso não preocupa o magistrado, que almeja tão-só possibilidades. Ele não pode curar um vício inserindo em seu lugar uma virtude. Não raro só pode curar um vício pelo outro; e nesse caso deve preferir o que é menos pernicioso à sociedade. O luxo, quando excessivo, é a fonte de muitos males; mas em geral ele é preferível à preguiça e à ociosidade, que comumente sucederiam em seu lugar e seriam mais danosas, tanto para pessoas privadas como para o poder público. Quando a preguiça reina, um modo de vida mesquinho prevalece entre os indivíduos, sem sociedade e sem desfrute. E se em tal situação o soberano demanda o serviço de tais súditos, o trabalho do Estado basta para fazer frente às necessidades da vida dos trabalhadores, sem nada poder proporcionar aos que são empregados no serviço público.

---

[b]Fábula das Abelhas.

ENSAIO QUINZE

Da moeda

A moeda não é propriamente um dos assuntos relativos ao comércio, mas tão-somente um instrumento combinado entre os homens para facilitar as trocas de um artigo pelo outro. Não chega a ser uma das engrenagens do comércio: é o óleo que suaviza e facilita o movimento das rodas. Se consideramos qualquer reino em si mesmo, fica evidente que a maior ou menor quantidade de moeda é isenta de conseqüências, uma vez que os preços de artigos são sempre proporcionais à quantidade de dinheiro, e uma coroa no tempo de Henrique VII servia à mesma finalidade que uma libra nos tempos atuais. É tão-somente o *poder público* que extrai alguma vantagem da maior quantidade de dinheiro, e só o faz em suas guerras e negociações com Estados estrangeiros. E essa é a razão pela qual países ricos e mercadores, de Cartago e da Grã-Bretanha à Holanda, empregaram tropas mercenárias, que alugavam de vizinhos mais pobres. Se fizessem uso de seus súditos nativos, encontrariam menos vantagem de seus superiores ricos e da maior parte de ouro e prata, uma vez que a paga de todos os seus servos deve se elevar proporcionalmente à opulência pública. Nosso pequeno exército na Grã-Bretanha, de cerca de 20 mil homens é mantido às expensas do exército francês, duas vezes mais numeroso. A esquadra inglesa, durante a última guerra, demandou tanta quantidade de moeda para sustentá-lo quanto as legiões romanas, que na época dos imperadores sujeitaram o mundo inteiro[a].

---

[a] Um soldado particular na infantaria romana recebia um denário por dia, o que equivale a um pouco menos do que oito centavos de libra. Os

Maior número de pessoas e maior indústria fazem-se úteis em todos os casos; interna como externamente, nos negócios privados, como no poder público. Mas a maior parte do dinheiro muito se limita a seu uso, podendo por vezes ser uma perda para uma nação em seu comércio com estrangeiros.

Parece haver uma concorrência feliz de causas em assuntos humanos, ao limitar o crescimento dos negócios e riquezas, e impedilos de serem confinados inteiramente a um povo; como pode à primeira vista naturalmente haver um receio das vantagens de um comércio estabelecido. Quando uma nação excede a outra em comércio, para a última é muito difícil recuperar o terreno perdido, por causa da industriosidade e habilidade superior da primeira, e dos maiores estoques, de posse de seus mercadores, e que os capacitam a negociar por lucros muito menores. Mas essas vantagens são compensadas, em certa medida, pelo preço baixo do trabalho em cada nação que não dispõem de um comércio extensivo e que não abunda em ouro e prata. Os manufatureiros, por essa razão,

---

imperadores romanos normalmente tinham de pagar 25 legiões por dia, o que, cada legião permitindo 5 mil homens, perfazia 125 mil. Tácito Ann. Lib. IV. É bem que também havia auxiliares nas religiões; mas seus números eram incertos, bem como sua paga. Para considerar somente os legionários, a paga dos homens privados não poderia exceder 1, 6 milhões de libras. Hoje, o parlamento na última guerra concedeu à esquadra 2,5 milhões. Por isso, temos 900 mil a mais para os oficiais e suas despesas que as legiões romanas. Parece ter havido poucos oficiais nos exércitos romanos, em comparação ao que é empregado em nossas tropas modernas, à exceção de algumas unidades suíças. E esses oficiais eram muito mal pagos. Um centurião, por exemplo, recebia apenas o dobro de um soldado comum. E, uma vez que os soldados compravam com seu próprio pagamento (Tácito. Ann lib. I) as suas próprias vestimentas, tendas e bagagem, isso deveria diminuir consideravelmente os outros encargos do exército. Tão pouco dispendioso era aquele poderoso governo, e tão fácil era impor o seu jugo sobre o mundo. E na verdade essa é a conclusão mais natural dos cálculos precedentes. Pois o dinheiro, após a conquista do Egito, parece ter sido quase tão abundante em Roma quanto o é no presente nos reinos mais ricos da Europa.

ENSAIOS POLÍTICOS

163

gradualmente mudam de lugar, deixando seus países e províncias que já os enriqueceram e passando para outros, que os atraem pelo baixo preço de seus insumos e de seu trabalho, até que por eles também se enriqueçam e dali se retirem e se façam banir pelas mesmas causas. E, de um modo geral, podemos observar que a carestia de todas as coisas, demandando moeda em profusão, é uma desvantagem que atende a um comércio estabelecido e lhes impõe limites em todo país, fazendo com que os Estados mais pobres vendam menos que os ricos em todos os mercados estrangeiros.

Isso suscitou em mim uma dúvida a respeito do benefício de *bancos* e de *notas de créditos*, tantas vezes estimados vantajosos a tantas nações. Tais provisões e trabalho devem se tornar mais caros pelo aumento do comércio e da moda, sendo, em muitos aspectos um inconveniente, mas um inconveniente inevitável, e o efeito da riqueza e da prosperidade do poder público que são o fim de todos os nossos desejos. É compensado pelas vantagens que colhemos da posse desses metais preciosos e do peso que eles concedem à nação em todas as guerras e negociações com o estrangeiro. Mas parece não haver razão para se aumentar aquela inconveniência por uma moeda contrafeita, que os estrangeiros não aceitarão por pagamento nenhum, e que qualquer grande convulsão no Estado reduziria a nada. É bem verdade que existem muitas pessoas em todos os Estados ricos que, dispondo de grandes somas de moeda, prefeririam a segurança de papéis, por serem de mais fácil transporte e de mais fácil custódia. Se o poder público não fornece um banco, banqueiros privados extrairão vantagem dessa circunstância; como os ourives antigamente faziam em Londres ou os banqueiros atualmente em Dublin. Por essa razão é melhor, pode se pensar, que uma companhia pública deva desfrutar dos benefícios de um crédito por papéis, que sempre terão lugar em qualquer reino opulento. Mas esforçar-se por aumentar artificialmente tal crédito nunca poderá ser do interesse de qualquer nação mercadora, já que a coloca em situação de desvantagem, aumentando o dinheiro para além de sua proporção natural de trabalho e aos artigos, por essa razão elevando o seu preço para o mercador e para o manufatureiro. Nessa perspectiva, deve se conceder que nenhum banco poderia ser mais vantajoso que aquele que guarda todo o dinheiro que recebeu[b], sem nunca ter aumentado a moeda em circulação, como usualmente ocorre com o retorno de seu tesouro para o comércio. Um banco público, por esse expediente, pode em muito reduzir as transações de banqueiros privados e de negociantes; e embora o Estado arque com os encargos de salários para os diretores e contadores desse banco (pois, de acordo com a suposição precedente, não haveria lucro a advir de tais transações), a vantagem nacional, resultando do baixo preço do trabalho e da destruição de papéis de crédito, seria uma compensação suficiente. Para não mencionar que uma grande soma ao seu dispor seria uma conveniência em tempos de grande risco e tensão para o público, e que parte dela poderia ser reutilizada para o lazer, quando a paz e a tranqüilidade fossem restauradas na nação.

Mas quanto a esse tema referente a notas de crédito, trataremos alhures com mais vagar. E concluirei este ensaio sobre a moeda, propondo e explicando duas observações que possam servir para empregar os pensamentos de nossos políticos especulativos.

Foi uma observação arguta de Anacarso[c] da Cítia, que jamais viu moeda em seu próprio país, segundo a qual o ouro e a prata lhe pareciam não ter qualquer utilidade para os gregos que não fosse a de auxiliá-los na numeração e na aritmética. E de fato é evidente que o dinheiro nada mais é do que a representação do trabalho e das mercadorias, e serve tão-somente como um método para avaliálos e estimá-los. Onde o metal é mais abundante, em quantidade maior ele é requerido para representar a mesma quantidade de bens; ele não terá efeito algum, bom ou ruim, se se tomar uma nação no âmbito de seus próprios limites; tampouco se teria qualquer alteração

---

[b] É esse o caso com o banco de Amsterdã.

[c] Plutarco. *Quomodo, quis suos profetus in virtute sentire possit.*

ENSAIOS POLÍTICOS

165

no livro de algum mercador se, em vez do método arábico de notação, que requer poucos caracteres, se fizesse uso do romano, que os requer muitos mais. Pois a grande quantidade de moeda, como a profusão dos caracteres romanos, tende mais a ser inconveniente e suscita maior problema tanto para a sua guarda como para que seu transporte. Não obstante essa conclusão, cuja justeza podemos bem admitir, é certo que, desde a descoberta das minas na América, a indústria incrementou-se em todas as nações da Europa, exceto nas possuidoras de tais minas, e isso se pode atribuir, entre outras razões, ao aumento do ouro e da prata. Dessa forma achamos que, em cada reino para o qual a moeda começa a afluir em maior abundância do que antes, todas as coisas tem uma nova face; o trabalho e a indústria ganham vida; o mercador se torna mais empreendedor, o manufatureiro, mais diligente e habilidoso, e mesmo o agricultor conduz o seu arado com maior alacridade e atenção. Isso não é algo de fácil explicação se considerarmos somente a influência que a maior abundância do metal tem no reino tomado em si mesmo, pelo elevar do preço das mercadorias e por obrigar a todos que paguem um maior número de peças amarelas ou brancas por cada coisa que compram. E para o comércio exterior, assoma-se a maior quantidade de moeda como desvantajosa, por elevar o preço de cada tipo de trabalho.

Para dar conta deste fenômeno, deve-se então considerar que, não obstante o alto preço de mercadorias seja uma conseqüência necessária do aumento do ouro e da prata, ainda assim ele não se segue imediatamente de seu aumento; mas algum tempo é requerido antes que o dinheiro passe a circular por todo o Estado e faça sentir o seu efeito em todas as classes do povo. De início, nenhuma alteração é percebida; em graus o preço se eleva, primeiro o de uma mercadoria, depois o de outra, até que o todo por fim alcance uma justa proporção com a nova quantidade de espécie que há no reino. Em minha opinião, é tão-somente no intervalo ou na situação intermediária entre a aquisição da moeda e a alta de preços que a quantidade em elevação de ouro e prata favorece a indústria. Quando qualquer quantidade de moeda é importada para uma nação, de início ela não é dispersada em muitas mãos, mas sim é confinada aos cofres de umas poucas pessoas, que imediatamente buscam tirar daí alguma vantagem. Supomos daí que um grupo de manufatureiros ou mercadores tenham recebido retornos em ouro e prata por mercadorias que enviaram a Cadiz. Com isso, empregam mais trabalhadores do que antes, e estes já não podem sonhar em receber soldos mais altos, mas são gratos por serem empregados por patrões tão generosos. Se os trabalhadores se tornam escassos, o manufator lhe concede soldos mais altos, mas antes disso exige um incremento na produtividade, o que o artesão de bom grado aceita, pois agora pode comer e beber melhor do que antes, compensando a labuta e fadiga adicionais. Leva a sua moeda ao mercado, onde encontra todas as coisas ao mesmo preço que antes, mas volta de lá com maiores quantidades de melhores tipos, para o usufruto de sua família. O agricultor e o jardineiro, vendo ser absorvidas todas as suas mercadorias, aplicam-se com alacridade a produzir mais; e ao mesmo tempo podem se proporcionar mais e melhores roupas junto a seus comerciantes, e delas o preço é o mesmo que antes se tinha, sendo a sua indústria apenas aguçada com tais novos ganhos. É fácil seguir a trajetória da moeda em seu avançar por toda a república; nisso vemos que ela primeiro atila a diligência de cada indivíduo, antes de aumentar o preço do trabalho.

Que a espécie deva aumentar a um grau considerável antes de chegar a esse último efeito, eis algo que se evidencia, dentre outros exemplos, pelas freqüentes operações do rei da França sobre a moeda, pelas quais sempre se descobre que o aumento do valor do numerário não produziu um aumento proporcional nos preços, ao menos durante algum tempo. No último ano de Luís XIV, a quantidade de moeda aumentou em três sétimos, mas os preços aumentaram apenas um. O metal na França é hoje vendido ao mesmo preço ou pelo número de libras francesas que o era em 1683, embora a prata estivesse então em 30 libras francesas por marco, estando hoje a 50^{d}. Isso para não

---

[d] Menciono esses fatos com base na autoridade do Monsenhor du Tot, em suas *Reflexões políticas*, muito embora eu deva confessar que os fatos que

ENSAIOS POLÍTICOS

167

mencionar o grande acréscimo em ouro e prata que deve ter entrado no reino desde o período anterior.

De todo esse raciocínio podemos concluir que não há de ter a menor conseqüência a maior ou menor quantidade de moeda no que diz respeito à felicidade interna de um Estado. A boa política do magistrado consiste somente em mantê-la, se possível, permanentemente aumentando, pois isso significa manter vivo um espírito de indústria na nação, e um aumento na reserva de trabalho, e nisso consiste todo o real poder e as riquezas. Uma nação cuja moeda decresce é, na verdade, no tempo em que ela decresce, mais fraca e mais miserável do que outra nação que já não possui moeda, mas encontra-se na via ascendente. Disso facilmente nos daremos conta se consideramos que as alterações na quantidade de moeda, de um lado ou de outro, não se fazem imediatamente acompanhar de alterações proporcionais no preço das mercadorias. Há sempre um

---

avento em outras ocasiões se afiguram não raro tão duvidosos, que chegam a dirimir sua autoridade a respeito. No entanto, a observação geral de que o aumento da moeda na França não fez aumentar proporcionalmente os preços certamente faz jus à verdade.

Quanto a isso, parece se ter aí uma das melhores razões para um aumento gradual e universal do dinheiro, embora tal aumento tenha sido completamente ignorado em todos aqueles volumes que têm sido escritos sobre o assunto por Melon, por du Tot e Paris de Verney. Se, por exemplo toda a nossa moeda fosse recunhada, e o valor de um pêni de prata fosse retirado de cada xelim, o novo xelim provavelmente adquiria cada coisa que pudesse ser comprada pelo antigo; os preços de todas as coisas, seriam, por causa disso, insensivelmente diminuídos; o comércio exterior, vivificado, e a indústria interna, pela circulação de maior número de pênis e xelins, receberia algum incremento e incentivo. Ao executar tal projeto, melhor seria fazer o xelim passar para 24 meios pênis, a fim de preservar a ilusão e fazê-lo ser aceito como se fosse o mesmo. E, uma vez que a recunhagem de nossa prata já começa a ser requisitada, dada a contínua deterioração dos xêlins e meio-xêlins, duvidoso pode ser o imitar do exemplo do reinado de Guilherme, quando a moeda cerceada foi alçada ao padrão antigo.

168   DAVID HUME

intervalo antes de as questões se ajustarem a sua nova situação; e esse intervalo é pernicioso para a indústria quando ouro e prata estão em diminuição, como é vantajoso quando esses metais estão aumentando. O trabalhador não tem o mesmo emprego do manufator e do mercador, embora pague o mesmo preço por tudo o que encontre no mercado. O agricultor não pode dispor de seu milho e de seu gado, mas tem de pagar o mesmo aluguel a seu senhorio. A pobreza, a mendicância e a preguiça, que sempre hão de se seguir, são facilmente previstas.

A segunda observação que proponho aqui no tocante à moeda pode ser explicada da seguinte maneira. Existem alguns reinos, e muitas províncias na Europa (e todas as que um dia estiveram na mesma condição) onde o dinheiro é tão escasso, que o senhorio nada obtém de seus locatários, mas é obrigado a receber o seu aluguel em espécie, para então ou consumi-la ou então transportá-la para locais onde encontre mercado. Nesses países pode o príncipe arrecadar pouco ou nenhum imposto, mas da mesma maneira: e uma vez que escasso benefício recebe das imposições pagas dessa maneira, é evidente que tal reino, mesmo em casa, pouca força tem; e não pode manter esquadras e exércitos na mesma proporção, como se cada um de seus rincões abundasse em ouro e prata. Certamente há uma desproporção maior entre as forças da Alemanha, no presente e de há três séculos[e] do que a que se tem na indústria, no povo e nas manufaturas. Os domínios austríacos no império são em geral bem povoados e bem cultivados, e são de maior extensão, mas não tem peso proporcional no equilíbrio da Europa, procedendo, como não raro se supõe, da escassez de moeda. De que modo todos esses fatos concordam com aquele princípio de razão, segundo o qual a

---

[e] Os italianos deram ao imperador Maximiliano o apelido de Pocci-Danari. Nenhum dos empreendimentos do príncipe chegou a bom termo, por escassez de moeda.

Ensaios Políticos

169

quantidade de ouro e prata é em si completamente indiferente? De acordo com aquele princípio, sempre que um soberano tem numerosos súditos, e esses com abundância de mercadorias, é claro que ele deve ser grande e poderoso, e os seus, ricos e felizes, independentemente da maior ou menor quantidade de metais preciosos. Esses metais admitem divisões e subdivisões em grande extensão; e onde as peças se tornam tão pequenas a ponto de correr o risco de serem perdidas é fácil misturar o ouro e a prata com um metal mais básico, tal como se pratica em alguns países da Europa; assim, confere-se às peças mais significativo e conveniente volume. Elas ainda servem às mesmas finalidades de troca, qualquer que seja o seu número ou qualquer que seja a cor que supostamente tenham.

A essas dificuldades, respondo que o efeito, que aqui supostamente flui da escassez de moeda, na verdade se origina dos usos e costumes do povo, e de maneira equívoca tomamos, como é bem usual, um efeito colateral pela causa. A contradição é apenas aparente, mas requer algum pensamento e reflexão para descobrir os princípios, pelos quais podemos reconciliar *razão* e *aparência*.

Afigura-se máxima quase evidente que os preços de todas as coisas dependam da proporção entre mercadorias e dinheiro, e que qualquer alteração considerável em qualquer desses tenha o mesmo efeito, ou na elevação ou no decréscimo do preço. Aumentando as mercadorias, elas se tornam mais baratas; aumentando o dinheiro, eles aumentam em seu valor. Assim como, por outro lado, uma diminuição do primeiro, e a do último, terão tendências contrárias.

Também é evidente que os preços não tanto dependem da quantidade absoluta de mercadorias e de moeda que se tenham em uma nação, e sim mais da de mercadorias que afluem ou podem afluir no mercado, e da moeda que ali circula. Se o metal for mantido em cofres, o mesmo se dá com relação aos preços, como se fossem aniquilados; se as mercadorias forem estocadas em paióis e celeiros, segue-se efeito semelhante. Uma vez que nesse caso dinheiro e mercadorias não se encontram, tampouco se afetam entre si. Se em qualquer tempo elaborarmos conjecturas a respeito do preço de provisões, o milho, que o agricultor deve reservar para a semente e para a subsistência sua e de sua família, jamais chegará a entrar nas estimativas. É tão-só o excedente, comparado à demanda, que determina o valor.

Para aplicar esses princípios devemos considerar que, nas eras primeiras e mais cultivadas de qualquer Estado, antes de a fantasia misturar suas necessidades às da natureza, os homens, satisfeitos com a produção de seus próprios campos ou com as rudimentares melhorias que eles próprios podem a ela aplicar, têm pouca necessidade de torça, ao menos no que diz respeito à troca por moeda, essa que, por acordo, é a medida comum de troca. A lã do rebanho do agricultor basta para o fiar que se destina à sua família, e os fios são torcidos por um tecelão da vizinhança, que recebe o seu pagamento em milho e em lã, na medida suficiente para a sua mobília e vestimenta. O carpinteiro, o ferreiro, o alvanel, o alfaiate são mantidos com salários da mesma natureza; e o próprio senhorio, habitando nas redondezas, contenta-se em receber o seu aluguel em mercadorias que têm sua origem no próprio agricultor. A maior parte dessas ele consome no próprio lar, na rusticidade de sua própria hospitalidade: o resto, talvez ele o disponha por dinheiro nas cidades vizinhas, do que extrai os poucos materiais para suas despesas e seu luxo.

Mas após os homens começarem a refinar todos esses desfrutes e viverem nem sempre em casa, e tampouco se satisfazerem com o que pode ser obtido na vizinhança, há mais troca e comércio de todos os tipos, e mais moeda entra em circulação. Os negociantes não serão pagos em milho, porque já querem mais do que o simplesmente comer. O agricultor vai além de seu quintal para as mercadorias que ele adquire, e nem sempre pode levar seus artigos ao mercador que o abastece. O senhorio vive na capital ou em algum país estrangeiro, e exige o seu aluguel em ouro e prata, que podem ser facilmente transportados até ele. Grandes empreendedores e manufatores, e mercadores, surgem para todos os artigos; e em nome da conveniência todas as transações só são feitas em espécie. Conseqüentemente, nessa situação de sociedade, o milho entra em muito mais contratos, e assim se faz muito mais empregado do que antes.

Pelo efeito necessário se tem que, contanto que a quantidade de moeda não aumente na nação, todas as coisas devem se tornar muito mais baratas em épocas de industriosidade e refinamento do que em eras rudes e não-cultivadas. É a proporção entre a moeda em circulação e as mercadorias no mercado que determina os preços. Bens consumidos em casa, ou trocados com outros bens na vizinhança, jamais chegam ao mercado, e nem minimamente afetam a espécie corrente. Aliás, são quanto a isso inteiramente nulos; e assim, esse método de utilizá-los faz pender a proporção para o lado das mercadorias, provocando um aumento de preços. Mas uma vez a moeda aparecendo já em contratos e vendas, sendo por toda a parte a medida de força, essa mesma moeda de troca nacional tem a cumprir uma tarefa já bem maior; todas as mercadorias encontram-se então no mercado; amplia-se a esfera de circulação; é como se aquela soma individual devesse servir a um reino maior; por essa razão, a proporção sendo aqui reduzida no que tange à moeda, todas as coisas devem se tornar mais baratas, e os preços caem gradativamente.

Pelos cálculos mais exatos realizados em toda a Europa, após se levar em conta a alteração no valor do numerário ou na denominação, descobriu-se que os preços de todas as coisas elevaram-se apenas três vezes, ou no máximo quatro, desde a descoberta das Índias Ocidentais. Mas quem iria negar que há muito mais do que quatro vezes o metal na Europa do que o havia no século XV e nos que o precederam? Os espanhóis e portugueses com suas minas, os ingleses, franceses e holandeses com o seu comércio africano e com seus traficantes nas Índias Ocidentais, trouxeram para casa cerca de seis milhões por ano, dos quais não mais que um terço vai para as Índias. Essa soma sozinha, em dez anos, provavelmente duplicaria a antiga reserva de moeda na Europa. E nenhuma outra razão satisfatória pode ser dada para todos os preços não terem se elevado a patamar tão exorbitante, exceto aquela derivada de uma mudança de costumes e maneiras. Sem falar que mais mercadorias são produzidas pela indústria adicional, as mesmas mercadorias afluindo mais ao mercado, depois de os homens terem abandonado a velha simplicidade de costumes. E embora esse crescimento não tenha igualado o da moeda, ele tem, contudo, sido considerável e preservado a proporção entre moeda e mercadorias a níveis próximos do padrão antigo.

E se se propusesse questão sobre qual desses modos de vida, o simples ou o refinado, é o mais vantajoso para o Estado ou para o público? Sem muito escrúpulo eu daria preferência ao último, ao menos quanto à política; e ainda o produziria como razão adicional para o incentivo do comércio e da manufatura.

Enquanto os homens vivem à maneira simples e antiga, e suprem todas as suas necessidades com a indústria interna ou aquela que provém da vizinhança, o soberano não pode arrecadar impostos em moeda de uma parte bem considerável de seus súditos; e se sobre eles impor quaisquer encargos, deverá aceitar pagamentos em mercadorias, essa coisa única de que dispõem: um método acompanhado de tão grandes e óbvias inconveniências, que nelas não é preciso insistir. Toda moeda que pretender reunir deve ser de suas cidades principais, pois só ali ela circula; e tais cidades, como é evidente, não podem provê-la como o poderia um Estado como um todo, se ouro e prata circulassem nele inteiro. Mas além dessa óbvia diminuição de renda, há outra causa da pobreza do poder público em tal situação. Não só o soberano recebe menos moeda, mas a mesma moeda não serve para tanto como em tempos de indústria e de comércio geral. Toda coisa é mais cara quando ouro e prata são supostos iguais, e isso porque menos mercadorias chegam ao mercado, e o metal como um todo contém uma proporção mais elevada do que pode ser comprado com ela; e tão-só por meio disso os preços de todas as coisas são fixados e determinados.

Aqui podemos nos aperceber da falácia da observação, comum entre os historiadores mesmo nas conversas corriqueiras, de que

Ensaios Políticos

173

qualquer Estado particular é fraco, ainda que fértil, populoso e bem culto, meramente pela escassez de moeda. Mas ao que parece a escassez de moeda em si mesma jamais há de prejudicar Estado algum: pois homens e mercadores são as forças reais de qualquer comunidade. São os modos simples de vida que se fazem nocivo ao poder público, confinando o ouro e a prata em poucas mãos e evitando a sua difusão e circulação universal. E ao contrário, a indústria e os refinamentos de todos os tipos corporificam-se por todo o Estado, por reduzida que seja a sua quantidade: há uma assimilação, por assim dizer, em cada veia, e faz com que participem de toda transação e contrato. Mão alguma encontra-se deles de todo desprovida. E como caem por meio disso os preços de todas as coisas, o soberano tem dupla vantagem: por seus impostos, de cada canto do Estado pode obter moeda; e o que recebe, aplica em cada compra e pagamento.

De uma comparação de preços podemos inferir que a moeda não é tão abundante na China quanto era na Europa há três séculos: mas que imenso poder possui aquele império, a julgar pelos civis e militares por ele mantidos? Políbio[f] nos diz que tão baratas eram as provisões na Itália em seu tempo, que em alguns lugares o preço estipulado de uma refeição nos albergues era o de um *semis* por cabeça, pouco mais do que um quarto de pêni! E ainda assim o poder romano já havia subjugado todo o mundo conhecido. Cerca de um século antes daquele período, o embaixador cartaginês disse, em tom de zombaria, que povo algum convivia tão sociavelmente como os romanos; pois em todo evento em que recebiam, na condição de ministros estrangeiros, ainda observavam o mesmo lugar à mesa[g]. A quantidade absoluta de metais preciosos é uma questão de grande indiferença. Há somente duas circunstâncias de alguma importância, quais sejam, o seu aumento gradual, e sua com-

---

[f] Lib. II. cap. 15
[g] Plin. lib. XXXIII, cap. 11.

pleta disseminação e circulação pelo Estado; e a influência de ambas essas circunstâncias foi aqui explicada.

No Ensaio a seguir, veremos um exemplo de semelhante falácia, como a que foi acima observada, onde um efeito colateral é tido por causa, e onde uma conseqüência é atribuída à moeda em profusão, muito embora ela se deva a uma mudança nos usos e costumes do povo.

ENSAIO DEZESSEIS

Dos Juros

Nada há que seja considerado sinal mais certo da condição fluorescente de qualquer nação do que os juros baixos: e com razão; mas acredito que a causa esteja em algo diferente da que é comumente apreendida. Mas a moeda, ainda que abundante, não tem outro efeito, *se fixada*, do que a elevação do preço do trabalho. A prata é mais comum do que o ouro; por essa razão recebe-se dela maior quantidade pelas mesmas mercadorias. Mas paga-se menos juros por ela? Os juros na Batávia e na Jamaica são de 10 *por cento*. Em Portugal, ele é de 6, embora esses lugares, como podemos saber pelos preços de todas as coisas, possuem mais ouro e prata do que Londres ou Amsterdã.

Se todo o ouro da Inglaterra fosse aniquilado de uma só vez, e um xelim e vinte substituísse o guinéu, seria mais abundante a moeda ou seriam mais baixos os juros? Certamente que não: apenas estaríamos a usar a prata em vez do ouro. Se o ouro se tornasse tão comum quanto a prata, e a prata tão comum quanto o cobre, seria mais abundante a moeda ou os juros seriam mais baixos? Seguramente podemos dar a mesma resposta. Nossos xelins seriam então amarelos, e branco o nosso meio centavo; e não teríamos guinéus. Nenhuma outra diferença se faria observar; nenhuma alteração no comércio, nas manufaturas, na navegação ou nos juros; a não ser se imaginarmos que a cor do metal possa ter alguma importância.

Ora, o que é tão visível nessas grandes variações de escassez e abundância nos preciosos metais deve valer para todas as mudanças menores. Se o multiplicar quinze vezes de ouro e prata não faz diferença alguma, muito menos o farão a sua duplicação e a sua triplicação. Todo aumento não tem qualquer outro efeito além da elevação do preço do trabalho e das mercadorias; e mesmo essa variação é pouco mais do que nominal. No avanço rumo a essas mudanças, o aumento pode exercer alguma influência por tornar mais pujante a indústria; mas depois que os preços estiverem estabelecidos, adequados à nova abundância de ouro e prata, cessa toda a influência.

Um efeito sempre é proporcional a sua causa. Os preços se elevaram quase quatro vezes desde a descoberta das Índias, e é provável que ouro e prata tenham se multiplicado muito mais: mas os juros não caíram muito além da metade. Por essa razão, a taxa de juros não advém da quantidade de metais preciosos.

A moeda tendo um valor especialmente fictício, sua maior ou menor abundância não há de ter nenhuma conseqüência, se tomarmos uma nação em si mesma; e a quantidade de espécie, uma vez fixada, por maior que seja, não tem outro efeito que não o de obrigar cada um a entregar um número maior dessas reluzentes peças de metal em troca de roupas, mobiliário ou utensílio, sem incorrer na aquisição de qualquer artigo de conveniência. Se um homem faz um empréstimo em moeda para construir uma casa, leva consigo um grande peso, porque a pedra, a madeira, o chumbo, o vidro etc., com o trabalho dos pedreiros e carpinteiros, fazem-se representar por uma quantidade maior de ouro e prata. Mas como esses metais são considerados sobretudo como representações, não podem haver quaisquer alterações surgidas de seu volume ou quantidade, de seu peso ou de sua cor, seja em seu valor real, seja nos juros sobre eles. Os mesmos juros, em todo os casos, trazem a mesma proporção da soma. E quem me empresta muito trabalho e muitas mercadorias, recebendo cinco *por cento*, sempre receberá trabalho e mercadorias proporcionais, como quer que sejam representados, seja por moeda amarela, seja por branca, por uma libra ou por uma onça. Em vão,

Ensaios Políticos

pois, se buscará uma causa da queda ou da elevação dos juros na quantidade maior ou menor de ouro e prata, fixada em qualquer nação.

Os juros altos surgem de *três* circunstâncias: uma grande demanda por empréstimos; poucas riquezas para suprir essa demanda; e grandes lucros surgidos do comércio. E essas circunstâncias são uma prova clara do pequeno avanço do comércio e da indústria, e não da escassez de ouro e prata. Juros baixos, por outro lado, procedem de três circunstâncias opostas: uma pequena demanda por empréstimos; grandes riquezas para suprir a demanda; e pequenos lucros advindos do comércio: e essas circunstâncias encontram-se todas conectadas, e procedem do incremento da indústria e do comércio. Havemos de nos esforçar para demonstrar esses pontos, iniciando com as causas e efeitos de uma grande ou pequena demanda por empréstimo.

Quando um povo emerge um pouco de um Estado selvagem, com seus números tendo crescido para além da multidão original, surgirá de imediato uma desigualdade de propriedade; e se alguém possuir maiores extensões de terra, outros estarão confinados em estreitos limites, e alguns estarão completamente desprovidos de propriedade fundiária. Os que possuem mais terras do que nelas conseguem trabalhar empregam os que não possuem nenhuma, e concordam em receber determinada parte do produto. Assim, o interesse *fundiário* é imediatamente estabelecido; e não há governo, por rude que seja, em que tal situação não exista. Desses proprietários de terra, alguns podem mostrar têmpera diferente de outros; enquanto uns de bom grado estocam a produção da terra para o futuro, outros desejam consumir de pronto o que deveria bastar para muitos anos. O consumo de um rendimento estabelecido é um modo de vida isento de ocupação; mas os homens vivenciam a necessidade de algo em que possam se engajar e envolver-se, tornando-se os prazeres o objetivo da maior parte dos proprietários de terra, de modo que os pródigos serão sempre mais numerosos que os miseráveis. Por essa razão, em um Estado onde nada há além do juro fundiário tem-se pouca frugalidade, os empréstimos são muito numerosos, e a taxa de juros deve lhes ser proporcional. A diferença não depende da quantidade de moeda, mas dos hábitos e costumes que forem prevalecentes. Tão-somente por isso a demanda por empréstimo é aumentada ou diminuída. Se a moeda for abundante a ponto de um ovo custar seis centavos, e se existirem no Estado apenas uma nobreza fundiária e camponeses, serão numerosos os empréstimos e elevados os juros; mas onerosa e volumosa seria a locação de uma fazenda. Mas a ociosidade do senhorio, aliada ao alto preço das mercadorias, anularia esse empréstimo e produziria a mesma necessidade e demanda por empréstimos.

O caso não é diferente no que diz respeito à *segunda* circunstância que nos propomos a considerar, qual seja, as grandes ou pequenas riquezas para suprir a demanda. Esse efeito também depende dos hábitos de vida do povo, e não da quantidade de ouro e prata. Para se ter, em qualquer Estado, grande número de emprestadores, uma grande profusão de metais preciosos não basta, e tampouco é necessária. Requer-se tão-somente que a propriedade ou o comando da quantidade de propriedade que existe no Estado, seja maior ou menor, concentre-se em mãos particulares, de modo a formar somas consideráveis ou compor grande juro monetário. Isso dá origem a alguns emprestadores, e absorve a taxa de usuária, o que, aventuro-me a afirmar, não depende da quantidade de espécie, mas de maneiras e costumes particulares, que fazem a espécie se reunir em somas ou massas separadas de considerável valor.

Suponha-se que, por algum milagre, todo homem na Grã-Bretanha deva embolsar cinco libras em uma mesma noite. O efeito disso seria muito mais do que duplicar todo o dinheiro existente no reino, e no entanto não haveria no dia seguinte, e depois ainda por algum tempo, nem mais emprestadores, nem variação nos juros. E se houvesse apenas senhorios e camponeses no Estado, essa moeda, por abundante que fosse, jamais poderia se reunir em somas; só serviria para aumentar os preços de todas as coisas, sem quaisquer conseqüências adicionais. O senhorio pródigo a dissipa com a mesma

ENSAIOS POLÍTICOS

rapidez que a recebe; e o camponês mendicante não tem meios, nem visão, nem a ambição de obter algo acima do mero necessário para a sua subsistência. Se o excedente dos que contraem empréstimos ainda continuar o mesmo, não se seguirá nenhuma redução de juros. Isso depende de outro princípio; e deve proceder de um aumento da indústria e da frugalidade, das artes e do comércio.

Na vida do homem, tudo o que é útil provém do solo; mas poucas coisas surgem nas condições requeridas para que sejam úteis. Por essa razão, além dos camponeses e dos proprietários de terra, tem de haver outra classe de homens, que, recebendo dos primeiros os materiais rudes, trabalham neles até que atinjam a forma adequada, retendo parte para o seu próprio uso e subsistência. Na infância da sociedade, esses contratos entre os artesãos e camponeses, e entre uma e outra espécie de artesões, geralmente se instituíam entre as pessoas que, dado serem vizinhas, conheciam as necessidades umas das outras e direcionavam mútuo auxílio para supri-las. Mas com o incremento da indústria dos homens, e com a ampliação de suas vistas, eles se apercebem que as partes mais remotas do Estado podem assistir umas às outras tanto quanto as mais contíguas, e que esse intercurso pode ser ampliado e complexificado. Daí a origem dos *mercadores*, uma das espécies mais úteis entre os homens, servindo como agentes entre as partes do Estado não de todo familiarizadas entre si e ignorantes quanto às necessidades uma da outra. Existem na cidade 50 trabalhadores de seda e linho, para mil clientes; essas classes de homens, tão necessárias umas às outras, jamais se encontram até que um homem estabelece uma loja, e a ela acorrem todos os trabalhadores e consumidores. Em uma província, a grama cresce em abundância; em outra os habitantes abundam em queijo, em manteiga e em gado, mas carecem de pão e de milho, que, em uma província vizinha, abundam sobremaneira para o uso de seus habitantes. Um homem descobre isso. Traz milho para uma província e retorna com gado; suprindo a escassez de ambas as partes, passa a ser um benfeitor comum. À medida que as pessoas aumentam em número e indústria, as dificuldades de seu intercurso aumentam: a representação comercial ou o mercadejar tornam-se mais intrincados, dividindo-se, subdividindo-se, compondo-se, associando-se de diversas maneiras. Em todas essas transações é necessário e razoável que parte considerável das mercadorias e do trabalho pertença ao mercador, já que em grande parte se devem a ele. Eventualmente ele mantém essas mercadorias em espécie, ou mais comumente as converte em dinheiro, que é a sua representação mais comum. Se ouro e prata aumentarem no Estado juntamente com a indústria, isso requererá grande quantidade desses metais para representar uma grande quantidade de mercadorias e trabalho. Se a indústria sozinha conhecer algum incremento, os preços e todas as coisas devem baixar, e uma quantidade muito pequena em espécie servirá como representação.

Não existe necessidade ou demanda mais constante e insaciável na mente humana do que o exercício e o emprego; e esse desejo parece estar na fundação da maior parte de nossas paixões e de nossos afazeres. Prive-se um homem de todos os negócios e ocupações sérias, e ele correrá incansável de um divertimento a outro; e tão grande são o peso e a opressão que o ócio lhe traz, que ele esquecerá a ruína que se seguirá de seus gastos excessivos. Ofereça-lhe um modo mais inofensivo de empregar a sua mente ou seu corpo, e ele se satisfará, e não mais sentirá a sede insaciável seguida ao prazer. Mas se a ocupação que lhe é dada for lucrativa, e sobretudo se o lucro estiver ligado à prática da indústria, ele sempre há de ter em vista o seu ganho; e assim, gradualmente adquire uma paixão por ele, e não conhecerá prazer que se compare ao de ver o aumento diário de sua fortuna. E essa é a razão pela qual o negócio incrementa a frugalidade e pela qual entre os mercadores há algum excedente de miseráveis sobre os pródigos, assim como se terá o contrário entre os possuidores de terra.

O comércio aumenta a indústria, ao transferi-la diretamente de um membro do Estado para o outro e ao não permitir que ninguém pereça ou sucumba à inutilidade. Ele aumenta a frugalidade,

ENSAIOS POLÍTICOS

181

dando ocupações aos homens, e as emprega nas artes do lucro, que logo conquistam sua afeição e afastam todo gosto pelo prazer e pela gastança. É uma conseqüência infalível de todas as profissões industriosas gerar a frugalidade e elevar o amor pelo lucro acima do prazer. Entre advogados e médicos que têm alguma prática, há muitos mais que vivem de seus ganhos do que os que o excedem ou vivem no limite. Mas advogados e médicos não geram indústria; e é mesmo às expensas de outros que adquirem suas riquezas, de modo que reduzem as posses de seus concidadãos tão rápido quanto aumentam as suas próprias. Já os mercadores geram indústria, servindo como canais para transportá-la para cada canto do Estado e, ao mesmo tempo, pela frugalidade adquirem grande poder sobre a indústria e reúnem grande propriedade de trabalho e mercadorias, de cuja produção são os principais instrumentos. Portanto, não há outra profissão, exceção feita à dos representantes comerciais, que possa tornar os juros monetários consideráveis ou, em outras palavras, que possa incrementar a indústria e, pelo incremento da frugalidade, dar um grande comando da indústria a membros particulares da sociedade. Sem o comércio, o Estado se constitui sobretudo da nobreza fundiária, cuja prodigalidade e cujas despesas suscitam uma contínua demanda por empréstimos. A moeda jamais chega a se ajuntar em estoques em quantidades que possam ser emprestadas a juros. Ela se dispersa em um sem número de mãos, que ou a desperdiçam com fúteis ostentações e magnificências, ou a empregam na aquisição das necessidades comuns da vida. Sozinho, o comércio a reúne em somas consideráveis; e esse efeito ele o tem meramente da indústria que gera, e da frugalidade que essa indústria inspira, independentemente da quantidade de metais preciosos que possam circular no Estado.

Assim, um aumento do comércio tem como conseqüência necessária um grande número de emprestadores e a redução dos juros. Devemos então considerar até que ponto esse incremento do comércio diminui os lucros advindos daquela profissão e dá origem à *terceira* circunstância requerida para se produzir uma redução de juros.

182   DAVID HUME

A esse respeito, talvez valha salientar que juros baixos e lucros baixos de mercancia são dois acontecimentos que mutuamente se estimulam e derivam ambos originalmente daquele comércio extensivo que produz mercadores opulentos e torna considerável o juro monetário. Quando os mercadores possuem grandes estoques, sejam eles representados por muitas ou poucas peças de metal, não raro deve acontecer que, se se cansam dos negócios, ou se tiverem herdeiros que não querem se dedicar ao comércio, ou que não possuem dons para tal, uma grande proporção dessas riquezas naturalmente buscará um rendimento anual e seguro. A abundância diminui o preço, e faz com que os emprestadores aceitem juros mais baixos. Tal circunstância obriga muitos a manter suas reservas empregadas no comércio, e se contentam mais com juros baixos em vez de subvalorizar sua moeda. Por outro lado, quando o comércio se torna extensivo e emprega reservas maiores, surgem rivalidades entre os mercadores, que diminuem os lucros do comércio, ao mesmo tempo em que incrementam o próprio comércio. Os lucros baixos de mercancia predispõem os mercadores a aceitar melhor os juros baixos, tão logo deixem os negócios e se entregam ao comodismo e à indolência. Portanto, dessas circunstâncias, *juro baixo ou lucros baixos*, não é necessário investigar qual é a causa e qual o efeito? Ambos surgem de um comércio extensivo, e mutuamente fomentam um ao outro. Homem algum aceitará lucros baixos, onde pode ter juros mais altos. Um comércio extensivo, produzindo estoques maiores, diminui a um só tempo juros e lucros; e sempre se faz acompanhar, na diminuição de um, pelo proporcional decréscimo do outro. Posso acrescentar que, à medida que os baixos lucros advêm do incremento do comércio e da indústria, servem, por sua vez, para incrementá-los tanto mais, tornando as mercadorias mais baratas, incentivando o consumo e alçando a indústria a patamares mais elevados. E assim, se considerarmos a conexão de causas e efeitos como um todo, o juro será o barômetro do Estado; e juros baixos são um sinal quase infalível da fluorescente condição de um povo. Eles são uma prova

Ensaios Políticos 183

do incremento da indústria, e a sua pronta circulação através de todo o Estado é pouco menos que uma demonstração. E ainda que um súbito e grande empecilho ao comércio exerça um efeito momentâneo do mesmo tipo, ao retirar de circulação muitas reservas de uma só vez, faz-se acompanhar de tanta miséria e carência de emprego entre os pobres, que, além de sua curta duração, não será possível erroneamente tomar um caso pelo outro.

Os que tiverem afirmado que a abundância de moeda foi a causa do lucro baixo parecem ter tomado um efeito colateral por uma causa, uma vez que a mesma indústria que faz decrescer os juros comumente adquire grande abundância de metais preciosos. Toda uma variedade de finórios manufatores, aliados a mercadores empreendedores e atentos, logo traz a moeda a não importa qual Estado que possa existir neste mundo. A mesma causa, pela multiplicação das conveniências da vida, e pelo incremento da indústria, reúne grandes riquezas nas mãos de pessoas que não são proprietários de terras, e produz, por meio disso, juros em patamares inferiores. Mas embora ambos esses efeitos, abundância de dinheiro e juros baixos, naturalmente surjam do comércio e da indústria, eles são completamente independentes um do outro. Pois, suponhamos uma nação remota no oceano Pacífico, desprovida de comércio exterior ou de qualquer conhecimento em navegação. Suponha que essa nação possua sempre o mesmo estoque de moeda, mas esteja continuamente aumentando em seu número e indústria: é evidente que o preço de cada mercadoria tenha de gradualmente diminuir naquele reino, uma vez que é a proporção entre moeda e bens em espécie que fixa o seu valor natural; e, com base na suposição precedente, as conveniências da vida se tornam a cada dia mais abundantes, sem qualquer alteração na moeda corrente em espécie. Menor quantidade de dinheiro, portanto, entre esses povos, mais fará um homem rico durante os tempos da indústria do que bastaria para aquela finalidade em eras ignorantes e preguiçosas. Menos dinheiro construirá uma casa, criará uma filha, comprará uma propriedade ou manterá uma família e suas acomodações. São esses os usos que fazem os homens emprestar moeda. Portanto, a sua maior ou menor quantidade não exerce qualquer efeito sobre os juros. Mas é evidente que a maior ou menor reserva de trabalho e de bens há de ter grande influência, uma vez que nós realmente tomamos a esses de empréstimo quando tomamos dinheiro a juros. É verdade que quando o comércio se estende por todo o globo, as nações mais industriosas sempre abundam em metais preciosos; de modo que os juros baixos e a grande quantidade de dinheiro são na verdade quase inseparáveis. Mas ainda assim é relevante conhecer o princípio a partir do qual surge um fenômeno qualquer e distinguir entre uma causa e um efeito concomitante. Além de essa especulação ser algo curiosa, ela pode ser útil para os negócios públicos. Ao menos há que se admitir que nada é mais útil do que melhorar, pela prática, o método de raciocínio sobre esses assuntos, que dentre todos os outros são os mais importantes, ainda que não raro sejam tratados da maneira mais frouxa e descuidada.

Outra razão para esse equívoco tão comum em relação à causa dos juros baixos parece ser o exemplo de algumas nações, que, após súbita aquisição de moeda ou de metais preciosos provenientes de conquistas externas, os juros caem, não só entre eles, mas em todos os Estados vizinhos, tão logo a moeda se dispersa e se faz sentir a cada esquina. Assim, os lucros na Espanha caíram para quase a metade imediatamente após a descoberta das Índias Ocidentais, como nos faz saber Garcilasso de la Vega: e desde então os juros têm decrescido gradualmente em todos os reinos da Europa. Após a conquista do Egito, os juros em Roma caíram de 6 a 4 *por cento*, conforme relato de Dion[a].

---

[a] Livro Li.

ENSAIOS POLÍTICOS   185

As causas para o decréscimo dos juros em situação como essa parecem diferir no país conquistador e nos Estados vizinhos; mas em nenhum deles é justo atribuir esse efeito meramente a aumentos de ouro e prata.

No país conquistador, é natural imaginar que essa nova aquisição de moeda recaia em poucas mãos e ajunte-se em grandes somas, que buscam um rendimento seguro, ou pela aquisição de terras ou pelos juros; por conseqüência, o mesmo efeito se seguirá, por um curto espaço de tempo, como se houvesse um grande afluxo da indústria e do comércio. O aumento dos que emprestam, sendo superior aos que tomam empréstimos, faz decrescer os juros; e tanto mais rapidamente quando os que adquirem grandes quantias não encontram indústria e comércio no Estado, nem método algum de empregar a sua moeda, a não ser o do empréstimo por juros. Mas tão logo essa nova massa de ouro e prata tiver sido digerida e circular por todo o Estado, os negócios não tardam a voltar à situação inicial; os senhorios e os novos detentores de moeda, vivendo no ócio, prodigalizam além de seus rendimentos; e se os primeiros contraem mais dívidas, os últimos gastam suas reservas até o ponto de extingui-las. Toda a moeda pode ainda permanecer no Estado, e se faz sentir pelo aumento nos preços; mas, não mais estando reunida em grandes quantias e reservas, a desproporção entre os que emprestam e os que contraem empréstimos volta a ser a mesma de antes, e com isso também reaparecem os juros altos.

Assim, vemos que em Roma que desde os tempos de Tibério, os juros aumentaram em 6 *por cento*[b], embora acidente algum tenha havido para sorver o dinheiro do império. No tempo de Trajano, a moeda emprestada da Itália para locações custava 6 *por cento* [c]; na Bitínia, para seguros ordinários, custava 12[d]. E se os juros na

---

[b]Columella, livro III, cap. 3.
[c]Plinii epist. Livro VII, ep.18.
[d]Id., livro ep. 62.

Espanha não se elevaram à taxa anterior, isso pode ser atribuído a nada mais do que a continuação da mesma causa que os fez diminuir, e isso quer dizer às grandes fortunas continuamente feitas nas Índias, as quais de tempos em tempos chegam à Espanha e suprem a demanda por empréstimos. Por essa causa acidental e extrínseca, há mais dinheiro para ser emprestado na Espanha, isto é, mais dinheiro pode ser reunido em grandes somas do que de outro modo se encontraria em um Estado onde rareiam tanto o comércio e indústria.

A redução nos juros, à qual se seguiu na Inglaterra, na França e em outros reinos da Europa, os quais não dispõem de minas, têm sido gradual; e não tem procedido de algum aumento em moeda, considerado meramente em si mesmo, mas sim ao da indústria, que é o efeito natural do primeiro acréscimo, naquele intervalo, que ocorre antes da elevação do preço e das provisões. Retornando à suposição precedente, adviesse a indústria da Inglaterra de outras causas (e aquele aumento pode facilmente ter acontecido, muito embora a reserva de moeda tivesse permanecido a mesma), não se seguiriam as mesmas conseqüências que observamos no presente? Em tal caso, o mesmo povo seria encontrado no reino, as mesmas mercadorias, a mesma indústria, manufaturas e comércio; e conseqüentemente os mesmos mercadores, com as mesmas reservas, isto é, com o mesmo comando sobre o trabalho e as mercadorias, só representados por um número menor de peças brancas ou amarelas, o que, não sendo circunstância de momento algum, só afetariam o cocheiro, o madeireiro e o porteiro. Portanto, o luxo, a manufatura, as artes, a indústria, a frugalidade, florescendo ali tanto quanto no momento presente, é evidente que os juros também se mantivessem baixos, sendo esse o resultado necessário de todas essas circunstâncias, na medida mesma em que determinam os lucros do comércio e a proporção entre os que emprestam e os que contraem empréstimos em qualquer Estado.

ENSAIO DEZESSETE

Da balança comercial

Em nações ignorantes da natureza do comércio, é muito comum proibir a exportação de mercadorias e preservar entre elas, essas nações, o que quer que tenham como válido. Não consideram que, nessa proibição, atuam diretamente de modo contrário à sua intenção; e quanto mais é exportado de qualquer mercadoria, mais dessa mercadoria surgirá no limite de suas fronteiras, e dessas mercadorias elas sempre terão a primeira oferta.

Entre os eruditos bem se sabe que as antigas leis de Atenas tinham por criminosa a exportação de figos, essa espécie de fruto considerada tão excelente na Ática, a ponto de os atenienses a julgarem deliciosa demais para que fosse oferecida ao paladar de um estrangeiro. E tão a sério levavam essa risível proibição que aos espiões chamavam *sicofantas*, palavra grega formada por duas outras que significam *figos* e *descobridores*[a]. Há provas de similar ignorância no que diz respeito à natureza do comércio em muitas bizarrices enraizadas no agir do parlamento, sobretudo no reinado de Eduardo III. Até hoje, a exportação do milho se faz quase sempre proibida na França, com o intuito de, dizem eles, evitar a escassez; mas é evidente que nada contribui mais para a recorrente escassez que tanto grassam naquele fértil país.

---

[a] Plutarco, *De curiositate*.

O mesmo temor desconfiado em relação à moeda prevaleceu entre diversas nações, e requereu-se a um só tempo razão e experiência para convencer quaisquer povos de que essas proibições não têm outro fim que não o de fazer pender a balança em seu detrimento e produzir uma exportação ainda maior.

Esses erros, como alguém poderia dizer, são crassos e palpáveis; mas persistem ainda, mesmo em nações familiarizadas com o comércio, uma grande suspeita em relação à balança comercial, e o medo de que todo o seu ouro e prata possam deixá-las. Na quase totalidade dos casos, essa me parece uma apreensão infundada, e meu temor de que as fontes e rios venham a se exaurir é tão grande quanto o de que a moeda deixe um reino onde haja povo e indústria. Se cuidadosamente preservarmos essas últimas vantagens, jamais haveremos de recear a perda das primeiras.

É fácil observar que todos os cálculos versando sobre a balança comercial são encontrados em fatos e suposições bastante incertos. Os registros alfandegários não constituem fonte suficiente para o raciocínio, e tampouco a proporção de trocas vem a ser muito melhor, a não ser que pudéssemos considerar todas as noções e conhecer as proporções das muitas somas remetidas; ora, isso podemos sentenciar como seguramente impossível. Todos os homens que alguma vez raciocinaram a esse respeito, sempre demonstraram sua teoria, qualquer que fosse, por um enumerar de todas as mercadorias vendidas a todos os reinos estrangeiros.

Os escritos do Sr. Gee trouxeram pânico generalizado à nação, pois viam como plenamente demonstrados, com minúcias de detalhes, que a balança lhe era tão desfavorável que, em cinco ou seis anos, deixaria a todos sem um único xelim. Foi por sorte, que, em um lapso de vinte anos, com uma custosa guerra no estrangeiro, e mesmo assim estima-se que dispomos hoje de mais moeda do que em qualquer período anterior.

Nessa questão quem mais se detém é mesmo o Dr. Swift, autor rápido em discernir os equívocos e absurdos alheios. Em seu

ENSAIOS POLÍTICOS

189

breve panorama do Estado irlandês, ele diz que o montante financeiro total do reino antes não passava de 500.000*Hl*; e que, dessa quantia, os irlandeses enviam todo ano, líquido, um milhão para a Inglaterra, mal dispondo de qualquer outra fonte que pudesse compensá-los, pois seu comércio exterior limitava-se à importação de vinhos franceses, pelos quais pagavam em moeda viva. A conseqüência disso, que, há que se reconhecer, é muito prejudicial, era que, no curso de três anos, a moeda corrente na Irlanda era reduzida em mais de um terço, tal me levando a supor, que, em 30 anos, já não haverá moeda ali. Não entendo como pode persistir e avançar a opinião em relação ao crescimento das riquezas da Irlanda, que tanta indignação causava ao Doutor.

Em suma, essa apreensão do equilíbrio prejudicial da balança comercial parece ser natural, tal que sempre se manifesta quando alguém se indispõe com o ministério ou quando se encontra em depressão; e, não sendo possível refutá-la com um detalhe particular das exportações que contrabalanceie as importações, pode ser oportuno aqui formular um argumento de caráter geral, passível de provar que tal apreensão carece de fundamento, desde que se tenha nosso povo e nossa indústria preservados.

Suponha-se que quatro quintos de toda a moeda na Grã-Bretanha desaparecesse em uma noite e, no que diz respeito à espécie, a nação fosse reduzida às mesmas condições dos reinados dos Henriques e dos Eduardos. Qual seria então a conseqüência? O preço de todo o trabalho e de todas as mercadorias não deveria cair na mesma proporção, e tudo ser vendido a preços tão baixos como naqueles tempos? Que nação haveria de conosco disputar, em qualquer mercado estrangeiro, que nação pretenderia navegar ou vender manufaturas pelo mesmo preço que para nós já propiciaria um lucro suficiente? Em quão pouco tempo não teríamos de volta a moeda que perdemos, conduzindo-nos ao mesmo nível das nações vizinhas? Após ter ali chegado, imediatamente perderíamos as vantagens do baixo preço do trabalho e das mercadorias, e o subseqüente afluxo de moeda seria estancado pela profusão e pela repleção.

De novo suponha-se que toda a moeda da Grã-Bretanha se fizesse multiplicada por cinco em uma única noite. Não deveria se seguir o efeito contrário? Não deveria então todo o trabalho e mercadorias se alçarem a alturas tão exorbitantes a ponto de nenhuma nação vizinha se permitir comprar de nós, enquanto suas mercadorias, por outro lado, se tornam relativamente tão baratas que, apesar de todas as leis que pudessem ser formuladas, elas seriam despejadas sobre nós, fazendo com que toda a moeda saísse de nosso alcance e com isso fôssemos rebaixados ao nível dos estrangeiros, perdendo aquela grande superioridade de riquezas, que nos colocam em tão grandes desvantagens?

Ora, é evidente que as mesmas causas que corrigiriam essas exorbitantes desigualdades, se por um milagre viessem a ocorrer, devem impedir que aconteçam no curso comum da natureza, e para sempre devem manter, em todas as nações vizinhas, a moeda em uma quase proporção com a arte e indústria de cada nação. Toda a água, para onde quer que flua, permanece sempre no mesmo nível. Pergunte aos naturalistas a razão, e eles lhe dirão que, se ela fosse originada em algum lugar, a gravidade superior daquela parte não estando em equilíbrio, ela baixaria até encontrar um contrapeso; e, uma vez que exista uma causa que compense a desigualdade, para sempre ela evitará a desigualdade, sem nenhuma intervenção externa de caráter violento[b].

Alguém poderia imaginar que seria possível manter na Espanha, mediante leis ou mesmo por meio da arte e da indústria, toda a moeda que pelas galés foram trazidas das Índias? Ou então

---

[b] Há outra causa, ainda que de operação mais limitada, que limita uma balança comercial em desequilíbrio relativamente a cada nação particular que comercialize com determinado reino. Quando importamos mais bens do que os exportamos, há um desequilíbrio na troca, que se dá em nosso prejuízo, e aí se tem um novo incentivo para a exportação, tanto quanto permita o custo de transporte e seguro da moeda. Pois a troca jamais pode superar esse montante.

ENSAIOS POLÍTICOS   191

que todas as mercadorias pudessem ser vendidas na França por um terço do preço que renderiam do outro lado dos Pireneus, sem que para lá migrassem e drenassem aquele imenso tesouro? Que outra razão na verdade existe pela qual todas as nações, no momento atual, ganham em suas transações com Espanha e Portugal, senão a de ser impossível acumular moeda acima do nível que lhe é adequado? Os soberanos desses países já deram mostras de que não lhes falta inclinação para manter seu ouro e prata para si mesmos, se isso em algum grau se fizesse praticável.

Mas, assim como um corpo qualquer, composto de água e isolado do elemento circundante, pode ser elevado acima desse último, também com relação à moeda pode haver uma desigualdade bastante grande quando se vê obstruída por algum obstáculo físico ou material (pois em si mesmas as leis são sempre ineficazes para isso). É assim que a imensa distância da China, aliada aos monopólios de nossas companhias das Índias, obstrui a comunicação e mantém o ouro e a prata na Europa em muito maior profusão do que a que se tem naquele reino. Mas, não obstante essa grande obstrução, a força das causas acima mencionadas ainda se faz evidente. A habilidade e o engenho da Europa geralmente ultrapassam os da China quanto às artes manuais e manufaturas; ainda assim, nosso comércio com ela se dá sempre em condições desvantajosas; não fosse pelos grandes esforços que recebemos da América, a moeda logo se desvalorizaria na Europa e se valorizaria na China, até chegar a um nível equivalente em ambas. Nenhum homem razoável haveria de duvidar que, se fosse essa industriosa nação tão próxima de nós quanto a Polônia ou a Barbária, ela drenaria nosso excedente de espécie e obteria para si grande parte dos tesouros das Índias Ocidentais. Para explicar a necessidade dessa ocorrência, não precisamos recorrer à atração física. Existe uma atração moral advinda dos interesses e paixões dos homens, e essa é cheia de potência e infalibilidade.

Por que meio se mantém a balança nas províncias de cada reino se não for pela força desse princípio que torna impossível à moeda perder seu nível e valorizar-se ou desvalorizar-se para além da proporção de trabalho e mercadorias existentes em cada província? Se uma continuada experiência não tivesse tranqüilizado as pessoas em relação a isso, um habitante de Yorkshire daria vazão à melancolia se calculasse e dimensionasse as quantias que acorrem a Londres por impostos, por absenteístas e mercadorias, e constatasse que o caminho inverso não tem a mesma medida. Se a Heptarquia tivesse subsistido na Inglaterra, a legislação de cada Estado teria continuamente se alarmado pelo medo de uma balança prejudicial; e, sendo provável que o ódio mútuo nutrido por esses Estados se mostrasse tão violento, dada a proximidade entre esses mesmos Estados, o excesso de zelo e precaução transformariam todo o comércio em fardo e opressão. Uma vez a união tendo removido as barreiras entre a Escócia e a Inglaterra, qual dessas nações ganha da outra com esse livre comércio? Ora, se o reino, tal como era antes, recebesse qualquer acréscimo de riquezas, é razoável atribuí-la a qualquer outra coisa além do aumento de suas artes e de sua indústria? O abade Du Bos[c] informa-nos que antes da união era comum o temor de que a Escócia drenar todas as riquezas, caso um comércio livre fosse permitido, enquanto do outro lado do Tweed prevalecia uma apreensão contrária. O tempo acabou por demonstrar qual a justiça de ambas as posições.

O que acontece em porções mais reduzidas de homens deve se dar nas maiores. As províncias do Império Romano, sem dúvida, mantinham uma balança entre si e com a Itália, independentemente da legislatura, tanto quanto diversos condados da Grã-Bretanha, ou as diversas paróquias de cada qual. E qualquer homem que viaje através da Europa em nossos dias poderá ver, pelos preços das mercadorias, que a moeda, apesar da absurda desconfiança entre príncipes e Estados, atingiu nível quase equivalente; e que a diferença entre um reino e outro não é maior quanto a esse respeito do que é

---

[c] *Les intérêts d'Angleterre mal-entendus.*

Ensaios Políticos   193

não raro entre diferentes províncias do mesmo reino. Os homens naturalmente se reúnem em capitais, portos marítimos e rios navegáveis; ali encontramos mais homens, indústrias, mercadorias, e conseqüentemente mais moeda; mas ainda assim essa última se mantém proporcional à primeira, e preserva-se o mesmo nível[d].

Nossa inveja e nosso ódio em relação à França não conhece limite algum; e deve-se reconhecer que ao menos o primeiro sentimento é razoável e bem-fundado. Essas paixões ocasionaram inúmeras barreiras e obstruções ao comércio, onde comumente somos acusados de agressores. Mas o que ganhamos com a barganha? Nossos manufatureiros de lã perderam o mercado francês, e transferimos o comércio de vinho para a Espanha e Portugal, onde compramos bebida pior a preço mais elevado. Poucos são os ingleses que não tomariam o seu país por absolutamente arruinado se os vinhos franceses fossem vendidos na Inglaterra a preços tão baixos e em tão grande abundância a ponto de os fazer suplantar, em certa medida, todas as cervejas e bebidas de fabricação nacional. Mas se deixássemos de lado o preconceito, não seria difícil provar que nada poderia ser mais inocente, e talvez mesmo vantajoso. Cada novo acre de vinha plantado na França, a fim de suprir a Inglaterra com vinho, exigiria que os franceses adquirissem a produção de um acre

---

[d] Há que se observar com bastante cautela que, no curso desta discussão, quando se fala em nível de moeda, tal significa sempre o seu nível proporcional às mercadorias, ao trabalho, à indústria e à habilidade que existem nos muitos Estados. E assevero que, onde essas vantagens são o duplo, o triplo ou o quádruplo do que em Estados vizinhos, haverá necessariamente duas, três ou quatro vezes mais moeda. A única circunstância capaz de obstruir a exatidão dessa proporção é o custo de transporte das mercadorias de um lugar para o outro, custo esse que eventualmente pode ser desigual. Desse modo, o milho, o gado, o queijo e a manteiga de Derbyshire não podem extrair a moeda de Londres na mesma medida que os manufatores de Londres extraem moeda de Derbyshire. Mas essa objeção é apenas aparente, pois, se o transporte de mercadorias é caro, ele o é porque a comunicação com aquela localidade é obstruída e imperfeita.

inglês semeado de trigo ou cevada, tendo em vista a sua própria subsistência; e é evidente que com isso nos imporíamos com a melhor mercadoria.

Há muitos éditos do rei da França a proibir a plantação de novas vinhas e ordenando que todas as recentemente plantadas sejam arrancadas pela raiz; isso demonstra toda a ciência daquele país quanto ao valor superior do milho acima de qualquer outro produto.

O marechal Vauban freqüentemente reclama, e com razão, das taxas absurdas que sobrecarregam a entrada daqueles vinhos do Languedoc, da Guienne e de outras províncias do sul que são importados pela Bretanha e pela Normandia. Ele não duvida que essas províncias podem bem preservar sua balança, apesar do livre comércio por ele recomendado. E é evidente que umas poucas léguas a mais de navegação para a Inglaterra não fariam diferença; e ainda que o fizessem, igualmente o fariam para a França.

Há de fato um expediente pelo qual é possível desvalorizar, e por outro valorizar a moeda para além de seu nível natural em qualquer reino; mas esses casos, quando examinados, revelam uma inclusão em nossa teoria, bem como lhe acrescem autoridade.

Não posso dizer que sei de nenhum outro método que reduza a moeda abaixo de seu nível além das instituições de que tanto nos valemos neste reino como bancos, fundos e notas de crédito. Elas fazem o papel equivaler à moeda, circulando-o por todo o Estado, colocando-o no lugar do ouro e da prata, aumentado proporcionalmente o preço do trabalho e das mercadorias, e com isso banindo grande parte dos metais preciosos ou impedindo o seu aumento subseqüente. Que raciocínios poderíamos ter que fossem mais estreitos a tal respeito? Imaginamos que, como um indivíduo seria muito mais rico se sua reserva de moeda se duplicasse, o mesmo benéfico efeito seria obtido se se aumentasse a quantidade de moeda de cada um; mas o que não se está a considerar é que isso elevaria sobremaneira o preço de cada mercadoria e reduziria cada homem, com o passar do tempo, às mesmas condições de

Ensaios Políticos

antes. A reserva maior de moeda só é vantajosa para os negócios públicos e transações com estrangeiros; como o nosso papel é absolutamente insignificante para tal, vivenciamos por esses meios todos os efeitos nocivos advindos de uma grande abundância, sem colher nenhuma de suas vantagens[e].

Suponha-se que existam 12 milhões de notas circulando pelo reino como moeda (pois não devemos imaginar que o total de nossas enormes reservas seja empregado dessa forma) e suponha-se que a moeda existente no reino seja 18 milhões, temos aqui um Estado que é capaz, por experiência, de garantir um estoque de 30 milhões. Ora, se pode garantir essa quantia, necessário seria que a tivesse adquirido em ouro e prata, não tivéssemos nós impedido a entrada desses metais com essa nova invenção das notas. *De onde teria obtido tal soma?* De todos os reinos do mundo. Mas por quê? Porque, se se remover esses 12 milhões, a moeda nesse Estado fica abaixo desse nível, se comparada a de nossos vizinhos; e temos de imediatamente extraí-la deles por completo, até estarmos plenos e saturados, por assim dizer, sem poder garantir quantia maior. Nossa política atual preocupa-se tanto em dar estofo à nação com essas finas mercadorias, com as contas bancárias e com os cheques, como se devêssemos temer a sobrecarga de metais preciosos.

Não há que se duvidar que a grande quantidade de lingotes na França deve-se, em grande medida, à ausência de moeda em papel. Os franceses não têm bancos; lá, as contas de mercadores não circulam como aqui, a usura ou o empréstimo a juros não é permitido

---

[e]No Ensaio III ("Sobre a moeda"), fizemos observar que a moeda, quando aumenta, atua assim como incentivo a indústria, durante o intevalo entre o aumento da moeda e a elevação de preços. Um bom efeito dessa natureza pode se seguir dos papéis de crédito; mas é perigoso precipitar as coisas, correndo-se com isso o risco de pôr tudo a perder pela falência do crédito em questão, como fatalmente acontece em caso de qualquer choque violento nos negócios públicos.

diretamente, de modo que muitos mantêm grandes quantias em seus cofres; grandes quantias de metal são utilizadas em casas particulares; e todas as igrejas estão prenhes de metal. Por esse meio, as provisões e o trabalho ainda permanecem mais baratos entre eles do que em nações que não sejam tão ricas em ouro e prata. As vantagens dessa situação, para o comércio como para importantes emergências públicas, são por demais evidentes para serem contestadas.

Há uns poucos anos, a mesma voga de substituição do metal pela porcelana chinesa que ainda se dá na Inglaterra e na Holanda, ocorreu em Gênova; mas ali, o senado, antevendo as conseqüências, restringiu o uso dessa frágil mercadoria, e o uso da prataria fez-se ilimitado. E suponho que, na recente situação de dificuldade, sentiram o efeito benéfico dessa ordenança. Nessa perspectiva, nosso imposto sobre metais talvez seja um tanto inoportuno.

Antes da inserção do papel-moeda em nossas colônias, o ouro e a prata de que dispunham bastavam para a circulação. Desde a introdução dessa mercadoria, o menor dos inconvenientes foi a total abolição dos metais preciosos. E, após a abolição das notas, não se pode duvidar de que a moeda voltará, se essas colônias possuírem manufaturas e mercadorias que só mesmo têm valor no comércio e são o motivo pelo qual os homens desejam moeda.

É pena que Licurgo não tenha concebido notas de crédito ao propor banir todo ouro e prata de Esparta! Melhor teriam servido à sua finalidade do que os pedaços de ferro que usou como moeda; e também com mais eficácia impediriam todo comércio com estrangeiros, já que têm bem menos valor real e intrínseco.

No entanto, deve-se admitir que, como todas as questões relativas ao comércio e à moeda são extremamente complicadas, há certas luzes sob as quais esse assunto pode ser examinado, com as vantagens das notas de crédito parecendo superiores às desvantagens. É indubitavelmente verdadeiro que extinguem espécies e lingotes do Estado; e quem quer que não veja além dessa circunstância, faz bem em condená-los. Mas espécie e lingotes não

ENSAIOS POLÍTICOS

são importantes a ponto de não admitir compensação, e até mesmo o preponderar advindo de uma proliferação de indústria e de crédito que possa ser promovida pelo uso de notas de moeda. Bem se conhecem as vantagens do mercador quando pode receber suas contas na ocasião devida; e tudo o que facilite essa espécie de tráfico favorece o comércio geral de um Estado. Mas os banqueiros privados podem conceder esse crédito com base no crédito obtido com os depósitos de moeda em suas agências; isso a exemplo do Banco da Inglaterra, que tem liberdade para emitir notas por ocasião de cada pagamento. Invenção desse tipo foi adotada há alguns anos pelos bancos de Edimburgo; sendo uma das idéias mais engenhosas que algum dia foram adotadas pelo comércio, seu caráter vantajoso também foi considerado para a Escócia. É chamada "crédito bancário", e é seguinte a sua natureza: um homem vai a um banco e obtém um crédito no valor de, suponha-se, cinco mil libras. Essa moeda, ele é livre para sacá-la, ou parte dela, quando bem quiser, e paga por ela apenas juros ordinários, enquanto ela estiver em suas mãos. Pode pagar quando quiser uma pequena quantia, como vinte libras, e os juros são descontados no mesmo dia do pagamento. Dessa combinação, resultam múltiplas vantagens: como um homem pode obter um empréstimo quase tão grande quanto suas posses e seu crédito bancário equivale à moeda disponível, e por meio disso um mercador pode prover de moeda os seus estabelecimentos, o mobiliário de sua casa, os bens de seu armazém, os débitos estrangeiros que lhe cabem e seus navios mercantes; na devida ocasião, pode empregá-los em todos os pagamentos, como se fossem moeda corrente no país. Se um homem toma de empréstimo cinco mil libras de mãos particulares, além de não dispor da moeda quando quiser, por ela pagará juros, quer a utilize, quer não; já o crédito bancário nada lhe custa, a não ser no momento mesmo em que recorre a ele; essa circunstância é de tão igual vantagem quanto se ele tivesse tomado moeda emprestada a juros bem mais baixos. De modo similar, mercadores, a partir desse invento, podem adquirir facilidade maior na garantia do crédito uns dos outros, no que se tem uma garantia considerável contra as falências. Um homem, quando tiver extinto o seu crédito bancário, vai até a quaisquer de seus vizinhos que não esteja nas mesmas condições; e consegue a moeda, e a substitui conforme a sua conveniência.

Após anos dessa prática em Edimburgo, algumas companhias de mercadores de Glasgow deram um passo além. Associaram-se entre si em diferentes bancos, emitindo notas baixas como as de dez selins, que usaram em todos os pagamentos de bens, manufaturas e trabalho de homens de negócios de todos os tipos; e essas notas, em todos os estabelecimentos do país, transformaram-se de crédito instituído pelas companhias em moeda. Por meio disso, uma reserva de cinco mil libras participava em operações como se fosse de seis ou sete mil, permitindo aos mercadores expandir seu comércio com lucros mais baixos em todas as suas transações. Mas quaisquer que sejam as vantagens resultantes desses inventos, ainda se deve permitir o banimento dos metais preciosos; e disso não se pode ter prova mais evidente do que uma comparação entre as condições presente e passada da Escócia nesse particular. Descobriu-se, por ocasião da recunhagem feita após a união, haver algo próximo de um milhão em espécie naquele país: mas não obstante o grande aumento de riquezas, do comércio e de manufaturas de todos os tipos, estima-se que, mesmo onde não há um extraordinário escoamento feito pela Inglaterra, a espécie corrente não chega hoje a um terço daquela quantia.

Mas uma vez que as notas de crédito são quase que o único expediente pelo qual podemos fazer a moeda baixar a seu nível, em minha opinião o único meio pelo qual podemos alçá-la acima de seu nível justo é uma prática contra qual a todos deveríamos nos levantar, como destrutiva, qual seja, a concentração de grandes somas no tesouro público, retendo-a e impedindo-a de circular. O elemento fluido e sem comunicação com o vizinho, por tal artifício pode ser elevado à altura que bem entendermos. Para comprová-lo, basta voltarmos a nossa primeira suposição, de que metade ou

ENSAIOS POLÍTICOS

parte de nossa moeda seria suprimida, para constatar que a conseqüência imediata de uma ocorrência como essa seria atrair quantia equivalente de todos os reinos vizinhos. Pela natureza das coisas não parece haver nenhum limite instituído para a prática do entesouramento. A insistir em uma política como essa durante muitos anos, uma cidade pequena como Genebra poderia adquirir nove décimos de toda a moeda da Europa. Na verdade parece haver na natureza do homem um obstáculo intransponível a um crescimento descomunal de riquezas. Um Estado fraco com um tesouro enorme será presa fácil para seus vizinhos poderosos. Um Estado grande dissiparia sua riqueza em projetos perigosos e mal-concebidos, e provavelmente destruiria, com isso, o que é mais valioso, a indústria, a moral, e muitos de seu povo. O fluido, nesse caso, elevar-se-á a alturas grandes demais, irromperá e destruirá o recipiente que o contém, misturando-se ao elemento circundante para logo retornar ao nível adequado.

Tão pouco familiarizados somos com esse princípio que, ainda que todos os historiadores concordem quanto a um tão recente acontecimento como é o imenso tesouro reunido por Henrique VII (o qual calculam em 2,7 milhões de libras), tendemos a rejeitar seu testemunho concorrente em vez de admitir um fato que tão precariamente concorde com nossos inveterados preconceitos. De fato é provável que essa quantia possa se constituir em três quartos de toda a moeda da Inglaterra. Mas onde está a dificuldade em conceber que tal soma possa ser ajuntada em 20 anos por um monarca ávido, rapaz, frugal e quase absoluto? Tampouco é provável que a diminuição de moeda em circulação algum dia seja sentida pelo povo ou lhe impinja algum prejuízo. A diminuição dos preços de todas as mercadorias imediatamente supriria a sua falta, dando à Inglaterra a vantagem em seu comércio com os reinos vizinhos.

Não temos exemplo semelhante na pequena república de Atenas, com seus aliados, que em aproximadamente 50 anos, entre as guerras médicas e do Peloponeso ajuntou quantia não inferior à

200 DAVID HUME

de Henrique VII?[f] Pois todos os historiadores[g] e oradores[h] gregos concordam que os atenienses reuniam na cidadela mais de dez mil talentos, que depois vieram a desperdiçar, para a sua própria ruína, em empreitadas precipitadas e imprudentes. Mas quando essa moeda foi posta em circulação e começou a se comunicar com o líquido circundante, qual foi a conseqüência? Ela permaneceu no Estado? Não. Pelo memorável *censo* mencionado por Demóstenes[i] e Políbio[j] sabemos que, nos 50 anos subseqüentes, todo o valor da república, compreendendo terras, casas, mercadorias, escravos e moeda foi inferior a seis mil talentos.

Que povo ambicioso e de elevado espírito não será esse, para coletar e reunir em seu tesouro, com vista a conquistas, uma quantia que estava prontamente à disposição do voto decidir se seria distribuída entre eles, e que serviria para quase triplicar as riquezas de cada indivíduo! Pois é preciso observar que os antigos autores dizem que a população e as fortunas privadas de Atenas não eram maiores no início da guerra do Peloponeso do que no início da macedônica?

A moeda era um pouco mais abundante na Grécia nas eras de Felipe e Perseu do que na Inglaterra de Henrique VII; no entanto, em 30 anos[k] esses dois monarcas reuniram tesouro maior do que o monarca inglês. Paulo Emílio trouxe a Roma cerca de 1, 7 milhão de libras *esterlinas*[l]; já Plínio fala em 2,4 milhões[m]; e teve-se aí

---

[f] Havia cerca de oito onças de prata em uma libra esterlina no tempo de Henrique VII.

[g] Tucídides, lib. II e Diodoro de Sicília, livro XII.

[h] *Vid Esquines et Demóstenes Epis.*

[i] Peri Symmorias.

[j] Livro II, capítulo 62.

[k] Tito Lívio, livro XLV, capítulo 40.

[l] Veleio Patérculo, livro I, capítulo 9.

[m] Livro XXXIII, capítulo 3.

ENSAIOS POLÍTICOS

201

apenas parte de todo o tesouro da Macedônia, com o restante sendo gasto na resistência e na expedição de Perseu[n].

Com Estânio ficamos sabendo que o cantão de Berna possuía 300 mil libras em empréstimos a juros, e aproximadamente seis vezes essa quantia em seu tesouro, o que perfazia a soma de um 1,8 milhão de libras *esterlinas*, o que é pelo menos o quádruplo de quanto seria natural circular em Estado tão pequeno. Ninguém que viaje pelo País de Vaux, ou por qualquer parte desse cantão, observará falta de mais moeda do que seria de esperar em país com essa extensão, solo e localização. Ao contrário, escassamente há províncias interioranas no continente da França ou da Alemanha em que os habitantes sejam hoje tão opulentos, ainda que aquele cantão tenha amplamente aumentado o seu tesouro desde 1714, época em que Estânio escreveu seu judicioso relato sobre a Suíça[o].

O relato que nos dá Apiano[p] sobre o tesouro dos ptolomeus é prodigioso a ponto de não o podermos admitir; tanto mais que o historiador diz que os outros sucessores de Alexandre também eram frugais, e que muitos deles possuíam tesouros não muito inferiores. O relato nos informa que, pelo humor benevolente dos príncipes vizinhos, toda a frugalidade dos monarcas vizinhos não deve ter superado a quantia de 191.166.666 libras, 13 xelins e 4 pences, isso de acordo com os cálculos do Dr. Arbuthnot. No entanto, Apiano, ele próprio nativo de Alexandria, diz ter baseado seu relato nos registros públicos.

---

[n] Tito Lívio, *ibid.*
[o] A pobreza a que se refere Estânio se encontra apenas nos cantões mais montanhosos, onde não há qualquer mercadoria que possa atrair dinheiro. E mesmo ali as pessoas não são tão pobres quanto na diocese de Salzburgo, por um lado, ou na da Sabóia, por outro.
[p] *Proem.*

202 DAVID HUME

A versar-nos nesses modernos princípios, podemos aprender qual juízo devemos formar a respeito do sem-número de barreiras, obstruções e impostos que diversas nações européias, notadamente a Inglaterra, impuseram ao comércio, movidas sobretudo pelo desejo exorbitante de ajuntar moeda, essa que no entanto jamais se alçará acima de seu nível na condição de circular, ou então por uma apreensão mal fundada de perder sua espécie, que jamais descerá a níveis inferiores ao da moeda. Se há algo capaz de dissipar nossas riquezas, esses seriam dispositivos inconvenientes. Mas esse generalizado efeito nocivo resulta de um privar das nações vizinhas da livre comunicação e troca intencionadas pelo Autor do mundo ao lhes dar solos, climas e gênios entre si tão diferentes.

Nossa moderna política adota o único método para banir a moeda: o uso de notas de crédito. Ela rejeita o único método para acumulá-lo, que é a prática do entesouramento, e adota centenas de outros dispositivos que não servem a outro propósito que não restringir a indústria e privar a nós e a nossos vizinhos dos benefícios comuns da arte e da natureza.

Contudo, nem todos os impostos sobre mercadorias estrangeiras devem ser considerados prejudiciais ou inúteis, mas sim tão-somente os que se fundam na desconfiança acima referida. Um imposto sobre o linho alemão estimula os manufatores internos, e assim multiplica nosso povo e nossa indústria. Um imposto sobre o conhaque estimula as vendas de rum, sustentando nossas colônias do sul. E, como a arrecadação de impostos é necessária para o sustento do governo, pode ser tido como mais conveniente que incidam sobre mercadorias estrangeiras, que com mais facilidade são interceptáveis e taxáveis nos portos, e sujeitas ao imposto. No entanto, devemos sempre nos lembrar da máxima do Dr. Swift: na aritmética dos costumes, dois e dois não fazem quatro, mas fazem o um com mais freqüência. Dificilmente se duvidará de que, se os encargos sobre o vinho baixassem um terço, trariam muito mais ao governo do que trazem hoje. Nosso povo teria condições de consumir cotidianamente uma bebida melhor e mais encorpada, sem nenhum prejuízo para a balança comercial relativamente ao qual

ENSAIOS POLÍTICOS 203

temos tantas suspeitas. A produção de cerveja para além da agricultura não é digna de consideração e emprega poucas mãos. O transporte de vinho e milho não seria muito inferior.

Mas dir-se-ia que não há exemplos freqüentes de Estados e reino que antes eram ricos e opulentos e hoje são pobres e mendicantes? Não os abandonou a moeda que antes abundava? A isso respondo que, se perdem seu comércio, sua indústria e seu povo, não podem esperar manter ouro e prata, pois esses metais preciosos são proporcionais àquelas primeiras vantagens. Quando Lisboa e Amsterdã tomaram o comércio das Índias Ocidentais de Veneza e Gênova, obtiveram os lucros e a moeda que daí advinham. Onde a sede do governo é transferida, onde exércitos onerosos são mantidos a longas distâncias e grandes fundos são possuídos por estrangeiros, segue-se naturalmente de tudo isso uma redução de espécie. Há que se observar serem esses métodos violentos e compulsórios de transferência de moeda do país; é comum que se façam acompanhar da transferência de pessoas e de indústria. Mas quando cessa a drenagem, e eles são preservados, sempre retorna a moeda por centenas de canais de que não temos a menor noção ou suspeita. Que imensos tesouros não foram gastos em Flandres desde a revolução, no decorrer de três longas guerras? Talvez mais da metade da moeda que hoje se tem na Europa. Mas o que aconteceu com essa moeda? Ela está nos estreitos limites das províncias da Áustria? Certamente que não: a maior parte retornou a seus países de origem em busca da arte e indústria pelas quais ela primeiramente se fez adquirir. Por mais de mil anos a moeda da Europa fluiu para Roma, em uma corrente aberta e perceptível, que no entanto foi drenada por muitos canais secretos e imperceptíveis. E a ausência de indústria e comércio faz hoje dos domínios papais o território mais pobre de toda a Itália.

Em suma, um governo tem fortes razões para cuidadosamente preservar o seu povo e suas manufaturas. Quanto à moeda, pode com segurança, sem receio ou desconfiança, confiá-la ao curso dos negócios humanos. Ou, se alguma vez se der atenção a essa circunstância, unicamente deve ser à medida que afeta a primeira.

ENSAIO DEZOITO

Da desconfiança no comércio

Tendo se esforçado para remover uma espécie de desconfiança infundada, tão prevalente entre nações comerciais, talvez seja oportuno mencionar outra, que parece igualmente infundada. Nada é mais comum em Estados que realizaram algum avanço no comércio do que encarar o progresso de seus vizinhos com olhar de suspeição, considerando todos os Estados comerciais como rivais, e supor que só poderiam florescer às suas expensas. Em oposição a essa opinião estreita e maledicente, ousarei afirmar que o aumento de riquezas e o comércio em uma nação qualquer, em lugar de se mostrar nocivo, comumente promove as riquezas e o comércio das nações vizinhas; e que é impossível para um Estado levar muito longe seu comércio e sua indústria quando todos os Estados circundantes estão afundados na ignorância, na preguiça e na barbárie.

É óbvio que a indústria de um povo não pode ser prejudicada pela maior prosperidade de seus vizinhos; e em sendo esse ramo do comércio indubitavelmente o mais importante em qualquer reino de amplos domínios, estamos livres de qualquer razão para desconfiar. Mas vou mais longe, e observo que, quando se preserva uma comunicação aberta entre nações, é impossível que a indústria interna de cada uma delas aumente com o aprimoramento de outras. Compare-se a situação da Grã-Bretanha no momento presente com a de dois séculos atrás. Todas as artes, tanto as da agricultura quanto as da manufatura, eram então extremamente rudes e imperfeitas.

206   DAVID HUME

Toda melhoria desde então realizada veio de nossa imitação dos estrangeiros; e só havemos de considerar um acaso feliz terem sido eles os responsáveis por avanços nas artes e no engenho. Mas esse intercurso ainda se mantém, para nossa grande vantagem; não obstante o estado avançado de nossas manufaturas, diariamente adotamos, em cada uma das artes, as invenções e as melhorias de nossos vizinhos. Primeiro, importamos mercadoria do exterior, para nosso grande descontentamento; pois imaginamos que isso drena nossa moeda; depois importamos a própria arte, o que traz visíveis vantagens. E ainda assim continuamos reclamando, que nossos vizinhos possuam essa ou aquela arte, indústria ou invenção, esquecendo que, se não tivessem primeiramente nos instruído, hoje seríamos bárbaros; e se não tivessem prosseguido com suas instruções, as artes mergulhariam em um estado de languidez e perderiam aquela emulação e novidade que tanto contribui para o seu avanço.

O aumento da indústria interna estabelece as fundações do comércio exterior. Quando grande número de mercadorias é produzido e aperfeiçoado para o mercado interno, há sempre algumas que podem ser exportadas com vantagem. Mas se nossos vizinhos não dispõem de arte ou cultivo, não poderão adquiri-las, porque nada poderão oferecer em troca. A esse respeito, Estados estão na mesma condição que indivíduos. Um indivíduo dificilmente será industrioso se seus concidadãos forem ociosos. As riquezas de diversos membros da comunidade contribuem para aumentar as minhas, qualquer que seja a profissão por mim seguida. Elas consomem o produto de minha indústria e garantem-me, como retorno, o produto da sua.

Tampouco precisa qualquer Estado entreter apreensões de que seus vizinhos atingirão tal grau de desenvolvimento em cada arte e produção, a ponto de não mais se demandá-las. A natureza, ao propiciar uma diversidade de gênios, climas e solos a diferentes nações, garantiu o seu comércio e intercurso natural, contanto que se mantenham industriosas e civilizadas. E ainda, quanto mais as artes incrementam um Estado, maior será sua demanda por parte

ENSAIOS POLÍTICOS

207

de vizinhos industriosos. Os habitantes, tendo se tornado mais opulentos e habilidosos, desejam levar cada mercadoria à maior perfeição; e, dispondo de muitas mercadorias para troca, importam grandes quantidades de cada país estrangeiro. A indústria das nações de que importam é com isso incentivada, e sua própria indústria aumenta com a venda das mercadorias que lhes dão em troca.

Mas, e se uma nação dispõe de mercadoria principal, como é a produção de lã na Inglaterra? Não seria prejudicial que seus vizinhos adotassem essa produção? Respondo a isso que, quando qualquer mercadoria é considerada a principal vantagem em um reino, supõe-se que esse reino deva ter algumas vantagens naturais peculiares para a sua produção; e se, não obstante essas vantagens, perde sua manufatura, deve responsabilizar seu próprio ócio ou mau governo, e não a indústria de seus vizinhos. Também há que se considerar que, pelo aumento da indústria entre as nações vizinhas, o consumo de quaisquer espécies particulares de mercadoria também aumenta; e embora as manufaturas estrangeiras interfiram em nosso mercado, a demanda por nosso produto permanece, podendo até mesmo aumentar. Caso essa demanda venha a diminuir, seria a conseqüência tão fatal? Se o espírito de indústria se deixa preservar, é fácil desviá-lo de um ramo para o outro; e o manufator de lã, por exemplo, pode se dedicar ao linho, à seda, ao ferro ou a qualquer outra mercadoria para a qual se assome alguma demanda. Não devemos nos deixar tomar pela apreensão de um esgotamento de todos os objetos de indústria, ou de que, estando em pé de igualdade com os de nossos vizinhos, nossos manufatores corram o risco de não ter a que empregar seu labor. A emulação entre nações rivais serve mais para manter a indústria viva em todas elas. E qualquer povo será mais feliz se possuir toda uma variedade de manufaturas do que se desfrutar de uma única. Sua situação é menos precária e menos suscetível às revoluções e incertezas a que cada ramo particular de comércio sempre estará exposto.

O único Estado comercial que deve temer os avanços e a indústria de seus vizinhos é a Holanda que, não dispondo de grandes extensões de terra, não possui uma boa variedade de mercadorias nativas; desse modo só floresce atuando como corretor, agente comercial e transportador de outros Estados. Natural é que tal povo acalente receios de que, tão logo seus vizinhos se dêem conta dessa situação e busquem seu próprio interesse, tomem em suas próprias mãos a administração dos negócios, privando seus corretores dos lucros antes por eles colhidos. Mas embora essa conseqüência seja naturalmente algo temível, muito tempo transcorrerá até que ela venha a ocorrer; e a arte e a indústria podem postergá-la, por muitas gerações, quando não evitá-la por completo. É grande a vantagem de estoques e cartas comerciais superiores, a ponto de ser difícil suplantá-la. E como todas as transações aumentam com o desenvolvimento da indústria em Estados vizinhos, até mesmo um povo cujo comércio se assenta nessas precárias bases, em um primeiro momento colherá consideráveis lucros da condição fluorescente de seus vizinhos. Os holandeses, tendo hipotecado todos os seus rendimentos, não mais protagonizam o papel que exerciam nas transações políticas; mas o seu comércio certamente continua igual ao que era em meados do último século, quando eram contados entre os grandes poderes da Europa.

Se tivesse êxito a nossa estreita e maléfica política, rebaixaríamos todos os nossos vizinhos ao mesmo estado de preguiça e ignorância que prevalece no Marrocos e na costa da Barbária. Mas qual seria a conseqüência? Não nos enviariam mercadorias e não adquiririam mercadorias de nós; nosso comércio interno definharia pela escassez de emulação, de exemplo e de instrução, e nos rebaixaríamos a mesma condição abjeta a que os reduzimos. Portanto, devo reconhecer não somente como homem, mas como súdito britânico, que faço votos pela fluorescência do comércio da Alemanha, da Espanha, da Itália, e mesmo da França. E pelo menos estou certo de que a Grã-Bretanha e todas essas nações floresceriam mais se seus soberanos e ministros adotassem magnânimos e benevolentes sentimentos uns para com os outros.

ENSAIO DEZENOVE

Do equilíbrio de poder

Uma questão é se a *idéia* de equilíbrio de poder pode ser devida inteiramente à política moderna, ou se apenas o *termo* foi inventado em épocas mais tardias. Certo é que Xenofonte[a], em sua Instituição de Ciro, representa a combinação de poderes asiáticos resultantes da desconfiança em relação à crescente força dos medos e dos persas; e embora essa elegante composição deva ser considerada inteiramente romanesca, o sentimento que o autor atribui aos príncipes do Oriente ao menos vem a ser prova da prevalente noção nos tempos antigos.

Em toda a política da Grécia, é clara a preocupação com o equilíbrio de poder, e isso nos é expressamente indicado até mesmo pelos historiadores antigos. Tucídedes[b] representa a liga, a que foi formada contra Atenas e que levou à Guerra do Peloponeso, inteiramente a esse princípio. Após o declínio de Atenas, com os tebanos e lacedemônios disputando a soberania, os atenienses (a exemplo de

---

[a] Lib. I.
[b] Lib. I.

tantas outras repúblicas), sempre se perfilaram junto ao lado mais fraco, em um esforço para preservar o equilíbrio. Apoiaram Tebas contra Esparta até a grande vitória de Epaminondas em Leuctra; depois, de pronto se aliaram, supostamente por generosidade, mas na verdade por desconfiança em relação a seus conquistadores[c].

Quem ler a oração de Demóstenes para os megalopolitas perceberá todas as sutilezas desse princípio, as quais alguma vez ocorreram a qualquer especulador veneziano ou inglês. Por ocasião da primeira manifestação do poder macedônio, esse orador imediatamente se deu conta do perigo e fez soar o alarme por toda a Grécia, que ao final reuniu a confederação que, sob a bandeira de Atenas, lutou na grande e decisiva batalha de Queronéia.

É verdade que as guerras gregas são vistas pelos historiadores de guerras como de emulação, e não como guerras políticas, pois cada Estado parecia ter em vista antes a honra de liderar os demais do que expectativas razoáveis de autoridade e domínio. Se considerarmos, de fato, o número reduzido de habitantes em qualquer outra república e o compararmos ao todo, a grande dificuldade que na época se tinha em formar cercos e a extraordinária bravura e disciplina de todo homem livre desse nobre povo, concluiremos que o equilíbrio de poder se encontrava garantido na Grécia, sem a necessidade de ser observado com a necessária precaução de outras épocas. Mas, quer atribuamos as mudanças de alianças nas Repúblicas gregas à *emulação desconfiada* quer à *precaução política*, os efeitos são semelhantes; e, qualquer que fosse o poder prevalecente, por certo haveria de se deparar com uma confederação que se lhe anteporia, e ela não raro se comporia de seus antigos amigos e aliados.

O mesmo princípio, quer fosse chamado inveja, quer imprudência, deu origem ao *ostracismo* em Atenas, e ao *petalismo*,

---

[c] Xenófones. Hist. Graec. Lib. VI & VII.

ENSAIOS POLÍTICOS

211

em Siracusa, para onde era expelido todo cidadão que excedesse os demais em fama ou poder. O mesmo princípio naturalmente se mostrava na política externa, opondo inimigos ao Estado líder, por moderado que fosse no exercício de sua autoridade.

O monarca persa era realmente, em seu poder, um príncipe menor, comparado às repúblicas gregas; por essa razão, ele foi impelido, mais por segurança do que por emulação, a se imiscuir em suas disputas, apoiando sempre o lado mais fraco em qualquer contenda. Foi esse o conselho dado por Alcibíades a Tissafernes[d], responsável pela sobrevida do império persa por quase um século; e quanto por um instante foi negligenciado, após a primeira manifestação do gênio ambicioso de Filipe, esse majestoso e frágil edifício ruiu com uma rapidez pouco igualável na história dos homens.

Os sucessores de Alexandre demonstraram muita desconfiança quanto ao equilíbrio de poder; desconfiança fundada na verdadeira política e prudência, as quais mantiveram independentes por muito tempo as repartições realizadas após a morte desse famoso conquistador. A fortuna e a ambição de Antígono[e] ameaçaram-nos com a volta da monarquia universal; mas sua combinação e sua vitória em Ipsus os salvaram. E uma vez que os príncipes orientais consideram os gregos e os macedônios as únicas forças militares com que tinham algum contato, mantiveram sempre um olhar vigilante sobre essa parte do mundo. Os ptolomeus, em particular, primeiro apoiaram Aratus e os aqueus, e depois Cleômenes, rei de Esparta, com o objetivo único de contrabalançar os monarcas macedônicos. Esse é o relato que Políbio nos proporciona na política egípcia[f].

A razão pela qual se supõe que os antigos eram totalmente ignorantes quanto ao *equilíbrio de poder* parece advir mais da história

---

[d] Tucídedes, lib. VIII.
[e] Diod. Sic. Lib. XX.
[f] Lib. II cap. 51.

romana do que da grega; e, como os feitos dos primeiros nos são mais familiares, dali tiramos todas as nossas conclusões. Deve-se reconhecer que os romanos jamais se depararam com o obstáculo de uma aliança ou de uma confederação, ao contrário do que se poderia esperar, dada a rapidez de suas conquistas e sua declarada ambição. Mas se lhes permitiu, em vez disso, que pacificamente subjugassem seus vizinhos, um após o outro, até que estendessem seus domínios por todo o mundo conhecido. Para não mencionar a fabulosa história de suas guerras itálicas; por ocasião da invasão do Estado romano por Aníbal houve uma crise notável que deve ter chamado a atenção de todas as nações civilizadas. Como depois veio a parecer (tampouco foi difícil que tal se observasse na época)[g], tratava-se de uma disputa por um império universal; mas nenhum príncipe ou Estado parece ter se dado conta da circunstância e do que estava em jogo nessa disputa. Felipe da Macedônia permaneceu neutro até ver as vitórias de Aníbal; e então, da maneira mais imprudente, formou uma aliança com o conquistador, em termos tanto mais imprudentes. Determinou-se que auxiliaria o Estado cartaginês em sua conquista da Itália, após o que estes enviariam forças à Grécia para ajudá-lo a subjugar as unidades comunitárias gregas[h].

As repúblicas ródea e aquéia são bastante celebradas por historiadores antigos em virtude de sua sabedoria e perfeita política. No entanto, ambas auxiliaram os romanos em suas guerras contra Filipe e Antíoco. Haveria prova mais cabal de que tal máxima não era de conhecimento geral nessa época? Pois nenhum autor antigo fez observar a imprudência dessa atitude ou censurou o tratado absurdo, acima referido, selado entre Filipe e os cartagineses. Em todas as épocas, príncipes e homens de Estado equivocavam-se de antemão em seus raciocínios acerca dos acontecimentos; é

---

[g] Observou-se por alguns, como se tem pela fala de Agelau de Naupactum, no congresso geral da Grécia. Ver Políbio, lib. V, cap. 104.

[h] Tito Lívio, lib. XXIII, cap. 33.

ENSAIOS POLÍTICOS

213

notável que os historiadores não façam um juízo posterior mais sólido a seu respeito.

Massinissa, Átalo e Prúsias, ao gratificar suas paixões privadas, serviram à grandeza de Roma; e jamais parece ter se suspeitado que estivesse forjando suas próprias cadeias, enquanto avançavam nas conquistas de seus aliados. Um simples acordo de interesse mútuo entre Massinissa e os cartagineses impediu a entrada dos romanos na África, preservando a liberdade da humanidade.

O único príncipe na história romana que parece ter compreendido o equilíbrio de poder é Híeron, rei de Siracusa. Apesar de aliado a Roma, enviou auxílio aos cartagineses, durante a guerra dos auxiliares, "pois considerava necessário que Cartago estivesse segura", segundo Políbio[i], tanto a fim de reter seus domínios na Sicília, como para preservar a amizade dos romanos; pois, com sua queda, o poder dominante poderia, sem obstáculo ou oposição, efetivar cada um de seus propósitos e objetivos. E nisso agiu com grande sabedoria e prudência. Uma circunstância como essa jamais pode ser subestimada, e tão grande poder não pode ser lançado a uma só mão, já que tal incapacita os Estados vizinhos de defender seus interesses contra ele. Eis aqui em termos expressos o objetivo da política moderna.

Em suma, a máxima de preservar o equilíbrio de poder funda-se tanto no senso comum como no raciocínio óbvio, sendo impossível que tenham passado despercebido pela Antigüidade um período em que encontramos, a respeito de outras questões, muitas marcas de profunda penetração e discernimento. Mesmo que não fosse tão conhecida e reconhecida como o é no presente, pelo menos tinha uma influência sobre todos os príncipes e políticos mais sábios e mais experientes. E na verdade, até hoje, por mais conhecida que seja

---

[i] Lib. I cap. 83

entre raciocinadores especulativos, na prática não dispõe de uma autoridade muito maior do que antes entre os que governam o mundo.

Após a queda do Império Romano, a forma de governo estabelecida pelos conquistadores do norte impediu em ampla medida a realização de conquistas subseqüentes e por longo tempo manteve cada Estado em suas fronteiras adequadas. Mas quando a vassalagem e a milícia feudais foram abolidas, os homens viram-se de novo diante da ameaça de uma monarquia universal, representada pela unificação de diversos reinos e principados na pessoa do imperador Carlos. Mas o poder da casa da Áustria, fundado em domínios extensos mas subdivididos e em suas riquezas provenientes sobretudo das minas de ouro e prata, dispunha de mais possibilidade de cair por si, em razão de imperfeições internas, do que de vencer os bastiões alçados contra ele. Em menos de um século, o poder desse povo violento e arrogante foi esmagado, sua opulência, dissipada, e seu esplendor, eclipsado. Sobreveio novo poder, mais formidável para as liberdades da Europa, dotado de todas as vantagens de seu antecessor e sem nenhum de seus defeitos, à exceção do apego ao espírito de intolerância e perseguição que durante tanto tempo, como ainda hoje, contamina a casa da Áustria.

Nas guerras gerais, encampadas contra esse ambicioso poder, a Grã-Bretanha sempre assumiu a liderança, posição essa que ainda mantém. Além das vantagens de sua riqueza e localização, seu povo é animado por um espírito nacional tão forte, e é de tal maneira ciente das benesses de seu governo, que não devemos temer que seu vigor em relação a causa tão justa e importante venha a esmorecer. Ao contrário, se julgarmos pelo passado, o seu apaixonado ardor parece mais requerer alguma moderação, pois com tanto maior freqüência pecaram por louvável excesso do que por deficiência.

Em primeiro lugar, parecemos estar mais de posse do antigo espírito grego de desconfiada emulação do que das prudentes visões da política moderna. Nossas guerras com a França se iniciaram com justiça, e mesmo, talvez, com necessidade; mas tais guerras foram

ENSAIOS POLÍTICOS

levadas muito longe, por obstinação e por paixão. A mesma paz instituída em Ryswick em 1697 fora-nos antes oferecida em 1692; concluiu-se que a mesma paz instituída em Utrecht em 1712 poderia ter ocorrido em condições igualmente favoráveis em Gertruytenberg em 1708; e poderíamos ter concedido em Frankfurt, em 1743, os mesmos termos que de bom grado aceitamos em Aix-la-Chapelle, em 1748. Vemos por aí que mais da metade de nossas guerras com a França, e todo o nosso débito público se devem mais a uma imprudente veemência do que à ambição de nossos vizinhos.

Em segundo lugar, é tão declarada nossa oposição ao poderio francês, e tão alertas somos em defesa de nossos aliados, que eles sempre consideram nossas forças acima de suas próprias, e recusam todos os termos razoáveis de reconciliação, pois nutrem a expectativa de prolongar a guerra às nossas expensas. *Habet subjectos, tanquam suos; viles, ut alienos.* Todo mundo sabe que o voto faccioso da Casa dos Comuns, no início do último parlamento, aliado à disposição declarada da nação, levou a rainha da Hungria a se tornar inflexível em seus termos, com isso impedindo um acordo com a Prússia, que de imediato teria restaurado a tranqüilidade na Europa.

Em terceiro lugar, somos tão verdadeiros combatentes que, uma vez engajados, perdemos toda a preocupação com nós mesmos e com nossa posteridade, e passamos a considerar tão-somente o modo como podemos irritar o inimigo. Cometemos o equívoco mais fatal em que pode incorrer uma nação com alguma pretensão à política e à prudência: hipotecar nossos ganhos a uma taxa muito baixa durante guerras em que desempenhávamos um papel meramente secundário. O remédio do financiamento, se é que se trata de remédio, e não de um veneno, deve sempre estar reservado a necessidades extremas, e mal algum, a não ser o maior e mais urgente, deverá nos induzir a abraçar tão perigoso expediente.

São muito prejudiciais esses excessos, a que temos sido conduzidos; e é provável que com o passar do tempo se tornem, em outro sentido, tanto mais prejudiciais, e dêem origem a seu extremo oposto, tornando-nos supinos e descuidados quanto ao destino da Europa. Os atenienses, que eram o povo mais voluntarioso, conspirador e guerreiro da Grécia, perceberam o erro que é se envolver em qualquer disputa e abandonar toda atenção relativamente aos assuntos estrangeiros; em nenhuma contenda tomavam partido, a não ser para adular e cortejar o lado vitorioso.

Monarquias enormes são, provavelmente, destrutivas à natureza humana; em seu progresso, em sua continuidade[j], e mesmo em sua queda, que jamais há de muito distar de seu estabelecimento. O gênio militar, que engrandeceu a monarquia, logo deixa a corte, o capital e o centro de tal governo, enquanto as guerras são levadas para grande distância e só interessam a uma pequena parte do Estado. A antiga nobreza, ligada ao soberano por afeição, abandona a corte, pois seus membros não aceitam cargos militares que os desloque para fronteiras longínquas e bárbaras, onde se vêem privados de seus prazeres e riquezas. As armas do Estado devem, assim, ser confiadas a mercenários estrangeiros desprovidos de zelo, de compromisso e de honra, sempre dispostos a apontar armas contra o príncipe e a apoiar qualquer agitador irresponsável em troca de pagamento e pilhagem. É esse o progresso inevitável dos assuntos humanos: é assim que a natureza humana se perde em elevações etéreas, e que a ambição trabalha cegamente pela destruição do conquistador, de sua família e de tudo o que lhe é próximo e caro. Os Bourbons, confiando o seu sustento à nobreza dotada de bravura, fidelidade e afeição, desfrutaram dessas vantagens sem limitação e sem reserva. Esses, enquanto incensados por glória e emulação, podem suportar as fadigas e perigos da guerra, mas jamais se submeteriam ao padecimento em fortificações na Hungria

---

[j] Se o império romano teve alguma vantagem, esta só podia advir disto: a humanidade geralmente se encontrava em uma condição muito desordenada e pouco civilizada antes de seu estabelecimento.

ENSAIOS POLÍTICOS 217

e na Lituânia, esquecidos pela corte e sacrificados às intrigas de cada lacaio e amante que se achega ao príncipe. As tropas estão repletas de croatas e tártaros, hussardos e cossacos, entremeados, talvez, de uns poucos soldados de posses vindos das províncias melhores; e o melancólico destino dos imperadores romanos se faz renovar ainda uma vez, pela mesma causa, até a dissolução final da monarquia.

ENSAIO VINTE

Dos impostos

Entre alguns raciocinadores há uma máxima prevalecente, segundo a qual *cada novo imposto cria no súdito uma nova habilidade para suportá-lo, e cada aumento em encargos públicos aumenta proporcionalmente a indústria do povo.* Pela sua natureza, essa máxima é bem suscetível de sofrer deturpações, e é tanto mais perigosa pelo fato de que sua verdade não pode ser de todo negada. Mas deve-se reconhecer que, se mantida dentro de certos limites, tem algum fundamento na razão e na experiência.

Quando um imposto é arrecadado sobre mercadorias consumidas pelas pessoas comuns, a necessária conseqüência disso parece ser que os pobres ou devem retirar algo de seu modo de vida, ou então elevar seu salário, para fazer com que o fardo dos impostos incida inteiramente sobre os ricos. Mas há uma terceira conseqüência, que não raro se segue dos impostos, qual seja, a de que o pobre aumenta a sua indústria, realiza mais trabalho e vive tão bem como antes sem demandar mais por seu trabalho. Quando os impostos são moderados, aplicados gradualmente e não afetam o que é necessário à vida, essa conseqüência se segue naturalmente; e é certo que tais dificuldades muitas vezes servem para despertar a indústria de um povo e torná-lo mais opulento e laborioso do que outros que desfrutam das maiores vantagens. Em paralelo podemos observar que as nações mais comerciais nem sempre possuíram a maior extensão de terras férteis, mas, ao contrário, sempre traba-

220   DAVID HUME

lharam sob muitas desvantagens naturais. Tiro, Atenas, Cartago, Rodes, Gênova, Veneza e Holanda são disso exemplos vigorosos. Em toda a história encontramos apenas três exemplos de países grandes e férteis com intensa atividade comercial: Holanda, Inglaterra e França. Os dois primeiros parecem ter sido tentados pelas vantagens de sua situação marítima e pela necessidade de freqüentar portos estrangeiros a fim de procurar o que o seu próprio clima lhe interditava. E quanto à França, o comércio chegou tardiamente àquele reino, e parece ter sido o efeito de reflexão e observação em um povo engenhoso e empreendedor que observou que as riquezas adquiridas por tais nações vizinhas eram cultivadas pela navegação e pelo comércio.

As localidades mencionadas por Cícero[a] como possuidoras do mais intenso comércio de seu tempo são a Alexandria, a Cólquida, Tiro, Sídon, Andros, Chipre, Panfília, Lícia, Rodes, Quios, Bizâncio, Lesbos, Esmirna, Milet e Coos. Todas essas, à exceção de Alexandria, eram ou pequenas ilhas ou territórios de estreitas dimensões. E note-se que Alexandria devia o seu comércio inteiramente a uma posição favorável.

Uma vez que, portanto, algumas necessidades ou desvantagens naturais podem ser consideradas favoráveis à indústria, por que encargos artificiais não poderiam surtir o mesmo efeito? *Sir* William Temple[b], como podemos observar, atribui a indústria dos holandeses inteiramente a necessidades advindas de suas desvantagens naturais. E ilustra sua doutrina com uma impressionante comparação com a Irlanda, "onde", diz ele, "pela extensão e profusão do solo e pela escassez de pessoal, todas as coisas necessárias à vida são tão baratas que, com dois dias de trabalho, homens industriosos obtêm o suficiente para alimentá-los pelo resto da

---

[a] *Epist. ad Att.*, livro IX, carta II.
[b] Relato sobre a Holanda, cap. 6.

semana. Tal me parece a razão óbvia para que esse povo seja tido como preguiçoso. Pois é natural que o homem prefira o descanso ao trabalho, e não se esforce quando pode viver no ócio; quando, porém por necessidade, como estão acostumados a essa condição, não a conseguem abandonar, pois se tornou costume necessário à sua saúde e entretenimento, e a mudança do descanso constante para o trabalho é tão difícil como a do trabalho para o descanso". Após o que o autor procede a confirmar sua doutrina, enumerando, como acima, os lugares em que o comércio mais floresceu, nos tempos antigos como nos modernos, e que comumente são observados como territórios estreitamente confinados, o que engendra a necessidade da indústria.

Os melhores impostos são os arrecadados do consumo, em especial sobre o luxo; porque são esses os impostos que as pessoas menos sentem. De algum modo eles parecem voluntários, pois um homem escolhe quanto usará da mercadoria taxada; pagarão de maneira gradual e insensível. Naturalmente produzirão sobriedade e frugalidade, se judiciosamente impostos; e sendo confundidos com o preço natural da mercadoria, dificilmente serão percebidos pelos consumidores. Sua única desvantagem está no custo da arrecadação.

Impostos sobre posses são arrecadados sem despesas; mas eles têm bem outras desvantagens. A maior parte dos Estados, contudo, é obrigada a recorrer a eles para suprir as deficiências dos outros.

Mas de todos os impostos, os mais perniciosos são os arbitrários. Comumente são convertidos, por sua administração, em punição para a indústria; e são mais perniciosos por sua inevitável desigualdade do que pelo real fardo que impõem. Por essa razão, surpreende ver que eles têm lugar entre povos civilizados.

Em geral, todos os impostos sobre indivíduos, mesmo quando não são arbitrários, devem ser considerados perigosos: pois tão fácil é para o soberano acrescentar sempre um pouco mais à soma por ele demandada, que essas taxas são passíveis de se tornar completamente opressivas e intoleráveis. Por outro lado, uma tarifa sobre mercadorias restringe-se por si mesma, pois o príncipe logo percebe que uma elevação no imposto não eleva sua renda. Portanto, não é fácil que um povo seja totalmente arruinado por esses impostos.

Historiadores nos informam que uma das causas principais da destruição do Estado romano foi a alteração que Constantino introduziu nas finanças, de quase todos os dízimos, impostos aduaneiros e sobre consumo que antes compunham a receita de todo o *império* por um imposto individual de caráter geral. O povo, em todas as províncias, sentiu-se tão esmagado e oprimido pelos *publicanos*, que de bom grado recebeu os exércitos dos bárbaros conquistadores, cujo domínio, uma vez que tinham menos necessidades e menos arte, era preferível à refinada tirania dos romanos.

É opinião zelosamente propalada por alguns autores políticos que, como todos os impostos em última instância incidem sobre a terra, melhor seria que fossem aplicados ali e que se abolisse todo imposto sobre consumo. Mas é negado que todos os impostos incidam sobre a terra. Se uma tarifa é arrecadada de uma mercadoria qualquer consumida por um artesão, ele tem dois óbvios expedientes para pagá-la: ele pode retirar algo de suas despesas, ou pode trabalhar mais. Ambos esses recursos são mais simples e naturais do que elevar seus salários. Vemos que, em anos de escassez, o tecelão ou consome menos ou emprega ambos esses expedientes de frugalidade e indústria, com os quais consegue chegar até o final do ano. É não mais do que justo que ele se submeta às mesmas privações, se é que elas merecem esse nome, em prol do poder público que lhe dá proteção. Por qual dispositivo ele poderia elevar o preço de seu trabalho? O manufator que o emprega não lhe dará mais; nem poderia, porque o mercador que exporta o tecido não pode elevar seu preço, limitando-se pelo preço que obtém em mercados estrangeiros. Certo é que todo homem gostaria de se ver livre do fardo de qualquer imposto que tenha de pagar, impondo-lhe a outros homens; mas todos os homens têm a mesma inclinação, e esta é defensiva, não se deve esperar que um grupo de homens prevaleça definitivamente na disputa. E por que, não posso imaginar por que cavalheiros proprietários deveriam ser vítimas do todo, sem poder se defender como outros. Na verdade,

ENSAIOS POLÍTICOS   223

todos os mercadores de bom grado o pilhariam e dividiriam entre si, se pudessem; mas essa inclinação eles sempre têm, mesmo que não arrecadem nenhum imposto; e os mesmos métodos pelos quais se guardam da imposição dos comerciantes lhes servirão depois para que com ele divida o fardo. Devem na verdade ser impostos bastante pesados e arrecadados de forma bem pouco judiciosa aqueles que o artesão por si mesmo não consegue pagar com mais indústria e frugalidade, e sem elevar o preço de seu trabalho.

Concluirei esse assunto observando que, com relação a impostos, dispomos de um exemplo bastante comum em instituições políticas, cujas conseqüências estão no extremo oposto das que poderíamos à primeira vista esperar. É considerada máxima fundamental do governo turco que o *Grand Signior*, embora senhor absoluto das vidas e fortunas de cada indivíduo, não tenha autoridade para impor um novo imposto; e todo príncipe otomano que procedeu a tal tentativa ou foi obrigado a retrair, ou então a enfrentar os efeitos fatais de sua perseverança. Poder-se-ia imaginar que esse preconceito ou essa opinião estabelecida fosse a barreira mais firme existente no mundo contra a opressão; certo é que seu efeito é bem o contrário. O imperador, não possuindo um dispositivo legal para aumentar seus rendimentos, permite que todos os paxás e governadores oprimam e abusem de seus súditos, sendo aqueles extorquidos por ele quando deixam seus cargos. Enquanto, se já se pudesse impor um novo imposto, como nossos príncipes europeus, nessa medida seu interesse se uniria ao de seu povo; tanto que ele imediatamente sentiria os maus efeitos da desordenada arrecadação de moeda; e constataria que uma libra arrecadada por meio de uma imposição geral teria efeitos menos perniciosos do que um xelim tomado de maneira tão desigual e arbitrária.

ENSAIO VINTE E UM

Do crédito público

Ao que parece, prática bem comum na Antigüidade foi a de fazer provisões, em tempos de paz, para as necessidades da guerra e de entesourar riquezas de antemão, como instrumentos de conquista ou defesa; sem confiar em imposições extraordinárias, muito menos em empréstimos, em tempos de desordem e confusão. Além das imensas somas mencionadas[a], reunidas por Atenas e pelos ptolomeus, e outros sucessores de Alexandre; com Platão[b] aprendemos que os frugais lacedemônios também coligiram imenso tesouro; e Arriano[c] e Plutarco[d] observam as riquezas de que Alexandre se apossou em Susa e Ecbátana, parte das quais esteve armazenada desde o tempo de Ciro. Se bem me lembro, as escrituras também fizeram menção ao tesouro de Ezequiel e dos príncipes judeus; enquanto a história profana faz menção aos de Felipe e de Perseu, reis da Macedônia. As antigas repúblicas da Gália costumavam manter grandes somas em reserva[e]. Todo mundo sabe

---

[a] Ensaio V ("Do equilíbrio do comércio").
[b] Alcib. I.
[c] Lib. III.
[d] Plut. *in vita* Alex. Ele afirma que esses tesouros chegavam ao montante de 80 mil talentos, ou cerca de 15 milhões de libras esterlinas. Quintus Curtius (livro V, capítulo 2), diz que Alexandre teria encontrado mais de 50 mil talentos em Susa.
[e] Estrabão, livro IV.[3]

do tesouro apropriado pela Roma de Júlio César durante as guerras civis; e constatamos que, posteriormente, imperadores mais sábios, Augusto, Tibério, Severo etc. demonstraram sempre a prudente previdência de guardar grandes somas para fazer frente a qualquer exigência ao poder público.

Ao contrário, nosso expediente moderno, que se tornou bastante geral, é hipotecar a receita pública e confiar que a posteridade salde as incumbências contraídas por seus antecessores: e estes, tendo ante seus olhos o tão bom exemplo de seus pais, têm a mesma confiável prudência em *sua* posteridade; quem, ao final, mais por necessidade do que por escolha, se vê obrigado a depositar a mesma confiança na posteridade subseqüente. Mas, para não desperdiçar tempo denunciando prática que parece indiscutivelmente ruinosa, bastante claro parece que as máximas antigas são, quanto a isso, mais prudentes que as modernas; mesmo que essas tenham sido confinadas a limites razoáveis e tenham sido sempre, em todas as instâncias, acompanhadas, em tempos de paz, de uma frugalidade que permite dar conta de débitos incorridos por uma guerra custosa. Por que o caso deveria ser tão diferente entre o poder público e um indivíduo, a ponto de nos levar a estabelecer diferentes máximas de conduta para cada? Se os fundos do primeiro forem maiores, suas despesas necessárias serão proporcionalmente maiores; se suas fontes forem mais numerosas, elas serão infinitas; e, como sua estrutura deve ser calculada para uma duração muito mais longa do que a de uma única vida ou a de uma família, deve adotar máximas abrangentes, duradouras e generosas, concordantes com a suposta duração de sua existência. A responsabilidade pelos assuntos humanos não raro torna inevitável o recurso à sorte e a expedientes temporários; mas quem quer que dependa deles só por vontade própria deve imputar os eventuais infortúnios que lhe acometerem unicamente à própria tolice.

Se os abusos de tesouros são perigosos, ou por envolver o Estado em empresas precipitadas, ou por levá-lo a negligenciar a disciplina militar, por confiar em suas riquezas; os abusos de hipoteca são mais certos e inevitáveis: a pobreza, a impotência e a sujeição a poderes estrangeiros.

Ensaios Políticos

227

De acordo com a política moderna, a guerra é acompanhada de todas as circunstâncias destrutivas: a perda de homens, o aumento dos impostos, a decadência do comércio, a dissipação da moeda, a abertura do tesouro público, ao produzir uma influência incomum de ouro e prata, servia como temporário incentivo à indústria e para compensar, em algum grau, as inevitáveis calamidades da guerra.

É muito tentador para um ministro empregar expediente como esse, pois lhe capacita fazer grande figura durante sua administração, sem sobrecarregar o povo com impostos ou despertar qualquer clamor imediato contra ele mesmo. Por essa razão, a prática, de contrair dívidas será quase que infalivelmente abusada em todo governo. Dotar um estadista do poder de postergar contas à posteridade por meio desse procedimento seria tão imprudente quanto dar crédito a um filho pródigo em todas as agências bancárias de Londres.

O que poderíamos então dizer do novo paradoxo de que as incumbências públicas são, em si próprias, vantajosas, independentemente da necessidade de contraí-las; e que um Estado qualquer, mesmo que não esteja sob a pressão de um inimigo estrangeiro, não poderia adotar um procedimento mais sábio para promover o comércio e as riquezas do que gerar fundos, débitos e impostos sem qualquer limitação? Raciocínios como esse poderiam facilmente passar por disputas de engenho entre retóricos, como panegíricos da tolice, ou então por um delírio de Busíris e Nero, não tivéssemos visto máximas tão absurdas patrocinadas por grandes ministros e por todo um partido entre nós.

Passemos ao exame das conseqüências das dívidas públicas, tanto em nossa administração interna, por sua influência no comércio e na indústria, quanto em nossas transações externas, por seu efeito em guerras e negociações.

Títulos públicos tornaram-se, entre nós, um tipo de moeda, e são tão prontamente aceitos nos preços correntes como ouro e prata. Sempre que se oferece um empreendimento lucrativo, por caro que seja, não faltam mãos dispostas a assumi-lo; tampouco

228 DAVID HUME

precisa um mercador, com quantias depositadas nos cofres públicos, dispor de motivos para recear lançar-se ao comércio mais intensivo, já que está de posse de fundos para responder à mais imediata demanda que lhe seja feita. Mercador algum pensa ser necessário manter consigo um caixa considerável. Estoques bancários e bônus da Índia, especialmente o último, servem ao mesmo propósito, pois ele pode dispor deles ou empenhá-los junto a um banqueiro em um quarto de hora; ao mesmo tempo não são ociosos, mesmo quando em seu escritório, mas trazem-lhe constante receita. Em suma, nossos débitos nacionais fornecem aos mercadores uma espécie de moeda que está continuamente se multiplicando em suas mãos e que produz ganho certo, para além dos lucros de sua permuta. Isso permite que comerciem com menores lucros. O pequeno lucro do mercador torna mais barata a mercadoria, e causa grande consumo, acelera o trabalho do povo comum e ajuda a disseminar as artes e a indústria pela sociedade como um todo.

Há ainda, como podemos observar, na Inglaterra e em todos os Estados que têm tanto comércio como débitos públicos, um grupo de homens que em parte são mercadores, em parte arrendatários, e deles se pode supor que estão dispostos a comerciar com lucros reduzidos, pois o comércio não é seu único ou seu principal sustento, e sua receita com fundos é recurso garantido para eles e para suas famílias. Se fundos não houvesse, os grandes mercadores não teriam nenhum expediente para converter ou assegurar parte alguma de seu lucro, a não ser adquirindo terras; e a terra tem muitas desvantagens se comparada aos fundos. Requerendo maior cuidado e inspeção, divide o tempo e a atenção do mercador; diante de uma oferta tentadora ou de um acidente inesperado de comércio, não é de fácil conversão em moeda; e, sendo grande a atração que exerce, tanto pelos prazeres naturais que permite como pela autoridade que confere, de pronto converte o cidadão em cavalheiro do campo. Portanto, é de se supor que mais homens com grandes estoques e rendas permanecerão no comércio onde houver débitos públicos; e, é preciso reconhecer, isso tem alguma vantagem para o

Ensaios Políticos

229

comércio, pela diminuição de seus lucros, pela promoção da circulação e pelo incentivo à indústria.

Mas, em oposição a essas duas circunstâncias favoráveis, que talvez não sejam de grande importância, que se considerem as muitas desvantagens que acompanham nossos débitos públicos em relação à economia *interior* do Estado: não há de se encontrar nenhuma comparação entre o mal e o bem que delas resultam.

Primeiro, é certo que os débitos nacionais causam poderosa confluência de pessoa e de riquezas para a capital, devido às grandes somas arrecadadas nas províncias para o pagamento de juros; e talvez também às vantagens em transações acima referidas, as quais são para os mercadores da capital em comparação com o restante do reino. A questão é saber se, em nosso caso, seria do interesse público o conferir de tantos privilégios a Londres, que já atingiu descomunal tamanho, e ainda cresce. Alguns homens se mostram apreensivos quanto às conseqüências. De minha parte, não posso deixar de pensar que, se a cabeça é indubitavelmente por demais grande para o corpo, a posição dessa enorme cidade é tão favorável que seu volume excessivo causa menos inconveniências do que uma cidade ainda menor para um reino maior. Existe mais diferença nos preços de todas as provisões em Paris e no Languedoc do que entre aqueles em Londres e em Yorkshire. A imensidão de Londres, sob um governo que não admite poder discricionário, torna o povo faccioso, amotinado, sedicioso e talvez até mesmo rebelado. Mas para esse mal as próprias dívidas nacionais tendem a prover um remédio. A primeira erupção visível, ou mesmo o perigo iminente de desordens públicas, alarma todos os arrendatários, dos quais a propriedade é de todas a mais precária; e tal o levará a buscar socorro do governo diante da ameaça de violência jacobita ou de um surto democrático.

Segundo, sendo as ações públicas um gênero de nota de crédito, elas têm todas as desvantagens que caracterizam essa espécie de moeda. Banem o ouro e a prata do comércio mais considerável do Estado, limita-os à circulação comum e, por esse meio, tornam todas as provisões e o trabalho mais caros do que de outro modo seriam.

Terceiro, os impostos arrecadados para pagar os juros desses débitos são dados a elevar o preço do trabalho ou a oprimir os da laia mais pobre.

Quarto, como os estrangeiros possuem grande parte de nossos fundos nacionais, de certo modo transformam o poder público em seu tributário e com o tempo hão de poder ocasionar a migração de nosso povo e de nossa indústria.

Quinto, com a maior parte das ações públicas sempre estando em mãos de pessoas ociosas, de certo modo transformam em seu tributário o poder público, e com o tempo podem transportar nosso povo e nossa indústria.

Mas embora a injúria que surge de nossos fundos públicos para o comércio e para a indústria não pareça, no cômputo geral, inconsiderável, ela é trivial em comparação ao prejuízo que resulta para o Estado considerado como corpo político que deve se manter na sociedade das nações e entabula diversas transações com outros Estados durante guerras e negociações. Aqui o mal é puro e isento de mescla, sem qualquer circunstância favorável que o atenue. É também um mal da mais elevada e importante natureza.

É bem verdade que se nos diz que o poder público é mais fraco em razão de suas dívidas, já que essas dívidas dizem respeito sobretudo a nós mesmos e trazem tanta propriedade para um quanto retiram de outro. Seria como transferir moeda da mão direita para a esquerda, sem deixar a pessoa nem mais rica nem mais pobre do que antes. Tais frouxos raciocínios e comparações especiosas serão sempre aceitos enquanto não julgarmos a versar de princípios. Pergunto se é possível, em conformidade com a natureza das coisas, sobrecarregar uma

ENSAIOS POLÍTICOS

231

nação com impostos quando o soberano nela reside? A própria dúvida em si parece extravagante, visto requerer-se que em toda comunidade se observe certa proporção entre a parte laboriosa e a ociosa. Mas, e se todos os nossos atuais impostos forem hipotecados, havemos de inventar novos? E tal não poderia ser levado a ponto ruinoso e destrutivo?

Em toda nação há sempre alguns métodos para arrecadar moeda mais fáceis do que outros, a depender de como vive o povo e das mercadorias de que se utiliza. Na Grã-Bretanha, os impostos sobre o malte e a cerveja proporcionam grande receita, já que as operações de maltagem e fermentação são demoradas e impossíveis de serem ocultadas; e ao mesmo tempo, essas mercadorias não são absolutamente necessárias à vida, a ponto de a elevação de seu preço afeitar os mais pobres. Sendo hipotecados esses impostos, qual não seria a dificuldade de encontrar novos! Qual não seria a privação e ruína dos pobres!

Tarifas sobre consumo são mais igualitárias e simples do que sobre posses. Que imensa perda para o poder público se elas todas se exaurissem, e tivéssemos de recorrer a métodos mais dolorosos para a arrecadação de impostos!

Se todos os proprietários de terras mais não fossem do que capatazes do poder público, não seria necessário forçá-los a praticar todas as artes da opressão de que se valem os capatazes, onde a ausência ou negligência do proprietário os põem livres de qualquer investigação?

Nesse estado pouco natural da sociedade, as únicas pessoas que possuem alguma renda para além dos efeitos imediatos de sua indústria são os arrendatários que obtêm quase todo o aluguel da terra e de imóveis, além do produto de todos os impostos aduaneiros e de consumo. São esses homens que não dispõem de contatos no Estado, que podem desfrutar de sua renda em qualquer globo que escolherem para residir e que naturalmente se estabelecem na capital ou em grandes cidades, e que se afundarão na letargia de um luxo estúpido e mimado, isento de espírito, ambição ou fruição. *Adieu* a todas as idéias de nobreza, cavalheirismo e família. As ações podem ser transferidas em um instante e, estando em um estado assim flutuante, dificilmente se fazem transmitir de pai para filho por mais de três gerações. E se permanecessem por tanto tempo em uma mesma família, não comunicariam qualquer autoridade ou crédito ao proprietário; desse modo, as diversas classes de homens, que formam um gênero de magistratura independente em um Estado por instituição da natureza, são inteiramente perdidas; e a autoridade de cada homem obtém sua influência tão-somente pela comissão do soberano. Outro expediente não resta para impedir ou suprimir insurreições que não as forças mercenárias; não resta absolutamente nenhum expediente para resistir à tirania; eleições são decididas unicamente pela falcatrua e pela corrupção; e, sendo de todo suprimido o poder intermediário entre o rei e o povo, um amargo despotismo infalivelmente prevalece. Os detentores da terra, desprezados por sua pobreza e odiados por seus atos de opressão, são de todo incapazes de se opor a tal despotismo.

Mesmo que uma resolução se constitua pela legislatura, jamais se institui imposto algum que seja nocivo ao comércio ou desincentive a indústria, sendo impossível que em assuntos de delicadeza tão extrema raciocinem com tanta justeza a ponto de jamais se enganar; ou que, em meio a dificuldades tão prementes, não sejam demovidos de sua resolução. A flutuações contínuas no comércio requerem contínuas alterações na natureza dos impostos, o que a todo momento expõe a legislatura ao erro, seja voluntário, seja involuntário. Qualquer grande abalo sofrido pelo comércio, por impostos injudiciosos ou por outros acidentes, lança todo o sistema de governo em convulsão.

Mas que expediente poderia empregar o poder público, mesmo supondo que o comércio continue nas mais florescentes condições, para apoiar suas guerras e empreendimentos no exterior, e para defender sua própria honra e interesse, ou os de seus aliados? Não é o caso de saber como o poder público exercerá poder tão pro-digioso quanto o que demonstrou nas últimas guerras, quando excedemos não só nosso poder natural, mas também o dos maiores impérios. É essa a extravagância de que se reclama enquanto origem de todos os perigos a que no presente estamos expostos. Mas como devemos sempre supor que um grande comércio e opulência hão de permanecer mesmo depois de hipotecados todos os fundos, essas riquezas devem ser defendidas por poder que lhe seja proporcional; e de onde poderia o poder público obter renda para isso? É certo que ela deve advir de contínua taxação dos anuentes, ou, o que é a mesma coisa, de novamente, sempre que necessário, hipotecar alguma parte de suas anuidades, assim fazendo com que contribuam para sua própria defesa e a da nação. Mas facilmente se assomam as dificuldades que espreitam esse sistema de política, quer suponhamos que o rei se torne senhor absoluto, quer permaneça sob o controle dos conselhos nacionais em que os próprios beneficiários de anuidades hão de ser, necessariamente, os membros principais.

Se se torna absoluto o príncipe, como naturalmente se pode esperar nessa situação, com tanta facilidade ele pode aumentar as cobranças sobre os beneficiários e reter essa quantia em suas mãos, que esse tipo de propriedade logo perderia todo o crédito; e todo o ganho de cada indivíduo do Estado permaneceria à inteira disposição do soberano: um grau de despotismo a que monarquia oriental até hoje conseguiu chegar. Se, ao contrário, fosse necessário o consentimento de todos os beneficiários para a taxação, não seria possível nem mesmo convencê-los a contribuir com o bastante para prover o governo; à medida que a diminuição da renda seria bastante significativa, sem que pudesse ser apresentada como um ramo de impostos sobre consumo ou alfandegários; e não haveria de ser compartilhada com nenhuma outra parte do Estado; mas tratava-se de um exercício extraordinário de poder que não pode se tornar em fundação de uma defesa nacional constante. Sempre constatamos que, quando um governo hipoteca toda a sua receita, é inevitável que se afunde em um estado de langor, inatividade e impotência.

Tais são os inconvenientes que se pode razoavelmente entrever dessa situação, e para as quais a Grã-Bretanha tende a olhos vistos.

234 DAVID HUME

Para não mencionar ainda as inúmeras conveniências que não podem ser preditas e as quais bem se pode esperar de situação tão absurda como aquele em que o poder público é o principal ou único proprietário de terras, além de investi-las com todo tipo de imposto aduaneiro e sobre consumo que a fértil imaginação dos ministros e planejadores tiver a capacidade de criar.

Tenho de confessar que já de longa data há uma estranha supinidade assolando todas as classes de homens no que diz respeito aos débitos públicos, e que não muito difere das queixas dos sacerdotes em relação às suas doutrinas religiosas. Todos concedemos que até mesmo a mais sangüínea imaginação não deve esperar que o atual ministro, nem outro qualquer em tempo futuro, seja dotado de frugalidade tão rígida e permanente a ponto de realizar qualquer considerável progresso no pagamento de nossos débitos; ou então que a situação externa lhe permita tempo ou tranqüilidade para realizar tal coisa. *O que então será de nós?* Se fôssemos bons cristãos, resignados à Providência, aí se teria, a meu ver, uma questão interessante, mesmo se considerada de modo especulativo; e não seria inteiramente impossível conjecturar para respondê-la. O que sucederá a esse respeito não depende de batalhas, negociações, intrigas e facções; parece haver um curso natural das coisas que pode guiar nosso raciocínio. Assim como seria preciso tão-só um pouco de prudência para prever, quando demos início a essa prática de hipoteca, com base na natureza de homens e ministros, que as coisas chegariam ao ponto em que estão. Da mesma forma, agora que chegamos a esse ponto, não é difícil antever as conseqüências. De dois acontecimentos, um sobrevirá: ou a nação acaba com o crédito público, ou o crédito público acaba com a nação. É impossível que ambos possam subsistir como até agora fizeram, tanto neste como em outros países.

Há na verdade um esquema para o pagamento de nossas dívidas, proposto por um excelente cidadão, o Sr. Hutchinson. Anos atrás ele propôs um esquema para o pagamento de nossos débitos que foi muito bem recebido por alguns homens de bom senso, porém

ENSAIOS POLÍTICOS   235

nada se fez adotar. Ele asseverava ser falacioso imaginar que o poder público tenha esse débito, já que na verdade cada indivíduo compartilha dela uma parte proporcional, e parte proporcional ele paga de juros em seus impostos, sem contar ainda o custo de recolhimento desses impostos. Não seria melhor então, diz ele, repartir o débito entre todos, cada um contribuindo com uma quantia adequada à sua propriedade e assim quitando, de uma só vez, todos os fundos e hipotecas públicas? Ele não parece ter considerado que os trabalhadores pobres pagam parte considerável dos impostos mediante seu consumo anual e não poderia contribuir com a parte proporcional da soma requerida. Isso para não mencionar que a propriedade em dinheiro e em estoque comercial pode com facilidade ser ocultada ou disfarçada; e assim a propriedade de terras e imóveis na verdade responderia pelo todo, o que engendraria inaceitáveis desigualdade e opressão. Não se deve esperar a adoção de projeto como esse; mas não é de todo improvável que, quando a cruel opressão dos débitos levar a nação a um como que ataque cardíaco, algum brilhante planejador virá em seu socorro com esquemas visionários. Como o crédito público estará já fragilizado, bastará o menor toque para o destruir, como aconteceu na França durante a regência dessa maneira *ele se fará morrer pelo médico*.

Mais provável é que o abalo da fé nacional sobrevenha de guerras, derrotas, infortúnios e calamidades públicas, ou até mesmo de vitórias e conquistas. Sempre que vejo príncipes de Estado se engalfinhando e discutindo entre si a respeito de seus débitos, fundos e hipotecas públicas, ocorrem-me os jogos de porrete disputados em uma loja *chinesa*. Seria de se esperar que os soberanos poupassem um tipo de propriedade que lhes é tão pernicioso, e o é também ao poder público, quando revelam tão pouca compaixão em relação a vidas e propriedades tão úteis a ambos? Esperemos o tempo (e ele certamente virá) em que os novos fundos criados para as exigências anuais não serão aprovados e não arrecadarão a moeda projetada. Suponha-se que o caixa da nação esteja a ponto de se exaurir, ou que nossa fé, até aqui tão pródiga, comece a nos faltar; e suponha-se que, nessa situação, a nação se veja ameaçada por uma invasão, ou que uma rebelião interna se insinue ou mesmo se dê: não seria possível equipar uma esquadra, em razão da falta de pagamento, de provisões ou de manutenção, e nem mesmo haveria de pagá-lo por meio de um reforço estrangeiro. O que um príncipe ou ministro deveria fazer em semelhante emergência? É inalienável o direito de todo indivíduo à autopreservação, sobretudo em uma comunidade. E a tolice de nossos estadistas, que dispõem de meios para garantir em suas mãos a segurança, mas que não possuem meios para empregá-los, é maior do que a dos que se deixaram endividar, e sobretudo maior do que a dos que confiaram ou continuam confiando nessa segurança. Nessa situação, os fundos que foram criados e hipotecados propiciarão imensa arrecadação anual, suficiente para a defesa e segurança da nação; a moeda imediatamente será apropriada para o erário, na espera da quitação dos juros quadrimestrais. A necessidade chama, a razão exorta, a compaixão conclama; a moeda é de pronto disponibilizada para o serviço militar, provavelmente sob as garantias solenes de que será de pronto reposta. Mais não é preciso. O edifício como um todo, já tremulante, virá ao chão, soterrando milhares em suas ruínas. Isso, penso poder chamá-lo *morte natural* do crédito público, já que nesse período ele, tão naturalmente quanto um corpo animal, tende à dissolução e à destruição.

Tão simplória é a generalidade da humanidade que, apesar de tão violento abalo no crédito público como o que ocasionaria a falência bancária na Inglaterra, é provável que levasse muito tempo até que o crédito revivesse e prosperasse como antes. O atual rei da França, durante a última guerra, emprestou moeda a juros mais baixos do que seu pai algum dia praticou. Tão baixos quanto os do parlamento britânico, comparando a atual taxa de juros em ambos os reinos. E embora os homens sejam comumente mais governados pelo que já viram em lugar do que por aquilo que entrevêem, por mais certo que seja, as promessas, garantias e belas aparências são tão poderosas que poucos podem a elas resistir. Em todas as épocas, os homens são fisgados pelas mesmas iscas; os mesmos truques, realizados ainda uma vez, tornam a nos enganar. A alturas de popularidade e patriotismo são

ENSAIOS POLÍTICOS

237

sempre o caminho mais curto para a força e a tirania; o encanto, para a trapaça; exércitos permanentes, para o governo arbitrário; e a glória de Deus, para os interesses temporais do clero. O receio de uma definitiva aniquilação do crédito, supondo que ele seja um mal, é um fantasma desnecessário. Na verdade, um homem prudente preferiria emprestar ao poder público de pronto após a liquidação de suas dívidas do que na situação atual; assim como um trapaceiro rico, por mais que não se possa obrigá-lo a pagar, é um credor preferível a alguém honesto, porém falido: já que o primeiro, para sustentar seus negócios, pode preferir quitar suas dívidas, desde que essas não sejam exorbitantes, coisa que não está ao alcance do último. O raciocínio de Tácito[f] bem se aplica a nosso caso, pois é eternamente verdadeiro: *Sed vulgus ad magnitudinem beneficiorum aderat: Stultissimus quesque pecunüs mercabatur: Apud sapientes cassa habebantur, quae neque dari neque accipi, salva republica, poterant.* Quando homem público algum puder ser forçado a pagar, a dívida há de ser do poder público. A única restrição que os credores lhe imporão será o interesse de preservar o crédito, que com facilidade pode ser sobrepujado por uma dívida vultosa e por uma emergência delicada e extraordinária, mesmo supondo-se um crédito irrecuperável.

As duas ocorrências que acima se fez supor são calamitosas, sem ser as mais calamitosas. Milhares são sacrificados pela segurança de milhões; mas não estamos seguros em relação à ocorrência da situação contrária, na qual milhões poderiam ser para sempre sacrificados em nome de milhares[g]. É possível que nosso governo popular torne difícil ou arriscada a tentativa, por um ministro, de se lançar em tão desesperada aventura como é a falência voluntária. E, não obstante a Casa dos Lordes se compor inteiramente de proprietários de terras,

---

[f] *História*, livro III.

[g] Pelo que ouvi, tem se registrado que todos os credores do público, nativos e estrangeiros, chegam a um montante que não supera os 17 mil. Eis o número de seus atuais rendimentos; mas no caso de uma falência pública, de um instante para o outro tal rendimento se tornaria o mais baixo, como também o mais famigerado

238 David Hume

que são também maioria nos Comuns, e de assim não se dever supor que tenham grande propriedade em fundos, podem ser bem significativas as ligações dos membros com os proprietários, a ponto de fazer com que tenham mais consideração pela fé do público do que recomendariam, estritamente falando, a prudência, a política ou mesmo a justiça. É provável ainda que nossos inimigos estrangeiros sejam suficientemente argutos para perceber a fragilidade de nossa segurança e para não mostrarem a face da ameaça até que seja inevitável o perigo. Nossos avós, pais e nós mesmos consideramos o equilíbrio de poder na Europa demasiadamente desigual para que fosse preservada sem nossa atenção e assistência; mas provável é que nossos filhos, cansados dessa disputa e agrilhoados por incumbências, ponham-se a reclinar e a confortavelmente assistir a opressão e a conquista de nossos vizinhos, até que por fim estejam à mercê do conquistador, juntamente com seus credores. A isso se pode chamar propriamente *a morte violenta* de nosso crédito público.

Parecem ser esses os eventos próximos que a razão é capaz de entrever com quase tanta clareza quanto qualquer coisa a jazer nas entranhas do tempo. Os antigos afirmavam que, para alcançar o dom da profecia, certa divina fúria ou loucura se fazia requerer; da mesma maneira, pode-se com segurança afirmar que, para realizar profecias como essas, mais não é preciso do que a posse dos sentidos, livre da influência da loucura e da ilusão popular.

---

pelo povo. A dignidade e a autoridade das gentes do campo e da nobreza já é bem melhor enraizada; e isso tornaria a contenção bastante desigual, se algum dia chegássemos a extremos. Estar-se-ia inclinado a atribuir a esse acontecimento um período bastante próximo, como o de meio século, caso as profecias desse tipo por nossos pais não tivessem se revelado falaciosas, pela duração de nosso crédito público, e isso para muito além de toda a expectativa razoável. Todos os anos, os astrólogos na França previam a morte de Henrique IV. Esses indivíduos, diz ele, ao final provaram estar certos. Por essa razão, devemos ser mais cautelosos ao atribuir qualquer data precisa, e nos contentar com apontar o evento em termos gerais.

ENSAIO VINTE E DOIS

De alguns notáveis costumes

Três costumes notáveis observarei em três celebrados governos, com o intuito de mostrar que a instituição de qualquer máxima política deve sempre se fazer acompanhar de grande cautela; pois ocorrências irregulares e extraordinárias são freqüentemente descobertas no mundo moral, como no físico. As primeiras, talvez consigamos explicá-las melhor, uma vez que acontecem com base em fontes e princípios dos quais estamos certos e convictos, seja interiormente, seja pela observação; mas é de todo impossível para a prudência humana antevê-las ou prevê-las.

I. Poder-se-ia afirmar ser essencial a liberdade de expressão a todos os membros de um conselho ou assembléia suprema por ocasião de um debate; e que todas as moções e considerações que de algum modo pudessem ilustrar a questão deliberada devessem ser acatadas. Desse modo seria possível concluir, com ainda maior convicção, que, após a elaboração de uma proposta votada e aprovada pela assembléia em que reside o poder legislativo, o autor da proposta deveria para sempre estar isento de futuro julgamento ou investigação. Porém máxima política alguma pode, à primeira vista, parecer mais indisputável do que a que assegura sua proteção relativamente a qualquer jurisdição inferior; pois responsabilizá-los pelas propostas e pronunciamentos que antes tiveram aprovação deve ser tarefa de uma assembléia legislativa suprema em reunião posterior. Mas esses axiomas, por irrefragáveis que possam parecer,

240 DAVID HUME

jamais funcionaram no governo ateniense, e isso também por causas e princípios por sua vez também quase inevitáveis.

Pelo *graphe paranomon*, ou *imputação de ilegalidade*, (embora tal não tenha sido observado por estudiosos da Antigüidade ou comentadores) qualquer homem poderia ser julgado e punido por uma corte judiciária comum sob a acusação de ter subscrito uma lei qualquer na assembléia popular que, aos olhos da corte, parecesse injusta ou prejudicial ao poder público. Assim Demóstenes, quando se deu conta de que era irregular a coleta de impostos navais, pois os pobres pagavam o mesmo que os ricos para equipar os navios, corrigiu essa desigualdade com uma lei bastante útil que tornava o pagamento proporcional à arrecadação e ganhos de cada indivíduo. Defendeu essa lei na assembléia, provando suas vantagens[a] e convencendo o povo, único legislador de Atenas; a lei foi então aprovada e posta em prática. No entanto, as reclamações dos ricos, ressentidos quanto ao impacto de suas finanças[b], levaram Demóstenes à corte criminal. Lá foi ele por fim inocentado, novamente provando a utilidade da lei.

Ctesifonte propôs à assembléia popular a atribuição de honrarias especiais a Demóstenes, cidadão dedicado e útil à República. O povo, convencido dessa verdade, aprovou tais honrarias; no entanto Ctesifonte foi julgado com base na *graphe paranomon*. Entre outros pontos, afirmou-se que Demóstenes não era um bom cidadão, e tampouco um afeiçoado à república. O orador então foi chamado a defender seu amigo e a si próprio, o que fez com a sublime peça de eloqüência que desde então tem despertado a admiração da humanidade.

Após a batalha de Queronéia, uma lei foi aprovada por Hipérides, concedendo aos escravos permissão para se alistar nas

---

[a] O seu discurso ainda existe; *Peri Symmorias*.
[b] Pro Ctesifonte.

ENSAIOS POLÍTICOS   241

tropas[c]. Com base nessa lei, subseqüentemente o orador foi levado a julgamento pelo indiciamento acima referido, e defendeu-se recorrendo a, entre outros tópicos, com a divisa devidamente celebrada por Plutarco e Longino: *não fui eu quem propôs essa lei, mas sim as exigências da guerra: a batalha de Queronéia a propôs.* As orações de Demóstenes abundam em exemplos de julgamentos dessa espécie, tal provando claramente ser sua prática bastante comum.

A democracia ateniense foi um governo tumultuado como hoje dificilmente se pode conceber. O povo inteiro votava cada lei, sem limitação de propriedade, distinção de classe ou controle da magistratura ou do senado[d], conseqüentemente, sem consideração pela ordem, pela justiça ou pela prudência. Os atenienses logo se aperceberam dos equívocos dessa constituição; mas relutaram em instituir quaisquer limites ou restrições sobre si próprios e decidiram-se pela restrição aos demagogos e conselheiros mediante a ameaça de penalidades e inquéritos. Assim foi que instituíram a notável lei de que falamos, considerada tão essencial para sua forma de governo a ponto de Esquines insistir que, fosse ela abolida ou desprezada, impossível seria que a democracia subsistisse[e].

---

[c] Plutarco *in vita decem oratorum.* Demóstenes dá a essa lei abordagem diferente. *Contra* Aristogiton. *orat.* II. Ele diz que sua função era tornar os *atimoi epitimoi*, restaurar o privilégio de ocupar cargos aos que para tal foram declarados incapazes. É possível que ambas sejam cláusulas da mesma lei.

[d] O senado era composto de multidão menos numerosa, escolhida entre o povo mediante sorteio, e sua autoridade era reduzida.

[e] *In Ctesifonte.* É digno de nota que a primeira providência após a dissolução da democracia por Crítias e os Trinta tenha sido a anulação da *graphe paranomom*, como informa Demóstenes, *kata Timok.* O orador mostra as palavras que instituíram a *graphe paranomon* como lei, p. 297, da edição de Aldi. Sua explicação para tal é coincidente com a nossa.

O povo não temia qualquer conseqüência nociva à liberdade da autoridade das cortes criminais, pois estas eram formadas por muitos juízes escolhidos por sorteio junto ao povo; tinham motivos para se considerar na condição permanente de mestres, pois, uma vez de posse do uso da razão, não só dispunham de autoridade para revogar e fiscalizar o que fosse determinado, como também para punir qualquer guardião que alguma vez os tivesse persuadido em relação a alguma medida a ser adotada. A mesma lei vigorava em Tebas[f], e pelo mesmo motivo.

Em Atenas parece ter sido prática comum proibir a revogação ou rescisão de uma lei muito útil e popular, uma vez instituída. Assim, o demagogo que destinou todos os locais públicos para apresentações e espetáculos tornou criminosa a proposta de revogação dessa lei[g]. Assim, Leptines propôs uma lei que não só revogaria toda imunidade concedida ao poder público, como impediria que este propusesse outras quaisquer no futuro[h]; e assim foram proibidas todas as condenações ao ostracismo, ou leis que afetassem um ateniense sem valer para toda a República[i]. Tais cláusulas absurdas, com as quais a legislatura prometia comprometer-se definitivamente, advinham de uma percepção generalizada do povo a respeito de sua leviandade e inconstância.

II. Uma engrenagem dentro da outra, tal como observamos no império alemão, é considerada um absurdo político por Lorde Shaftesbury[j]. Mas o que dizer de duas engrenagens que governam uma mesma máquina política sem a menor restrição, controle ou

---

[f] Plutarco, *in Vita Pelop.*
[g] Demóstenes, *Olynth.*, 1.2.
[h] Demóstenes, *Contra Lept.*
[i] Demóstenes, *Contra Aristocratem.*
[j] Ensaio sobre a liberdade do engenho e do humor, parte 3, seção 2.

Ensaios Políticos   243

subordinação mútua, ainda assim produzindo grande harmonia e concordância? À primeira vista, pode parecer inteiramente impraticável a instituição de duas legislaturas distintas, cada qual, em sua própria esfera, dotada de autoridade plena e absoluta, sem a necessidade de recorrer à outra para legitimar seus atos, ao menos enquanto homens permanecerem governados pelas paixões da ambição, da emulação e da avareza, esses os seus preeminentes princípios governantes. E se eu afirmasse que tenho em mente um Estado dividido em duas facções distintas, cada qual predominante em uma legislação, sem nenhum conflito de poder, essa suposição poderia parecer absurda; e se, para aprofundar o paradoxo, afirmasse que esse governo cindido e irregular é a mais ativa, triunfal e ilustre República que jamais houve, por certo me diriam que tal quimera política é um absurdo como quaisquer visões de poetas ou sacerdotes. No entanto, não é preciso ir muito longe para provar a realidade das suposições precedentes; pois esse foi bem o caso da República romana.

O poder legislativo dividia-se ali em *comitia centuriata* e *comitia tributa*. Na primeira, sabe-se bem, que o povo votava de acordo com o *census*; assim, quando havia unanimidade na primeira classe, ainda que não constituísse um centésimo da República; ele determinava o todo e estabelecia a lei por meio da autoridade do senado. Na última, todo voto tinha o mesmo peso; e, como a autoridade do senado não era um requisito, a maioria prevalecia na instituição da lei para o Estado. Em todas as divisões partidárias, entre patrícios e plebeus, e subseqüentemente entre nobre e povo, o interesse da aristocracia prevalecia sempre na primeira legislatura, o da democracia, na segunda, uma delas poderia anular o que a outra estabelecera e, mais ainda, poderia de súbito se adiantar à outra, de todo aniquilando a sua rival com um voto que, de acordo com a natureza da constituição, tinha a autoridade plena de uma lei. Mas um conflito como esse não se observa na história de Roma; e exemplo não há de querela entre essas duas legislaturas, mas muitos entre os partidos que as governavam. De onde, pois, surge essa concórdia, que parece tão extraordinária?

A legislatura estabelecida em Roma, a *comitia centuriata*, pela autoridade de Sérvio Túlio, após a expulsão dos reis, durante algum tempo tornou o governo excessivamente aristocrático. Mas o número e a força do povo, assim como a exacerbação gerada pelas muitas conquistas e guerras no exterior, faziam com que sempre prevalecesse, quando suscitado, o que retirou do senado a magistratura dos tribunos, e o poder legislativo da *comitia tributa*, ensinando aos nobres cautela antes de despertar o povo. Pois, além de sua força, também passava a dispor de autoridade legislativa e poderia reduzir a migalhas qualquer ordem ou instituição que se lhe opusesse diretamente. Intriga, influência, dinheiro, associação e respeito pessoal permitiam que a nobreza prevalecesse em todos os casos e dirigisse o aparato governamental; mas, caso opusessem a *comitia tributa* à *tributa*, logo perderiam as vantagens dessa instituição, como também as perderiam os cônsules, pretores, edis magistrados por ela eleitos. Como a *comitia tributa* não tinha motivos para recear a *centuriata*, não raro rejeitava leis favoráveis à aristocracia, limitando a autoridade dos nobres, protegendo o povo da opressão e fiscalizando as ações do senado e da magistratura. A *centuriata* percebeu que era conveniente sempre se submeter; e embora igual em autoridade, ainda assim era inferior em poder, de modo que não convinha que se chocasse com a outra legislatura, seja rejeitando suas leis ou estabelecendo leis que poderiam ser por elas rejeitadas.

Nenhum exemplo encontramos de qualquer conflito entre essas *comitia* além de uma tentativa insignificante mencionada por Apiano no terceiro livro de sua guerra civil. Decidido a retirar de Décimo Bruto o governo da Gália Cisalpina, Marco Antônio foi ao *fórum* e convocou uma das *comitia* para impedir a reunião da outra, ordenada pelo senado; ocorre que a situação se transformou em tamanha confusão, e era tão evidente a dissolução da constituição romana, que desse caso quase não se pode extrair nenhuma inferência. Ademais, o fundamento desse conflito era mais formal do que partidário. Coube ao senado ordenar que a *militia tributa* impedisse

ENSAIOS POLÍTICOS
245

a reunião da *centuriata*, esta a única a poder, pela constituição ou pelas últimas formas de governo, dispor de províncias.

Cícero foi reabilitado pela *comitia tributa*, apesar de banido pela *comitia tributa*, vale dizer, por um *plebiscitum*. Mas o seu banimento, podemos observar, jamais foi considerado um ato legal resultante da livre escolha e inclinação do povo. Sempre foi atribuída unicamente à veemência de Clódio e aos tumultos por ele causados ao governo.

III. O *terceiro* costume, que aqui propomos observar, diz respeito à Inglaterra; e, ainda que não seja tão importante quanto os que notamos na Grécia e em Roma, nem por isso é menos singular e atípico. Uma máxima política que de pronto reconhecemos como indiscutível e universal afirma que, por maior que seja o poder por lei atribuído a um magistrado eminente, ele é menos nocivo à liberdade do que uma autoridade adquirida por meio de violência e usurpação. Pois, além de a lei sempre limitar todo poder por ela atribuído, o próprio fato de que é recebido como concessão corrobora a autoridade da qual derivou, preservando a harmonia da constituição. O mesmo direito com que se assume uma prerrogativa sem a lei permite que se reclame um outro, e ainda outro com maior facilidade, pois a usurpação inicial serve como precedente para as seguintes e reforça a sua manutenção. Daí o heroísmo da conduta de Hampden, que preferiu amparar toda violência da perseguição real a pagar um imposto de vinte xelins, não imposto pelo parlamento; daí o cuidado de todos os patriotas ingleses em se resguardar contra intromissões da Coroa. Tão-somente a isso se deve a existência da liberdade inglesa.

No entanto, há uma ocasião em que o parlamento abandonou essa máxima, qual seja, a *repressão dos marinheiros*. Permitiu-se tacitamente o exercício de um poder irregular pela Coroa; e, por mais que se tenha debatido como tornar legal esse poder, atribuindo-o ao soberano com as limitações próprias, não há como efetivar esse propósito, e nesse caso a ameaça à liberdade vem mais da lei do que da usurpação. Como esse poder é exercido com o propósito único de recrutar homens para a marinha, aqueles dispostos a fazê-lo por utilidade e necessidade, e os marinheiros, estes os únicos por ele afetados, não encontram apoio em parte alguma quando reclamam os direitos e privilégios indistintamente garantidos por lei a todos os súditos ingleses. Mas, se esse poder fosse alguma vez utilizado para a facciosidade ou tirania ministerial, a facção oposta, e na verdade todos os amantes de seu país, imediatamente entraria em alarme a apoiaria o partido prejudicado; a liberdade dos ingleses estaria assegurada; tribunais seriam implacáveis; e os agentes da tirania, que agem contra a lei e a eqüidade, conheceriam a mais severa vingança. Por outro lado, se o Parlamento garantisse autoridade como essa, provavelmente enfrentaria um destes dois inconvenientes: ou as restrições seriam tamanhas que anulariam seu efeito, impedindo a ação da Coroa; ou tão abrangentes seriam a ponto de dar ensejo a imensos abusos contra os quais não teríamos remédio algum. No presente, a própria irregularidade da prática impede abusos e constitui contra eles suave remédio.

Por esse raciocínio, não pretendo excluir toda e qualquer possibilidade de elaborar um registro para marinheiros, que podem servir à marinha sem que tal consista em um perigoso atentado contra a liberdade. Tão-somente observo que não se propõe nenhum plano satisfatório a esse respeito. Em lugar de adotar qualquer um dos objetos propostos, insistimos numa prática aparentemente absurda e inexplicável. Em tempos de paz e concórdia interna, a autoridade se volta contra a lei. Uma violência continuada é permitida na Coroa, em meio a grandes suspeitas e desconfianças por parte do povo, o que procede desses princípios. Em um país muito livre, a liberdade deve defender a si mesma, sem nenhum apoio ou proteção; o estado natural de selvageria voltaria em uma das sociedades mais civilizadas da humanidade: e grande violência e desordem seriam cometidas impunemente, enquanto um partido exige obediência a um magistrado supremo, o outro a sanção e a leis fundamentais.

ENSAIO VINTE E TRÊS

Do contrato original

Como nenhum partido, na presente era, consegue se sustentar sem um sistema de princípios filosófico ou especulativo atrelado ao seu princípio político ou prático, nessa medida constatamos que cada uma das facções em que esta nação se divide ergueu um edifício do primeiro gênero para proteger e cobrir o esquema de ações por ela praticado. Sendo as pessoas comumente construtores muito rudes, em especial na via especulativa e, ainda mais especialmente, quando agem pelo zelo partidário, é natural imaginar que sua construção seja um tanto desproporcionada e mostre evidentes marcas da violência e da pressa com que foi alçada. Um dos partidos, ao fazer remontar o governo à deidade, tenta torná-lo tão sagrado e inviolável, que seria quase sacrilégio, por tirânico, tocá-lo ou violá-lo no menor de seus artigos. O outro partido, fundando o governo de todo no consentimento do povo, supõe a existência de um *contrato original* pelo qual súditos reservaram o poder de resistir ao soberano sempre que se considerem agravados por essa autoridade, que confiaram a ele de maneira voluntária e para certos propósitos. Esses são os princípios especulativos dos dois partidos; e essas são as duas conseqüências práticas deles deduzidas.

Ouso afirmar *que ambos esses sistemas de princípios especulativos são justos, mas não no sentido pretendido pelos partidos, e que ambos os esquemas de conseqüências práticas são prudentes; mas não nos extremos em que cada um dos partidos, em oposição ao outro, comumente tenta levá-los.*

248 DAVID HUME

Que a deidade é autora última de todo o governo, tal jamais será negado por alguém que admita uma providência geral e que reconheça todos os eventos no universo como conduzidos por um plano uniforme e dirigidos a propósitos sábios. Como é impossível que a raça humana subsista em qualquer estado de conforto ou segurança sem a proteção do governo, essa instituição certamente deverá constar entre as intenções desse Ser beneficente que deseja o bem de todas as suas criaturas. E uma vez que, universalmente, e de fato, ela se deu em todos os países e em todas as eras, podemos concluir, com tanto mais certeza, que contava entre as intenções desse Ser onisciente que jamais se equivoca em relação a qualquer ocorrência ou operação. Mas, como lhe deu origem por meio de sua eficiência secreta e universal, e não por qualquer interferência particular ou milagrosa, não podemos propriamente dizer que um soberano seja seu vice-regente, a não ser no sentido de que todo poder ou força que dele derive aja por sua indicação. O que quer que efetivamente aconteça está incluído no plano ou intenção geral da providência; mas nem por isso o maior e mais legalista dos príncipes tem mais motivos para reclamar uma sacralidade particular ou uma autoridade inviolável, se comparada à que teria um magistrado inferior, um usurpador ou mesmo um ladrão ou um pirata. O mesmo superintendente divino que, com sábios propósitos, investiu de autoridade um Tito ou um Trajano, sem dúvida com propósitos igualmente sábios, concedeu poder também a um Borgia ou a um Angria. As mesmas causas que deram origem ao poder soberano em cada Estado instituíram também cada uma de suas jurisdições e cada uma das autoridades limitadas. Por isso, não menos que um rei, um delegado age por indicação divina e possui um direito irrevogável.

Quando consideramos que, antes do cultivo da educação, os homens são quase iguais em sua força física, e mesmo em suas capacidades e faculdades mentais, é preciso reconhecer que nada além de seu consentimento poderia, em um primeiro momento, levá-los a associar-se e sujeitá-los a uma autoridade qualquer. Se remontarmos à primeira origem do governo nas florestas e desertos, veremos ser o povo a fonte de todo poder e jurisdição, tendo voluntariamente abandonado a sua liberdade nativa em favor da paz e da ordem, aceitando leis de seus pares e companheiros. As condições sob as quais aceitaram a sujeição estavam expressas, ou então claras e óbvias, a ponto de ser bem provável que se considerasse supérfluo expressá-las. Se é isso que se entende por um *contrato original*, será impossível negar que todo governo se funda primeiramente em um contrato e que as mais antigas e rudimentares combinações entre homens se formaram de todo com base nesse princípio. Inútil será indagar pelos registros dessa carta de nossas liberdades; ela não foi escrita em pergaminhos ou em folhas e casas de árvores, mas precedeu o uso da escrita e de todas as artes civilizadas da vida. Mas claramente as podemos rastrear em todos os traços da natureza do homem, e na igualdade, ou em algo que dela se aproxime, o qual encontramos em todos os indivíduos daquela espécie. A força que hoje prevalece encontra-se fundada em armadas e exércitos, é claramente política e deriva da autoridade, que é efeito de um governo instituído. A força natural de um homem consiste unicamente no vigor de seus membros e na firmeza de sua coragem; isso jamais poderia fazer submeter multidões a um comando único. Nada além de seu consentimento e da percepção das vantagens resultantes da paz e da ordem poderia ter essa influência.

Mas filósofos, que adotaram um partido (se não for essa uma contradição em termos) não se contentam com essas concessões. Não só asseveram que o governo, em sua mais primeva fantasia, surgiu do consentimento ou da reunião voluntária do povo, mas também que até hoje, ao atingir plena maturidade, essa continua a ser a sua única fundação. Afirmam que os homens sempre nascem iguais, e que sua lealdade a um príncipe ou governo só se deve aos laços de obrigação e sanção de uma *promessa*. E como homem algum abandonaria as vantagens de sua liberdade nativa para se submeter ao domínio de outrem sem algo equivalente, entende-se que essa promessa é sempre entendida como condicional, e impõe uma obrigação somente quando recebe justiça e proteção de seu

250 DAVID HUME

soberano. Essas vantagens, o soberano lhe promete, em retorno; e se falhar em sua execução, de sua parte ele terá rompido os termos de compromisso, liberando assim o seu súdito de toda obrigação à lealdade. Essa é, de acordo com esses filósofos, a fundação da autoridade em todo governo; e tal é o direito à resistência, possuído por todo súdito.

Se esses raciocinadores olhassem o mundo à sua volta, nada encontrariam que minimamente correspondesse às suas idéias ou que pudesse legitimar tão filosófico e refinado sistema. Ao contrário, por toda a parte vemos príncipes que reclamam a propriedade de seus súditos e asseveram seu direito independente à soberania mediante conquistas ou sucessão. Também encontramos, por toda a parte, súditos que reconhecem esse direito do príncipe e supõem que nasceram sob a obrigação de obediência a determinado soberano, assim como sob laços de respeito e dever em relação a seus pais. Essas conexões são sempre concebidas como independentes de nosso consentimento, na Pérsia e na China, na França e na Espanha; e mesmo na Holanda e na Inglaterra, quando quer que as referidas doutrinas não estejam cuidadosamente inculcadas. A obediência ou sujeição se torna tão familiar, que a maioria dos homens jamais se indaga sobre sua origem ou causa; a exemplo do que ocorre em relação aos princípios de gravidade, resistência e das leis mais universais da natureza. Ou então, quando instigados pela curiosidade, dão-se por satisfeitos e reconhecem a obrigação à lealdade tão logo aprendem que eles próprios e seus ancestrais têm se sujeitado por épocas sucessivas, e mesmo desde tempos imemoriais, a dado governo ou família. Se alguém pregasse, na maior parte do mundo, que as conexões políticas se fundam inteiramente no consentimento voluntário ou em uma promessa mútua, o magistrado logo o prenderia como sedicioso, por afrouxar os laços de obediência; se os amigos dessa pessoa já não a tivessem calado diante do delírio de pregar absurdos que tais. É estranho que um ato da mente supostamente formado por um indivíduo que já dispõe do uso da razão (pois de outro modo não teria autoridade alguma)

ENSAIOS POLÍTICOS   251

possa ser desconhecido de todos os demais, e que não reste sobre a face da terra quaisquer traços ou memória dele.

Mas do contrato sobre o qual tal governo se funda é dito ser um *contrato original*; conseqüentemente pode ser suposto por demais antigo para que seja do conhecimento da atual geração. Se por isso se entende o acordo por meio do qual os homens selvagens se associaram ou reuniram suas forças por vez primeira, deve-se reconhecer ser ele real; mas, como é muito antigo e foi recoberto por inúmeras mudanças de governo e de príncipes, não se pode supor que tenham qualquer autoridade. Se algo poderíamos dizer a esse respeito, é que cada governo particular legal que impõe ao súdito uma obrigação à lealdade se funda, em um primeiro momento, no consentimento e em um compactuar voluntário. Mas além de isso supor que o consentimento dos pais se estende aos filhos até as gerações mais remotas (o que autores republicanos jamais concederão), ela não é justificada pela história ou pela experiência em nenhuma época ou país do mundo.

Quase todos os governos que existem atualmente ou de que resta algum registro na história se fundaram em sua origem na usurpação, na conquista, ou em um e outro, sem qualquer pretensão de consentimento justo ou sujeição voluntária do povo. Quando um homem habilidoso e ousado se posiciona à frente de qualquer exército ou facção, pode facilmente recorrer à violência ou a falsas promessas para instituir seu domínio sobre um povo cem vezes mais numeroso que seus partidários. Desses ele oculta seu número exato, ou sua força; não dá espaço para que conspirem contra ele; e até mesmo é possível que todos de que se valham para a usurpação desejem sua queda. Mas a ignorância quanto às intenções uns dos outros mantém seu temor, essa causa única de sua segurança. Por manobras como essas muitos governos foram instituídos: eis aí todo o *contrato original* de que podem se jactar.

A face da terra é continuamente alterada pelo aumento de pequenos reinos que se tornam grandes impérios, pela dissolução

252   DAVID HUME

de grandes impérios que se tornam pequenos reinos, pelo estabelecimento de colônias, pela migração de tribos. Em tais eventos pode ser percebida coisa outra além da força e da violência? Onde estão os tão falados acordo mútuo e associação voluntária?

Por maior que seja a maviosidade com que uma nação aceita um senhor estrangeiro, por meio de um casamento ou voluntariamente, bem não se trata de algo honroso para um povo, pois pressupõe que ele abdica de sua vontade em proveito do prazer e do interesse de seus governantes.

Mas, quando força nenhuma interfere e uma eleição tem lugar, o que é de eleição tão elogiada? Ou se trata da combinação de um poucos grandes homens que decidem pelo todo sem permitir oposição, ou então da fúria da multidão que segue sedicioso líder, desconhecido da maioria, e que deve sua indicação à própria imprudência ou ao capricho momentâneo de seus companheiros.

Essas eleições desordenadas, e também raras, devem elas ser atribuídas a autoridade tão grande, a ponto de se tornarem o único fundamento legal de todo governo e de toda a lealdade?

Na verdade, não há ocorrência mais terrível do que a completa dissolução do governo, que dá liberdade à multidão e faz com que a determinação ou a escolha de uma nova ordem dependa de um número de pessoas que se aproxima do povo tomado como um todo (pois nunca é possível que seja igual a seu número total). Todo homem sábio gostaria de ver à frente de um exército poderoso e obediente um general que obtenha a vitória rapidamente e dê às pessoas um senhor que elas por si mesmas não são capazes de escolher. A tal ponto chega o descompasso entre fato e realidade e as noções filosóficas a que nos referimos. Não deixemos nos enganar pela ordem estabelecida pela *revolução*, e não deixemos que ela nos engane ou desperte em nós o apego por uma origem filosófica do governo, levando-nos a considerar todas as demais monstruosas e irregulares; pois até mesmo esse evento está longe de corresponder a idéias sutis. A única coisa a ser alterada é a sucessão de parte do

ENSAIOS POLÍTICOS

253

governo, a Coroa; uma alteração determinada pela maioria entre setecentas pessoas, para dez milhões de pessoas. Não duvido, na verdade, que a maior parte desses dez milhões de bom grado concorde com essa determinação, mas sua preferência quanto a isso nem sequer foi considerada. Não se supôs que, naquele justo instante, a questão estivesse decidida, e punido todo homem que se recusasse a se submeter ao soberano? De outro modo não seria possível deliberar ou chegar a uma conclusão a esse respeito.

A república de Atenas foi, como posso acreditar, a mais ampla democracia que já houve na história. No entanto, excluindo as mulheres, escravos e estrangeiros, havemos de constatar que sua instituição, assim como qualquer outra lei ali votada, não contou com a participação de nem sequer a décima parte dos que deveriam lhe render obediência. Para não mencionar as ilhas e domínios estrangeiros que os atenienses reclamavam por direito de conquista. Sabe-se também que as assembléias populares dessa cidade eram pontuadas pela indisciplina e pela desordem, não obstante as instituições e leis que as regulavam. Assim, onde assembléias como essa não fazem parte da constituição, mas tumultuosamente se reúnem após a dissolução do antigo governo para a instituição de um novo, será tanto maior a desordem. Falar em escolha em tal circunstância mais não seria que uma quimera.

Os aqueus desfrutavam da democracia mais livre e perfeita da Antigüidade; e ainda assim, como nos mostra Políbio[a], empregavam a força para obrigar algumas cidades a entrar em sua liga.

Henrique IV e Henrique VII da Inglaterra deviam o trono tão-somente à eleição parlamentar; isso, jamais o reconheceram, pois temiam que enfraquecesse sua autoridade. Tal não deixa de ser estranho, contanto serem mesmo o consentimento e a promessa os únicos fundamentos da autoridade!

---

[a] Livro II, capítulo 38.

Em vão se dirá que todos os governos são ou deveriam ser inicialmente fundados no consentimento popular, visto permitirem a premência dos assuntos humanos. Isso favorece inteiramente meus objetivos; pois defendo que os assuntos humanos jamais permitem esse consentimento, e sim apenas um consentimento aparente; e que a conquista e a usurpação, ou, claramente, a força que dissolve todos os governos está na origem de quase todos os que algum dia foram instituídos no mundo. Nos poucos casos em que parece ter se dado consentimento, ele foi tão precário, restrito ou entremeado à fraude ou à violência, a ponto de não poder ter qualquer grande autoridade.

Minha intenção aqui não é excluir o consentimento popular do fundamento de um eventual governo. Certamente se trata de seu melhor e mais sagrado fundamento. Só afirmo que poucas vezes participou de alguma maneira, e jamais inteiramente; e que assim é preciso ainda admitir que outro fundamento do governo seja admitido.

Se todos os homens tivessem tão inflexível consideração para com a justiça, a ponto de, por vontade própria, abster-se inteiramente das propriedades dos outros, teriam permanecido para sempre num estado de liberdade absoluta, sem sujeição a nenhum magistrado ou sociedade política: mas esse é um estado de perfeição, ao qual a natureza humana é com justeza considerada incapaz. Se todos os homens fossem dotados de um entendimento perfeito e considerassem sempre o seu próprio interesse, não haveria outra forma de governo que não a baseada em seu consentimento e de todo votada por cada membro da sociedade. Mas esse estado de perfeição igualmente é bem superior à natureza humana. Razão, história e experiência nos mostram que todas as sociedades políticas tiveram um início bem menos apurado e regular; e se tivéssemos de escolher um período de tempo em que o consentimento do povo fosse o menos considerado em transações públicas, seria precisamente na instauração de um novo governo. Em uma constituição instaurada, suas inclinações são não rara estudadas; mas durante a fúria das revoluções, das conquistas e das convulsões públicas, a força militar ou a habilidade política decide a controvérsia.

ENSAIOS POLÍTICOS

255

Quando um novo governo é estabelecido por quaisquer meios, as pessoas comumente se mostram insatisfeitas com ele, e rendem-lhe obediência mais por medo e necessidade do que por qualquer idéia de fidelidade ou obrigação moral. O príncipe mantém-se vigilante e desconfiado, e deve cautelosamente se guardar contra todo início ou aparência de insurreição. O tempo, por graus, remove todas essas dificuldades e a nação acostuma-se a considerar como príncipes legais ou nativos a família que antes considerava usurpadora ou de conquistadores estrangeiros. A fim de chegar a essa opinião, não podem recorrer a noção alguma de consentimento ou de promessa voluntária, pois sabem que tal coisa jamais foi esperada ou demandada. O estabelecimento original fez-se formar pela violência, e submetido por necessidade. A administração subseqüente também é sustentada pelo poder e aquiescida pelo povo, não como questão de escolha, mas de obrigação. Não imaginam que o seu consentimento dá ao príncipe um título, mas de bom grado consentem, por considerarem que adquiriu esse título de longa data, independentemente de sua escolha ou inclinação.

Se se afirmasse que todo indivíduo, vivendo sob os domínios de um príncipe que tema opção de abandonar, dá seu *tácito* consentimento a sua autoridade e lhe promete uma obediência, caberia responder que um consentimento implícito como esse só poderia se dar se um homem pensa a questão como dependendo de sua escolha. Mas quando pensa (como toda a humanidade que tiver nascido sob um governo instituído) dever lealdade a certo príncipe ou governo desde o nascimento, em tal caso seria absurdo inferir consentimento ou escolha a que pudesse renunciar ou considerar expressamente.

Poderíamos com seriedade afirmar que um camponês ou artesão pobre é livre para optar por deixar seu país, se desconhece quaisquer línguas ou costumes estrangeiros e vive dia após dia com os pagamentos que recebe? Poderíamos da mesma forma afirmar que um homem que permanece em um barco livremente consente em relação ao domínio do capitão, ainda que tenha sido trazido a bordo durante o seu sono, e deixando a embarcação, afundará no mar e perecerá.

E se o príncipe proibir que seus súditos abandonem seus domínios, como no tempo de Tibério, em que era considerado um crime que um cavaleiro romano deixasse o império para escapar à tirania de um imperador?[b] Ou como os antigos moscovitas, que puniam com a morte qualquer viagem? E, caso um príncipe notasse que muitos de seus súditos fossem tomados pelo frenesi de migrar para terras estranhas, sem dúvida haveria de os impedir, com muita razão e justiça, a fim de evitar que seu reino se tornasse pouco populoso. Tão sábia e razoável lei não alienaria a lealdade de todos os seus súditos, ainda que lhes impedisse a liberdade de escolha.

Uma companhia de homens que deixa seu país natal para habitar alguma região desabitada pode sonhar recuperar sua liberdade nativa; mas logo constatariam eles que seu príncipe continuaria a reclamá-los para si, considerando-os súditos mesmo em seu novo assentamento. E nisso agiria em conformidade com idéias comuns aos homens.

O consentimento *tácito* mais verdadeiro desse tipo que de algum modo pode ser observado se dá quando um estrangeiro se estabelece em um país de antemão conhecendo o príncipe, o governo e as leis a que se deve submeter; mas sua lealdade é bem menos esperada e necessária do que a de um súdito nativo. Seu príncipe nativo continua reclamando-o para si. E se não pune o renegado que contra ele se alinha a serviço do novo príncipe, essa clemência não há que se fundar em lei nacional, que em todos os países condena o prisioneiro, mas no consentimento de príncipes concordes em lhe conceder a indulgência para impedir represálias.

Suponhamos um usurpador que, após depor seu príncipe legal e a família real, estabeleça o seu domínio por dez ou 12 anos no país, mantendo uma disciplina tão estrita em suas tropas e uma disposição

---

[b] Tácito, Anais, livro VI, capítulo 14.

ENSAIOS POLÍTICOS

constante em suas fortificações, a ponto de impedir o surgimento de qualquer insurreição ou de murmúrios contra sua administração. Poder-se-ia asseverar que seu povo, que do fundo de seu coração rejeita a sua traição, deu tácito consentimento à sua autoridade, prometendo-lhe lealdade tão-somente por viver sob seu domínio? Suponhamos ainda que seu príncipe nativo fosse restaurado com auxílio de um exército que reúne no exterior; com alegria e exaltação o recebem, evidenciando a relutância com que se submeteram ao jugo anterior. Então eu pergunto: no que se baseia o título de príncipe? Por certo que não no consentimento popular. Pois, ainda que aceite o consentimento popular, o povo jamais pensará que seu consentimento o tenha tornado soberano. Consente por perceber que ele é, por lei, seu soberano legal. E o suposto consentimento tácito que poderia ser presumido do fato de viverem sob seu domínio mais não é do que o mesmo que antes deram ao tirano e usurpador.

Quando asseveramos que todo governo legal surge do consentimento do povo, certamente lhes prestamos homenagem muito maior do que merece, e mesmo do que esperam e desejam de nós. Tão logo os domínios romanos se tornaram vastos demais para que a república os governasse, por toda a parte o povo se mostrou grato a Augusto pela autoridade que sobre ele estabeleceu por meio da violência; e a mesma disposição demonstraram a submeter-se ao sucessor que indicou em seu testamento. Para seu infortúnio, posteriormente não houve outra sucessão regular em uma família, pois a linhagem de príncipes foi sucessivas vezes interrompida por assassinatos de indivíduos ou por rebeliões públicas. A cada tentativa malograda, a guarda *pretoriana* indicava novo imperador; as legiões a leste, outro; as da Alemanha, quem sabe um terceiro, em uma controvérsia que talvez somente a espada poderia decidir. A condição do povo, naquela poderosa monarquia, seria de se lamentar, não em razão de a escolha do imperador jamais ser deixada a seu encargo, pois tal seria impraticável; ao contrário, isso se devia ao fato de jamais viverem sob uma sucessão regular de mestres. Quanto à violência, às guerras e ao derramamento de sangue ocasionados por cada nova instituição, não são censuráveis, visto que inevitáveis.

A casa de Lancaster governou essa ilha por cerca de 60 anos, período em que os partidários da rosa branca pareciam diariamente se multiplicar na Inglaterra. A ordem atual perdura por tanto mais tempo. Todas as concepções de direito de outra família desapareceram por completo; e hoje mal se encontra homem então nascido que esteja em posse de seu juízo, que tenha consentido a seu domínio ou lhe prometido lealdade. Por certo uma indicação suficiente do sentimento geral dos homens com relação a esse assunto. Pois não censuramos os partidários da família expelida somente pelo tempo longo de manutenção de sua suposta felicidade; censuramo-los, isto sim, pela aliança com família que foi afastada com justeza e que, tão logo teve lugar a nova instituição, perdeu toda a qualificação à autoridade.

Talvez as observações a seguir sejam bastantes para que obtenhamos refutação mais regular ou ao menos mais filosófica do princípio de um contrato original ou consentimento popular.

Todos os *deveres* morais podem ser divididos em dois tipos. Os *primeiros* são os que a todo homem é impelido por um instinto natural ou por uma propensão imediata que sobre eles opere independentemente de todas as idéias de obrigação e de toda perspectiva quanto à utilidade pública ou privada. São dessa natureza o amor pelas crianças, a gratidão aos benfeitores, a comiseração pelos infortunados. Quando refletimos sobre a vantagem resultante desses instintos humanos para a sociedade, rendemos-lhe a justa homenagem da aprovação moral e da estima. Mas a pessoa tocada por eles vivencia seu poder e influência antes mesmo de qualquer reflexão moral do gênero.

O *segundo* tipo de dever moral não é assegurado por nenhum instinto natural original. É, isto sim, realizado inteiramente com base em um senso de obrigação advindo da consideração das necessidades da sociedade dos homens e da impossibilidade de as as-

ENSAIOS POLÍTICOS

259

segurar diante do negligenciar desses deveres. É desse modo que a *justiça*, ou o respeito pela propriedade alheia, e a *fidelidade*, ou o cumprimento de promessas, tornam-se obrigatórias e adquirem autoridade sobre a humanidade. Pois, por evidente, um homem gosta mais de si do que de qualquer outra pessoa, sendo assim naturalmente impelido a aumentar suas aquisições tanto quanto possível. Nada há que o possa limitar nessa propensão além da reflexão e da experiência que o instruem quanto aos efeitos perniciosos de sua desenvoltura e da completa dissolução da sociedade que dela se seguiria. Sua inclinação ou instinto original se faz controlado ou restringido por juízo ou observação posterior.

O caso é precisamente o mesmo com o dever político ou civil de *aliança* como com os deveres naturais de justiça e fidelidade. Nossos instintos primários nos levam a indulgir em ilimitada liberdade, ou então a dominar os outros; e tão-só a reflexão pode nos levar a sacrificar paixões tão intensas em nome do interesse pela paz e pela ordem pública. Um pequeno grau de experiência e observação é o que basta para nos ensinar que a sociedade não pode ser mantida sem a autoridade dos magistrados, e que essa autoridade deve logo cair no desprezo, lá onde não se prestar a estrita obediência. A observação desses interesses óbvios e gerais está na fonte de toda a lealdade e da obrigação moral que a ela atribuímos.

Qual a necessidade, pois, de fundar o dever à *lealdade* ou obediência a magistrados na *fidelidade* ou na consideração a promessas, e de supor a sua presença em cada manifestação de consentimento de um indivíduo, quando parece claro que tanto a lealdade quanto a fidelidade residem precisamente no mesmo fundamento, e que os homens a ambas se submetem em nome de supostos interesses e necessidades da sociedade? Diz-se que devemos obedecer nosso soberano porque tal lhe prometemos de maneira tácita. Mas por que haveríamos de observar nossa promessa? Aqui se deve asseverar que a convivência e o intercurso da humanidade, dos quais advêm tão poderosas vantagens, não podem ter qualquer segurança onde homens não atentam em seus

260 DAVID HUME

compromissos. Da mesma forma, pode-se dizer que seria de todo impossível que os homens vivessem em uma sociedade civilizada, na isenção de leis, magistrados, e juízes que impedissem abusos do fraco pelo forte, do justo e pacífico pelo violento. A obrigação de fidelidade sendo da mesma força que a da fidelidade, nada ganhamos com a dissolução de uma delas na outra. Os interesses ou necessidades gerais da sociedade bastam para o estabelecimento de ambas.

Se se questionasse a razão daquela obediência que devemos em relação ao governo, eu de pronto responderia que, *se assim não fosse, a sociedade jamais poderia subsistir;* uma resposta clara e inteligível para todos os homens. Ademais, poder-se-ia dizer ser *porque devemos fazer cumprir nossa palavra.* Mas, além do fato de que ninguém poderia compreender ou adotar essa resposta sem o prévio conhecimento de um sistema filosófico, haveria o constrangimento de outra pergunta: *mas por que haveríamos de cumprir nossa palavra?* A resposta é imediata e sem rodeios que se poderia dar necessariamente remete à nossa obrigação de lealdade.

Mas *a quem se deve lealdade? E quem são nossos soberanos legais?* Se as pessoas são felizes, podem responder que nosso atual soberano é herdeiro direto de seus ancestrais que nos governaram por muitas eras; essa resposta não admite contestação, por mais que os historiadores, ao traçar a Antigüidade mais remota de uma família real, não raro constatem que sua autoridade inicial fosse derivada da usurpação e da violência. Sabe-se que a justiça privada, ou o respeito pela propriedade alheia, é uma virtude fundamental. Ainda assim a razão ensina que, ao se examinar a transferência de propriedades duráveis, como terras e imóveis, de uma mão para a outra, constata-se que em algum momento ela se dá pela fraude e pela injustiça. As necessidades da sociedade humana, na vida privada como na pública, não permitem investigação tão acurada. E não há virtude ou obrigação moral que não possa se perder quando cultivamos uma filosofia falsa que a disseque e esquadrinhe por toda e qualquer regra capciosa da lógica, em qualquer posição que possa ser colocada.

Ensaios Políticos

261

As questões relativas à propriedade privada preenchem infinitos volumes de direito e filosofia em que, aos textos originais, se acrescentem comentários. Mas com segurança podemos afirmar que muitas das regras ali estabelecidas são incertas, ambíguas e arbitrárias. Mesma opinião se poderá constituir com relação à sucessão e aos direitos dos príncipes e formas de governo. Não há dúvida de que diversos casos ocorrem, especialmente na infância de qualquer constituição, que não admite nenhuma determinação das leis de justiça e eqüidade. E nosso historiador Rapin diz que a controvérsia entre Eduardo III e Felipe de Valois foi desse tipo, e só poderia ser decidida com um apelo aos céus, isto é, pela guerra ou pela violência.

Quem poderia me dizer se Germânico ou Druso haveria de ser o sucessor de Tibério, caso este tivesse morrido sem antes escolher entre Germânico e Druso? Seria possível considerar o direito por adoção equivalente ao consangüíneo, em uma nação onde tivesse o mesmo efeito na esfera privada já tendo sido reconhecido publicamente em duas ocasiões? Germânico deveria ser tido como o filho mais velho ou o mais novo, dado que nascera antes de Druso, mas fora adotado após o nascimento deste? Poderia o direito do mais velho prevalecer em uma nação em que não valia na sucessão familiar? Na época, o império romano deveria ser considerado hereditário com base em dois exemplos precedentes, ou então considerado como posse do mais poderoso ou de seu atual possuidor, com base em usurpação recente?

Cômodo assumiu o trono após longa sucessão de excelentes imperadores que adquiriram seu título mediante o fictício ritual da adoção, e não pela via hereditária ou por eleição pública. Com o assassinato desse libertino sangüinário por uma conspiração entre sua meretriz e seu amante, que nessa época era *Praetorian Praefect*, os pretorianos de pronto apontaram Pertinax como senhor dos homens, como então se dizia. Antes da divulgação da morte do tirano, o *Praefect* secretamente encontrou o senador, que, ao assomarem-se os soldados, pensou que seria executado por ordem de

Cômodo. Foi imediatamente saudado como imperador pelo oficial e seus assistentes; calorosamente aclamado pela população, contra sua vontade recebeu a submissão dos guardas; de maneira formal foi reconhecido pelo senado e com passividade acatado pelas províncias e pelas divisões do império.

Os descontentes da guarda *pretorianas* irromperam em súbita sedição, que resultou na morte desse excelente príncipe; e o mundo, estando agora sem mestre e sem governo, os guardas julgaram apropriado pôr o império formalmente à venda. Juliano, o comprador, foi proclamado pelos soldados, reconhecido pelo senado, e submetido à aprovação do povo; o mesmo teria ocorrido no que diz respeito às províncias, não fossem as legiões a engendrar oposição e resistência. Pescênio, o Negro, da Síria, proclamou-se imperador com o consentimento de seu exército e obteve a bênção tácita do senado e do povo de Roma; Albino, na Grã-Bretanha, julgou-se no mesmo direito, mas Severo, que governava a Panônia, ao final prevaleceu sobre ambos. De início, percebendo que sua hereditariedade e dignidade eram muito inferiores para a Coroa imperial, esse hábil político e guerreiro declarou sua intenção como sendo apenas a de vingar a morte de Pertinax; como general, marchou sobre a Itália e derrotou Juliano, impondo sua proclamação como imperador pelo senado e pelo povo, dado não ter sido possível instituir consentimento algum entre os soldados; por fim, estabeleceu-se plenamente em sua autoridade ao subjugar Negro e Albino[c].

Inter haec Gordianus Caesar (diz Capitolino, ao falar de outro período) *sublatus a militibus, Imperator est appellatus, quia non erat alius in praesenti*. Deve-se observar que Góridio era um garoto de 14 anos de idade.

Eventos freqüentes de tal natureza ocorrem na história dos imperadores; e também na sucessão de Alexandre e em muitos outros

---

[c]Herodiano, livro II.[11]

Ensaios Políticos

263

países. Nada mais indesejável pode haver do que o governo despótico desse tipo, com a sucessão intermitente e irregular, determinada a cada momento pela força ou por uma eleição. Em um governo livre isso é inevitável, ainda que bem menos perigoso; pois na maioria das vezes são os interesses da liberdade que levam um povo a alterar a sucessão da Coroa em causa própria. E, sendo a constituição composta por partes distintas, mantém-se a estabilidade com o recurso a membros monarquistas ou democratas, ainda que nos primeiros o número possa, de tempos em tempos, ser alterado para preservar a equivalência com o dos democratas.

Em um governo absoluto, com um príncipe ilegal sem direito ao trono, determina-se que esse pertence a quem primeiro o ocupar. Casos como esse são bastante freqüentes em monarquias orientais. Ao se extinguir uma linhagem de príncipes, a vontade ou determinação do último soberano é considerada como um título. O edito de Luís XIV, conclamando os príncipes bastardos à sucessão no caso de não haver nenhum legítimo, teria alguma autoridade em caso de ocorrência dessa situação[d]. Assim, o testamento de Carlos II incluía

---

[d] É digno de nota que no protesto do duque de Bourbon e dos príncipes legítimos contra a designação de Luís XIV se insinue na doutrina do contrato original, ainda que no caso desse governo absoluto. Como a nação francesa escolheu Hugo Capeto para governá-la, bem como à sua posteridade, eles dizem que, no caso de ruptura dessa linhagem, há o direito tácito à escolha de uma nova família real, e que esse direito seria violado pela conclamação dos príncipes bastardos ao trono sem o consentimento da nação. Mas o conde de Boulainvilliers, que escreveu em defesa do príncipe bastardo, ridiculariza essa noção de um contrato original, em especial quando é aplicada ao caso de Hugo Capeto, que, segundo ele, chegou ao trono pelos mesmos artifícios utilizados por conquistadores e usurpadores. Obteve seu título, na verdade, dos estados gerais após ter se apossado do trono. Tal seria uma escolha ou um contrato? É bom lembrar que o conde de Boulainvilliers era um notório republicano, mas sendo um homem erudito e versado em história, sabia que o povo quase nunca era consultado em tais revoluções e novas instituições, e que tão-só o tempo pode dar direito e autoridade em relação ao que inicialmente se fez fundar pela força e pela violência. Ver *Estado da França*, volume III.

a posse de toda a monarquia espanhola. A cessão do antigo proprietário, em especial quando aliada à conquista, também é considerada um bom título. A cessão do antigo proprietário, especialmente quando vinculada à conquista, também é considerada um bom título. O vínculo ou obrigação geral que nos liga a um governo são o interesse e as necessidades da sociedade, e essa é uma obrigação muito poderosa. Sua determinação em relação a um príncipe ou forma particular de governo é freqüentemente mais incerta e duvidosa. A posse atual tem considerável autoridade em casos como esse; e ainda maior no que se refere à propriedade privada, em razão das desordens que acompanham todas as revoluções e mudanças de governo.

Havemos de observar, antes de concluir, que, por mais que a consideração da opinião geral seja com razão tida por injusta e inconclusiva quando se trata de ciências especulativas como a metafísica, a filosofia natural ou a astronomia, no que se refere à moral e à crítica realmente não há outro padrão para se decidir uma controvérsia. Prova mais clara não pode haver do equívoco de uma teoria do que o constatar de que leva a paradoxos que repugnam os sentimentos comuns da humanidade e a prática e opinião e de todas as eras. A doutrina que funda todo governo legal em um *contrato original*, ou no consentimento do povo é claramente desse tipo; e um de seus mais notórios partidários não se fez de rogado ao afirmar em sua defesa *que a monarquia absoluta é inconsistente com a sociedade civil, e que assim não pode de modo algum ser uma forma de governo civil[e]; e que o poder supremo de um Estado não pode tomar de qualquer homem, com impostos e imposições, parte alguma de sua propriedade sem o consentimento seu ou de seus representantes[f]*. É fácil determinar a autoridade que qualquer raciocínio moral pode ter, e que resulta em

---

[e] Ver Locke, *Sobre o governo*, capítulo VII, seção 90.
[f] Idem, cap. XI, seção 138, 139, 140.

ENSAIOS POLÍTICOS

265

opiniões tão vagas acerca das práticas gerais da humanidade, em toda a parte à exceção desse reino.

A única passagem que encontrei nos antigos, onde a obrigação de obediência a um governo é atribuída a uma promessa, encontra-se no *Críton*, de Platão, quando Sócrates se recusa a fugir da prisão porque tacitamente havia prometido obediência às leis. Desse modo ele constrói a conseqüência *tory* de obediência passiva, partindo de uma fundação *whig* do contrato original.

Não há que se esperar novas descobertas nessa matéria. Se quase homem algum até hoje alguma vez imaginou que o governo se funda no contrato, certo é que, em geral, ele não poderá dispor de tal fundação.

Junto aos antigos, o crime de rebelião era comumente expresso pelos termos *neoterizein, novas res moliri.*

ENSAIO VINTE E QUATRO

Da obediência passiva

No ensaio anterior, procuramos refutar os sistemas políticos *especulativos* defendidos nesta nação, bem como o sistema religioso de um dos partidos e o filosófico do outro. Agora passemos em revista as conseqüências *práticas* deduzidas por cada um dos partidos em relação às medidas de submissão devida aos soberanos.

Uma vez que a obrigação à justiça funda-se inteiramente nos interesses da sociedade que requerem abstinência mútua em relação à propriedade a fim de que a paz seja preservada entre os homens, sendo evidente que quando a execução da justiça se faz acompanhar de conseqüências muito perniciosas, e diante de emergências tão prementes e extraordinárias, a virtude deve ser suspensa para dar vez à utilidade pública. A máxima *fiat Justitia & ruat Coelum*, que seja feita a justiça mesmo que o céu desabe, dá uma idéia absurda da subordinação de deveres. Que governador de uma cidade não teria escrúpulos de incendiar os subúrbios se esses facilitassem a aproximação do inimigo? O caso é o mesmo com o dever de lealdade; e o senso comum nos ensina que, como nos ligamos ao governo somente na medida mesma de sua tendência à utilidade pública, esse dever sempre dá lugar, em situações em que a obediência se faz acompanhar da ruína do poder público, à obrigação primária e original. *Salus populi suprema Lex*, a segurança do povo é a lei suprema. Essa máxima é agradável aos sentimentos da humanidade em todas as eras: e quem quer que leia a respeito da insurreição contra Nero ou contra Felipe II, por mais que lhe enfadem os sistemas partidários, deseja êxito à empreitada e elogia os que nela tomam parte. Mesmo o nosso partido monarquista, apesar de sua sublime teoria, em tais casos é forçado a julgar, experimentar e aprovar de acordo com o resto da humanidade.

Por essa razão, a resistência sendo admitida em emergências extraordinárias, a questão só poderá estar entre os bons de raciocínio, no tocante ao grau de necessidade que pode justificar a resistência e torná-la legal e recomendável. Devo confessar que sempre me inclino para o lado dos que estreitam os laços de lealdade e consideram que sua infração só se justifica em casos de desespero, em que o público se veja diante da ameaça da violência e da tirania. Além dos danos de uma guerra civil que comumente se segue à insurreição, certo é que quando um povo manifesta disposição à rebelião essa se torna uma das principais causas da tirania dos governantes e força-os a muitas medidas violentas que jamais adotariam se todos se conformassem à submissão e à obediência. Assim, o *tiranicídio* ou o assassinato recomendado pelas máximas antigas, em vez de acautelar tiranos e usurpadores, torna-os dez vezes mais vorazes e incansáveis; daí, com justa razão, por esse motivo, foi abolido pelas leis das nações, e é universalmente condenado como um método vil e traiçoeiro de trazer à justiça os que perturbam a sociedade.

Ademais, deve-se considerar que, como a obediência é nosso dever no curso comum das coisas, principalmente ela deveria ser inculcada. E coisa alguma pode ser mais absurda do que o excesso de zelo e solicitude na instituição de todas as situações em que a resistência poderia ser permitida. Da mesma forma, ainda que, no decorrer de uma discussão, um filósofo reconheça a possibilidade de se abrir mão das regras da justiça em casos de extrema necessidade, o que não haveríamos de pensar de um pregador ou de um oportunista que dedica o cerne de seus estudos a descobrir essas causas e a sustentá-las com veemência e eloqüência argumentativa? Melhor não seria que se dedicasse a inculcar a doutrina geral do que mostrar suas exceções particulares, essas que talvez sejamos por demais propensos a abraçar e ampliar?

Ensaios Políticos   269

Há, no entanto, duas razões que podem ser alegadas em defesa daqueles partidos de entre nós, que com tanta indústria propagou as máximas da resistência; máximas que em geral são, como se deve convir, muito perniciosas e destrutivas à sociedade civil. A *primeira* delas é que, como seus antagonistas, levam a doutrina da obediência a tais a extravagantes alturas, a ponto de não mencionar as exceções em situações extraordinárias (o que talvez seja desculpável), chegando mesmo a excluí-las inteiramente, tornou-se necessário insistir nessas exceções e defender os direitos da verdade e da liberdade. A *segunda* razão, e talvez melhor, funda-se na natureza da constituição e da forma de governo britânica.

É quase peculiar à nossa constituição estabelecer um primeiro magistrado com tal preeminência e dignidade que, embora limitado por leis, no que respeita à sua pessoa, ele se encontra em certa medida acima delas e não pode ser punido por nenhuma injúria ou dano que venha a cometer. Somente seus ministros, ou os que atuem sob sua comissão, podem ser ofensivos à justiça; e, como a perspectiva da segurança pessoal estimula ao príncipe dar livre curso às leis, segurança equivalente se faz obter pela punição de seus inferiores, tal evitando que se dê uma guerra civil, como inevitável seria se o soberano fosse alvo de ataques constantes. Mas, apesar dessa deferência salutar da constituição para com o príncipe, jamais se deve pensar que, com essa máxima, se determine sua própria destruição com a instituição de uma cândida submissão que lhe permita proteger seus ministros, persistir na injustiça e para si usurpar o inteiro poder da república. Esse caso, de fato, jamais é expressamente previsto pelas leis, pois estas não podem prover um remédio para tal ou instituir magistrado superior ao príncipe para dele podar as exorbitâncias. Mas como um direito sem remédio seria um absurdo, nesse caso é o direito extraordinário à resistência que permite a defesa da constituição em situações extremas. Por essa razão, a resistência deve ser mais freqüente no governo britânico do que em outros, mais simples, e consistir de menos partes e movimentos. Onde o rei é um soberano absoluto, será menos tentado a cometer tal enorme tirania que com justeza provoque uma rebelião. Mas quando é limitado, sua ambição imprudente, sem quaisquer grandes vícios, pode incitar essa perigosa situação. Com freqüência se supõe ser esse o caso de Carlos I; e, como a superação da animosidade nos permite falar com franqueza, também esse foi o caso de Jaime II. Eram inofensivos, ainda que não propriamente bons em seu caráter. Equivocaram-se quanto à natureza de nossa constituição e agigantaram o poder legislativo, o que tornou necessária tão veemente oposição, mesmo para formalmente subtrair desse último a autoridade que, com tamanha imprudência e indiscrição, ele utilizou.

ENSAIO VINTE E CINCO

Da coalizão de partidos

Abolir todas as distinções de partido em um governo livre pode não ser algo praticável, e tampouco desejável. Os únicos partidos perigosos são que os entabulam concepções opostas às que são essenciais ao governo, à sucessão da Coroa, ou aos privilégios mais importantes pertencentes aos muitos membros da constituição, e no que diz respeito a eles não são possíveis concessões ou acordos; e a controvérsia pode parecer decisiva a ponto de justificar a recorrência às armas. Dessa natureza foi a animosidade perpetrada durante mais de um século entre os partidos da Inglaterra, controvérsia que por vezes deu vazão a uma guerra civil a que se seguiram violentas revoluções que ameaçaram a paz e a tranqüilidade da nação. Mas como surgiram recentemente fortes sinais de um desejo de abolir essas distinções partidárias, a tendência para uma coalizão proporciona o mais agradável prospecto de uma felicidade futura e deve ser cuidadosamente promovida por todos os que amam este país.

Não há método mais eficaz para promover tão benigno fim do que impedir todos os insultos e vitórias insensatas de um partido sobre o outro, incentivar as opiniões moderadas, encontrar a justa moderação em cada disputa, persuadir cada um deles de que seu antagonista eventualmente há de ter razão, e manter um equilíbrio entre o elogio e a reprovação que a cada qual dirigimos. Os dois Ensaios precedentes, versando sobre o *contrato original* e sobre

272   DAVID HUME

a *obediência passiva*, são instados por esse propósito no tocante a controvérsias *filosóficas* e *práticas* entre os partidos, e tendem a mostrar que lado algum tem tanto respaldo na razão quanto gostariam. A seguir, exerceremos a mesma moderação no que se refere às disputas históricas entre os partidos, demonstrando que cada um deles se pautava por pontos plausíveis; que em ambos os lados havia homens sábios, desejosos do bem de seu país, e que o fundamento único da animosidade entre as facções residia meramente no estreito preconceito ou na paixão interessada.

O partido popular, posteriormente denominado *whig*, dispõe de argumentos muito especiosos para justificar a oposição à Coroa, esse que é o fundamento de nossa constituição livre. Embora obrigados a reconhecer que precedentes favoráveis à prerrogativa sempre tiveram lugar em muitos reinos antes de Carlos I, julgaram não haver razão para que a submissão a tão perigosa autoridade tivesse continuidade. Seu raciocínio deve ter sido o seguinte: sendo os direitos dos homens considerados eternamente sagrados, não haveria medida tirânica ou arbitrária provida de autoridade suficiente para os abolir. A liberdade é uma bênção tão inestimável, que diante da possibilidade de a reconquistar uma nação deve correr todos os riscos sem recuar diante do derramamento de sangue ou da dissipação do tesouro. Todas as instituições humanas, e nenhuma delas mais do que o governo, encontram-se em contínua flutuação. Os reis aproveitam cada oportunidade para ampliar suas prerrogativas; e, caso não se tire proveito dos eventos propícios para ampliar e garantir os privilégios do povo, um despotismo universal exercerá para sempre seu domínio sobre os homens. Prova o exemplo de todas as nações vizinhas que não é mais seguro confiar à Coroa as mesmas prerrogativas de que se dispunha em eras simples e rudimentares. E embora o exemplo de muitos reinados tardios possa ser pleiteado em favor de um poder do príncipe em certa medida arbitrário, reinos mais remotos proporcionam exemplos de limitações mais estritas impostas à Coroa; e desse modo, as pretensões do Parlamento, que hoje recebem o título de inovações, não passam da retomada dos direitos justos do povo.

ENSAIOS POLÍTICOS 273

Essas concepções, longe de serem odiosas, por certo são magnânimas, generosas e nobres. Ao seu êxito e prevalência o reino deve a sua liberdade, e talvez sua erudição, indústria, comércio e poder naval; são elas que distinguem o nome da Inglaterra entre a sociedade das nações, candidata a rivalizar com as comunidades mais livres e ilustres da Antigüidade. Mas assim como essas portentosas conseqüências não poderiam ser entrevistas ao tempo que se iniciou a disputa, aos realistas da época não faltavam poderosos argumentos para justificar a defesa das prerrogativas do príncipe. Apresentaremos essa questão da mesma maneira como lhes deve ter ocorrido durante o encontro do Parlamento que, à custa de violentos conflitos com a Coroa, deu início às guerras civis.

A única regra de governo conhecida e reconhecida pelos homens é o uso e a prática. A razão é guia tão inseguro, que sempre é passível de dúvida e questionamento. Se ela pudesse convencer as pessoas, os homens já a teriam adotado como regra única de conduta. Teriam permanecido no estado de natureza primitivo e isolado sem se submeter ao governo político, cuja base única não é a razão pura, mas a autoridade e o precedente. Dissolvam-se esses laços, e se romperiam todos os elos da sociedade civil, deixando os homens livres para consultar seu interesse privado segundo os meios recomendados pelo seu apetite travestido de razão. O espírito de inovação é em si mesmo pernicioso, por favorável que o seu objeto particular possa eventualmente parecer. Verdade tão óbvia, que até mesmo o partido popular parece reconhecê-la; e assim recobrem seu conflito pela pretensão plausível de um recuperar das antigas liberdades do povo.

Mas as atuais prerrogativas da Coroa, permitindo todas as suposições daquele partido, têm sido incontestavelmente estabelecidas desde a ascensão da casa dos Tudor, perfazendo um período que já soma 160 anos e que deve bastar para dar estabilidade a qualquer constituição. Acaso não seria ridículo, durante o reinado do imperador Adriano, falar em uma constituição republicana como regra de governo, ou então supor que os antigos direitos do senado, cônsules e tribuno ainda valessem?

274   DAVID HUME

As atuais reivindicações dos monarcas ingleses são muito mais favoráveis do que as dos imperadores romanos do mesmo período. A autoridade de Augusto vinha de evidente usurpação, fundada unicamente na violência militar, que gerou, como é do conhecimento de qualquer leitor, uma era memorável da história de Roma. Mas se Henrique VII de fato ampliou o poder da Coroa, e há quem o pretenda, foi por meio de aquisições insignificantes que escaparam à percepção do povo e quase não foram percebidas por historiadores e políticos. O novo governo, se merece o epíteto, é uma imperceptível transição do anterior, e nele se encontra de todo enraizado. Deve seu título a essa raiz e deve ser considerado apenas como mais uma das graduais revoluções a que sempre estão sujeitos os assuntos humanos em todas as nações.

A casa de Tudor, e depois dela a de Stuart, não exerceu outras prerrogativas que não as reivindicadas e exercidas pelos plantagenetas. Não se pode dizer que há sequer uma nova ramificação de sua autoridade. A única diferença talvez seja a de que antes os reis exerciam esses poderes de modo intermitente, já que a oposição de seus barões impedia que tal se fizesse a regra permanente de sua administração. Mas a única inferência desse fato versa sobre a maior turbulência e sediciosidade daqueles tempos; e aquela autoridade real, a constituição e as leis felizmente terminaram por prevalecer.

Sob que pretexto o partido popular pode hoje falar em uma retomada da antiga constituição? O controle prévio sobre os reis não residia no Parlamento, mas era detido pelos barões; o povo não dispunha de nenhuma autoridade, e de liberdade alguma, até que a Coroa suprimisse aqueles facciosos tiranos, exigisse o cumprimento das leis e obrigasse cada súdito a respeitar os direitos, privilégios e propriedades dos outros. Se fosse o caso de retornar à antiga constituição bárbara e feudal, esses cavalheiros, que agora se comportam de modo tão insolente ante seu soberano, deveriam dar o primeiro exemplo, cortejando um barão vizinho e tornando-se seus criados; e, a ele submetendo-se de maneira servil, adquirir alguma proteção por si próprios, além do direito de rapinar e oprimir

ENSAIOS POLÍTICOS   275

seus escravos e camponeses inferiores. Essa era a condição dos comuns entre seus ancestrais remotos.

Quão longe havemos de regredir recorrendo a antigas constituições e governos? Havia uma constituição ainda mais antiga do que a que tão grande apelo exerce a tais inovadores. Durante aquele período, não havia *magna carta*. Os próprios barões dispunham de alguns poucos privilégios instituídos: e a Casa dos Comuns provavelmente não existia.

É ridículo ouvir os Comuns, ao tempo em que assumem, por usurpação, todo o poder do governo. Os representantes recebiam salários de seus distritos eleitorais, e jamais se ouviu falar de alguém que considerasse um fardo pertencer à Casa dos Comuns e um privilégio estar livre dela. Poderiam nos persuadir de que o poder, essa coisa mais ambicionada de todos os homens, e em comparação com a qual até mesmo a reputação, o prazer e as riquezas são minimizados, alguma vez tenha sido considerado um fardo por qualquer homem?

Diz-se que as propriedades recém-adquiridas pelos comuns lhe dão o direito a um poder maior do que o de seus antecessores. Mas a que se deve esse poder de propriedade, senão ao aumento de sua liberdade e segurança? Reconheçam, pois, que, enquanto a Coroa foi controlada por barões sediciosos, a liberdade desfrutada por seus antecessores era menor do que a de que dispõem. Que desfrutem dela com moderação, e que não se lhe ponham a perder com reivindicações exorbitantes, nem dela façam pretexto para infindáveis inovações.

A verdadeira regra de governo é a prática instituída em nosso tempo; é maior a sua autoridade, visto que mais recente, e a mesma razão a torna mais bem conhecida. Quem garante a esses tribunos que os plantagenetas não seriam tão autoritários quanto os Tudor? Asseveram que os historiadores não o dizem, mas os próprios historiadores se calam quanto ao recurso à prerrogativa pelos Tudor. Quando um poder ou prerrogativa qualquer é instituído de maneira plena e incontestável, é óbvio seu exercício, e não registrado nos anais da história. Se do reino de Isabel outros registros não dispuséssemos que não os deixados por Cadmen, por mais preciso, judicioso e exato que seja o historiador, desconheceríamos de todo as máximas mais importantes de seu governo.

Não foi o presente governo monárquico, em sua plena extensão, autorizado por advogados, recomendado por sacerdotes, reconhecido por políticos e admitido, mesmo aclamado, pelo povo em geral, e tudo isso no decorrer de um período de 160 anos, se não mais, sem nenhuma queixa ou controvérsia? Ora, esse consentimento geral, durante longo tempo, por certo foi suficiente para tornar uma constituição legal e válida. Se a origem de todo poder, como se afirma, advém do povo, eis aí seu consentimento nos termos mais plenos e amplos que se possa desejar ou imaginar.

Mas o povo não deve pretender, pelo seu consentimento, estabelecer as fundações do governo, e tampouco derrubá-las e subvertê-las a seu bel-prazer. Para essas pretensões arrogantes e sediciosas não há fim. Agora o poder da Coroa é abertamente atacado. O perigo para a nobreza também é visível; a pequena nobreza virá em seguida. Os líderes populares que então assumirem o título de pequena nobreza serão os próximos a se expor ao perigo; e o próprio povo, incapaz de exercer o governo civil, e sem a restrição de nenhuma autoridade, deverá se submeter, em nome da paz, no lugar de seus antigos e brandos monarcas, a uma sucessão de tiranos militares e despóticos tiranos.

Essas conseqüências são tanto mais ameaçadoras ante a atual fúria popular que, não obstante travestida de pretensões à liberdade civil, na verdade é incitada pelo fanatismo religioso, este princípio mais cego, teimoso e ingovernável que pode agir sobre a natureza humana. A ira popular é sempre temerária, qualquer que seja seu motivo; porém mais perniciosas são suas conseqüências quando ela surge de um princípio que desperta toda restrição da lei, da razão ou da autoridade humana.

Esses são os argumentos a que cada um dos partidos pode recorrer para justificar a conduta de seus predecessores durante aquela

ENSAIOS POLÍTICOS 277

grande crise. O acontecimento, se pode ser admitido como razão, demonstrou que os argumentos do partido popular eram mais bem fundamentados, se é que isso vale como razão; mas é provável que, em conformidade com as máximas de juristas e políticos, o ponto de vista dos realistas parecesse, de antemão, o mais sólido, seguro e legal. Mas é certo que, quanto maior a moderação com que representamos os eventos passados, mais próximos estaremos da completa união entre os partidos e de uma concordância no tocante à ordem atual. A moderação é vantajosa para qualquer ordem. Nada, que não o zelo, pode derribar um poder estabelecido; e o excesso de zelo entre aliados favorece disposição semelhante em seus antagonistas. A transição de uma oposição moderada contra certa ordem para a inteira aquiescência a ela é tranqüila é imperceptível.

Muitos são os argumentos invencíveis passíveis de convencer o partido descontente a concordar de todo com a instituição da atual constituição. Hoje percebem que o espírito de liberdade civil, em um primeiro momento ligado ao fanatismo religioso, pôde se livrar dessa impureza para se apresentar em um aspecto mais autêntico e atraente: o de amigo da tolerância e promotor de todos os sentimentos magnânimos e generosos que honram a natureza humana. Podem bem observar que as reivindicações populares em dado instante poderiam suprimir as mais elevadas prerrogativas, dando lugar ao respeito pela monarquia, pela nobreza e todas as instituições tradicionais. O mais importante, porém, é que estejam cientes de que o mesmo princípio que deu força e autoridade a seu partido já não lhes pertence, e sim a seus antagonistas. O projeto de liberdade foi instituído; seus efeitos benignos, provados pela experiência; um longo período de tempo lhe garantiu a estabilidade; e quem quer que tentasse destruí-lo e trazer de volta o governo anterior e a família destronada se exporia, entre tantas imputações criminais, à reprovação da facção e da inovação. Ao percorrer a narrativa dos eventos do passado, devem refletir que ambos esses direitos da coroa foram aniquilados, e que a tirania, a violência e a opressão, que não raro suscitam, são males dos quais a liberdade instituída pela presente constituição finalmente protege o povo. Tais reflexões se provarão mais benéficas para nossa liberdade e nossos privilégios do que negar, contra a mais clara evidência dos fatos, que esses poderes reais um dia existiram. Não há método mais eficiente de trair uma causa do que insistir em um argumento equivocado e, pela defesa de uma posição insustentável, garantir aos adversários o sucesso e a vitória.

ENSAIO VINTE E SEIS

Da sucessão protestante

Posso supor que um membro do Parlamento, no reinado de Guilherme ou de Ana, por ocasião da instituição da sucessão protestante, considerasse qual partido tomaria em relação a questão importante como essa com base na comparação imparcial das vantagens e desvantagens de cada lado. Acredito que levaria em consideração os aspectos a seguir.

Poder-se-ia facilmente perceber a grande vantagem resultante da restauração da família Stuart, pois permitiu que mantivéssemos a sucessão clara e isenta de disputas, livre de pretendente com títulos enganosos como o de sangue, o qual, por facilmente compreensível, exerce apelo mais forte junto à multidão. É vão referir, como fizeram muitos, a frivolidade de considerar *governantes* independentemente do *governo*; é tema sobre o qual não vale exasperar-se. A maioria dos homens jamais compartilhará desses sentimentos, e creio ser muito melhor para a sociedade que seja assim, e que se atenham às suas disposições naturais. Como se poderia preservar a estabilidade em um governo monárquico (que, mesmo não sendo o melhor, é, como sempre tem sido, mais comum do que outros) a não ser que os homens acalentassem uma consideração passional pelo verdadeiro herdeiro de sua família real e, mesmo sendo ele de

280 David Hume

entendimento fraco ou já avançado em anos, dêem a ele uma preferência muito sensível em detrimento de pessoas dos mais brilhantes talentos, ou celebradas por grandes feitos? Não poderia qualquer líder popular reclamar o trono a cada vacância, e tornar-se o reino palco de perpétuas guerras e convulsões? A esse respeito, a condição do Império Romano por certo não era muito invejável, a exemplo das nações *orientais*, que não dão muita importância aos títulos de seus soberanos, sacrificando-os aos caprichos ou ao humor momentâneo do populacho ou dos soldados. Não passa de falsa sabedoria o desprezo por príncipes que os rebaixa ao mesmo nível dos homens mais desprezíveis. É bem verdade que um anatomista não encontra nada no maior monarca que não exista no mais ínfimo camponês ou trabalhador diarista; e é possível que tanto menos seja encontrado por um moralista. Mas, para onde nos levam essas considerações? Todos nutrimos preconceitos que favorecem nascimento e família, e não nos despimos deles em nossas mais sérias ocupações ou mais leves distrações. Não conviria ao nosso gosto uma tragédia que representasse as aventuras de marinheiros, cocheiros ou mesmo cavalheiros, porém outra que apresente reis e príncipes há de nos parecer importante e digna. Se um homem de sabedoria superior conseguisse superar esses preconceitos, a mesma sabedoria logo os traria de volta em nome da sociedade cujo bem-estar ele perceberia depender intimamente deles. Longe de se esfalfar em desenganar pessoas, cuidaria desses sentimentos de reverência por seus príncipes, visto serem necessários para preservar a devida subordinação em sociedade. E, ainda que as vidas de 20 mil homens sejam sacrificadas para que um rei mantenha a posse do trono ou preserve a linha de sucessão, ele não se indignaria com essa perda, ou pensaria que talvez cada um desses indivíduos é em si tão valoroso como o príncipe a que serviam. Ele considera as conseqüências que podem ser sentidas por muitos séculos, enquanto a perda de alguns milhares de homens traz tão pouco prejuízo a um grande reino, que só pode ser percebida uns poucos anos depois.

ENSAIOS POLÍTICOS   281

As vantagens da sucessão de Hannover são de natureza oposta e advêm precisamente do fato de que infringe o direito hereditário ao entronar um príncipe que não se intitula a essa posição. Da história desta ilha evidencia-se que os privilégios dos povos têm, durante os dois últimos séculos, crescido continuamente com a divisão das terras da Igreja, a alienação das posses dos barões, o progresso com o comércio e, acima de tudo, pela ventura de nossa situação, que, por um longo tempo, nos dá suficiente segurança, sem qualquer exército permanente ou ordem militar. Ao contrário, a liberdade pública tem, em quase todas as outras nações da Europa, no mesmo período, estado em extremo declínio, pois ante as velhas milícias feudais o povo preferiu dotar o príncipe de exércitos mercenários que ele facilmente voltava contra eles. Não espanta, pois, que alguns soberanos britânicos não tenham compreendido a natureza da constituição, ou ao menos o gênio do povo; e, adotando todos os precedentes que lhes fossem favoráveis, negligenciaram os que supunham alguma limitação no governo. O exemplo dos príncipes vizinhos, que tinham o mesmo título e designação e eram adornados pelas mesmas insígnias de autoridade, incentivou-os ao equívoco de reclamar os mesmos poderes ou prerrogativas. Os discursos, decretos e a seqüência de atitudes de Jaime I, bem como de seu filho, mostram que consideravam o governo inglês uma monarquia simples, sem jamais imaginar que parte significativa de seus súditos pudesse nutrir idéia contrária. Assim, tornaram claras suas intenções sem dispor de forças para apoiá-las ou tentar dissimulá-las, como sempre fazem os que se lançam em um projeto ou tentativa de inovar qualquer governo. O bajular pelos cortesãos veio confirmar seus preconceitos, sobretudo a bajulação do clero, que a partir da distorção de algumas passagens da *escritura* erigiu um sistema regular e explícito de poder arbitrário. O único procedimento para destruir de uma vez por todas tão elevadas reivindicações e pretensões foi abandonar a linhagem hereditária e escolher um príncipe que de maneira clara pertencesse ao povo; ele recebeu a Coroa em condições expressas e explícitas, com isso percebendo que sua autoridade se encontrava no mesmo nível dos privilégios do povo. Ao elegê-lo para a linhagem real, cortamos todas as esperanças de ambiciosos súditos que poderiam perturbar o governo em ocasiões futuras com aspirações e pretensões; ao instituir a hereditariedade da Coroa em sua família, evitamos todos os inconvenientes da monarquia eletiva e, ao afastar o herdeiro anterior, garantimos todas as limitações constitucionais, tornando uniforme e unificado o nosso governo. O povo celebra a monarquia uma vez que é protegido por ela. O monarca promove a liberdade porque foi criado por ela. E assim toda vantagem é obtida pela nova ordem, na medida mesma em que a habilidade e sabedoria humanas podem ser obtidas.

São essas, tomadas individualmente, as vantagens de se fixar a sucessão na casa de Stuart ou na de Hannover. Existem duas vantagens nessa instauração, as quais um patriota imparcial passaria em ponderação e exame, a fim de constituir justo juízo sobre o todo.

As desvantagens da sucessão protestante advêm das posses estrangeiras dos príncipes da linhagem de Hannover, e que, pode-se supor, poderiam nos envolver nas intrigas e guerras continentais, tirando-nos a inestimável vantagem de sermos cercados e guardados por um mar em que sabemos como navegar. A desvantagem do retorno da família destronada consiste em sua religião, mais prejudicial à sociedade do que a instituída entre nós, visto que contrária a ela, não permitindo tolerância, ou paz, ou segurança a nenhuma outra comunidade.

Parece-me que essas vantagens e desvantagens estão presentes em ambos os lados. O súdito, por mais leal que seja, nega que os títulos e domínios estrangeiros da atual família real sejam uma desvantagem. E todo partidário dos Stuart reconhecerá que a reivindicação de um direito hereditário irrevogável e a religião católica sejam desvantagens dessa família. Pertence, pois, tão-somente ao filósofo, que a nenhum dos partidos cabe colocar todos esses fatores em perspectiva e atribuir a cada um deles seu próprio peso e influência. Este reconhecerá que todas as questões políticas são imensamente

ENSAIOS POLÍTICOS

complexas e que dificilmente haverá uma escolha puramente boa ou má. Pode-se entrever conseqüências mistas e variadas de cada medida, e de cada uma delas há tantas outras que não se pode entrever. Hesitação, reserva e indecisão são, portanto, os únicos sentimentos que ele traz a esse ensaio ou tentativa. Ou então, se permite alguma paixão, é a derrisão contra as multidões ignorantes que são sempre clamorosas e dogmáticas, mesmo nas mais simples questões, a respeito das quais é juiz inteiramente inadequado, talvez tanto mais por falta de entendimento do que de temperança.

Mas para dizer algo mais preciso a esse respeito, as reflexões a seguir, mostrarão, assim espero, a têmpera, se não o entendimento de um filósofo.

A julgar meramente pelas aparências iniciais e pela experiência do passado, seria preciso reconhecer que as vantagens de um título parlamentar para a casa de Hannover são maiores do que para a casa de Stuart; e que nossos pais atuaram sabiamente ao preferir a primeira à segunda. Durante o governo na casa de Stuart, que durou mais de 80 anos, a Grã-Bretanha esteve em constantes convulsões, pela contenção entre os privilégios do povo e as prerrogativas da Coroa. Quando as armas foram postas, as disputas persistiram; e tão logo estas se fizeram silenciar, a desconfiança permaneceu no coração lançando a nação em fermentação e desordem pouco naturais. Enquanto nos ocupávamos de disputas internas, erigiu-se na Europa um perigoso, se não fatal, poder estrangeiro, sem qualquer oposição de nossa parte, e mesmo eventualmente sem a nossa assistência.

Mas durante os últimos 60 anos, por ocasião o estabelecimento de uma ordem parlamentar, por mais que houvesse facções entre o povo ou em assembléias públicas, a força de nossa constituição pendeu inteiramente para um lado, mantendo contínua harmonia entre os parlamentos e os príncipes. Com paz e ordem interna, a liberdade pública prosperou de maneira quase ininterrupta; comércio, produção e agricultura disseminaram-se; foram cultivadas

284 DAVID HUME

artes, ciências e filosofia, e mesmo os grupos religiosos se viram forçados a abandonar seu rancor habitual; a glória da nação, advinda tanto de nossos avanços nas artes da paz como de nossa bravura e êxito nas guerras, espalhou-se por toda a Europa. Praticamente nenhuma outra nação pode se jactar de período tão longo e glorioso, e outro exemplo não há na história da humanidade em que milhões de pessoas se mantiveram coesas durante tanto tempo e de maneira tão livre, racional e adequada à dignidade da natureza humana.

Mas, ainda que esse exemplo recente pareça claramente decisivo em favor da ordem atual, há algumas outras circunstâncias a serem postas em perspectiva; e é perigoso regular nosso juízo por um único acontecimento ou exemplo.

Tivemos duas rebeliões durante o período de prosperidade acima referido, além de um sem-número de complôs e conspirações. E, ainda que nenhum deles tenha produzido qualquer acontecimento por demais fatal, podemos atribuir nossa sorte ao gênio estreito daqueles príncipes que estiveram em disputa por nossa ordem; e podemos nos considerar bem afortunados até o presente momento. Mas temo que as reivindicações da família banida não sejam antiquadas; e poderei prever que suas tentativas futuras não produzirão maior desordem?

As disputas entre privilégio e prerrogativa podem facilmente se compor de leis, votos, conferências, e concessões; onde há notável têmpera ou prudência de ambos os lados, ou mesmo em um deles, não se verifica. Entre títulos em contenda, a questão só pode ser determinada pela espada, pela devastação e pela guerra civil.

Um príncipe, que ocupe um trono com um título questionável, não ousa armar seus súditos; o único método de garantir um povo plenamente tanto contra a opressão doméstica como contra conquistas estrangeiras.

Não obstante nossas riquezas e nossa reputação, o acordo a que chegamos na mais recente paz é bastante precário, dados os riscos advindos não de má conduta ou fracasso na guerra, mas da

ENSAIOS POLÍTICOS   285

perniciosa hipoteca de nossas finanças e da máxima tanto mais perniciosa de nunca saldar nossas incumbências. É provável que medidas tão fatais como essas jamais tivessem sido adotadas se em jogo não estivesse ordem tão precária.

Mas para nos convencermos de que um título hereditário devesse substituir um parlamentar sem recorrer a nenhum outro argumento, basta que um homem se imagine na época da restauração e suponha ocupar um lugar junto ao parlamento que trouxe de volta a família real e pôs fim à maiores desordens que algum dia surgiram das pretensões opostas do príncipe e do povo. O que se pensaria de alguém que, nesse tempo, propusesse o afastamento de Carlos II e a entrega da Coroa ao duque de York ou Gloucester com o mero intuito de excluir todas as mais fortes reivindicações, como as de seu pai e seu avô? Um homem como esse não teria sido considerado extravagante e afeito a remédios temerários, que põem em risco um governo e uma constituição nacional, como um curandeiro com um paciente adoentado?

Na verdade, a razão atribuída pela nação para excluir a linhagem dos Stuart, e muitos outros ramos da família real não é uma qualificação de seu título hereditário (razão que, para as apreensões mais comuns, pareceria de todo absurda), mas sua religião; o que nos leva à comparação entre as desvantagens de cada uma das ordens acima referidas.

Confesso que a consideração geral do problema revela que seria muito desejável que nosso príncipe não tivesse domínios no exterior e confinasse toda a sua atenção ao governo desta ilha. Deixando de lado algumas reais inconveniências que podem advir da posse de territórios no continente, ela permite a calúnia e a difamação por parte do povo, sempre predispostos a pensar mal de seus superiores. No entanto, deve-se considerar que Hannover é provavelmente o pedaço de terra na Europa menos inconveniente para o rei da Grã-Bretanha. Situa-se no coração da Alemanha, a certa distância das grandes potências que são nossas rivais naturais:

é protegida pelas leis do Império, bem como pelos exércitos do soberano. E serve tão-somente para nos conectar mais intimamente à causa da Áustria, nossa aliada natural.

A persuasão religiosa da casa de Stuart é uma inconveniência das mais profundas, e nos ameaçaria com conseqüências muito mais sombrias. A religião católica romana, com seu séquito de sacerdotes e frades, é muito mais cara que a nossa; embora desprovida de seus assistentes naturais, como os inquisidores, forcas e fogueiras, é bem menos tolerante. E, não contente em dividir o ofício sacerdotal do real (que já de ser prejudicial a qualquer Estado), o primeiro liga-se a um estrangeiro cujo interesse é sempre distinto do poder público, não raro lhe sendo oposto.

Mas, ainda que essa religião fosse vantajosa para a sociedade, ela é contrária à que se tem estabelecida entre nós, e que provavelmente se manterá viva na mente das pessoas por muito tempo. E embora se tenha a esperança de o progresso da razão gradualmente suavizar a acrimônia entre as religiões por toda a Europa, ainda assim o espírito de moderação tem até agora feito avanços muito lentos para que nele se possa confiar inteiramente.

Assim, de modo geral, as vantagens da instituição da família Stuart, que nos livraria de uma qualificação questionável, parecem trazer a mesma proporção das do estabelecimento da família de Hannover, que nos libera das pretensões a prerrogativas; por outro lado, porém, as desvantagens de destronar um católico romano são maiores do que as de coroar um príncipe estrangeiro. O partido que um patriota imparcial, no reino de Guilherme ou da rainha Ana teria escolhido em meio a visões opostas talvez pareça a alguns difícil de determinar.

Mas o estabelecimento da casa de Hannover foi o que realmente se deu. Os príncipes daquela família, sem intriga, sem conspirações ou solicitação de sua parte foram chamados a ocupar nosso trono, por meio da voz unida do corpo legislativo. E desde a sua ascensão, eles têm demonstrado a maior brandura, eqüidade e

Ensaios Políticos   287

respeito pelas leis e pela constituição. Nossos próprios ministros, nossos próprios parlamentos, nós próprios temos nos governado; e qualquer mal que nos tenha ocorrido deve ser atribuído unicamente à fortuna ou a nós mesmos. Seríamos reprovados por todas as nações se, insatisfeitos com a instituição pela qual decidimos, e cujas condições vêm sendo tão religiosamente observadas, tornássemos a lançar todas as coisas em confusão e, com nossa leviandade e disposição rebelde, nos mostrássemos de todo indignos de outra condição que não a escravidão e a sujeição absolutas.

O maior inconveniente no tocante a uma qualificação questionável é o risco de guerras civis e rebeliões. Alguém homem sábio evitaria esse inconveniente com o recurso à guerra civil e à rebelião? Para não mencionar que posse tão longa, assegurada por tantas leis, já deve ter gerado, a essa altura, na concepção nacional, uma qualificação para a casa de Hannover, independentemente de suas atuais posses; de tal maneira que não podemos mais, nem mesmo com tal revolução, obter o fim de título tão questionável.

Nenhuma revolução levada a cabo por forças nacionais será capaz de abolir os débitos e incumbências em que concorre o interesse de tantas pessoas. E uma revolução feita por forças estrangeiras é uma conquista: uma calamidade, com que o precário equilíbrio do poder nos ameaça, e que, provavelmente, mais do que qualquer outra circunstância, as desavenças civis trarão a nós.

ENSAIO VINTE E SETE

Idéia de uma república perfeita

Não é com formas de governo, como com outros dispositivos artificiais, que um mecanismo desgastado pode ser substituído por outro mais acurado e cômodo, ou onde experimentos possam ser feitos com segurança, ainda que sejam de êxito duvidoso. Um governo estabelecido tem uma vantagem infinita de ter sido instituído; pois o grosso da humanidade mais é governada pela autoridade do que pela razão, só atribuindo autoridade ao que traz a marca da tradição. Por isso, imiscuir-se nessa questão com a relação de experimentos recomendados por supostos argumentos ou pela filosofia jamais pode ser a conduta de um magistrado sábio que presta reverência ao que traz a marca do tempo. E, ainda que realize tentativas em nome do bem público, deve, tanto quanto possível, adequar as inovações ao antigo edifício e preservar os principais pilares e sustentáculos da constituição.

Os matemáticos na Europa têm se mostrado muito divididos no que diz respeito à figura de um navio; e é com justeza que o mundo erudito, assim como o comercial, presta homenagem a Huygens, que por fim deu cabo a essa controvérsia; embora Colombo tenha navegado até a América, e Sir Francis Drake tenha dado a volta ao mundo sem precisar dessa descoberta. Assim como é preciso reconhecer que uma forma de governo é mais perfeita do que outra, independentemente das maneiras e humores de homens particulares; por que não investigar qual de todas a mais perfeita, ainda que governos remendados e carentes de acurácia pareçam servir aos propósitos da sociedade, e mesmo que não seja tão simples estabelecer uma nova forma de governo quanto construir uma embarcação segundo um novo plano?

Trata-se esse tema certamente do mais digno de curiosidade que um homem de engenho pode conceber. E quem sabe se não seria possível, uma vez decidido pelo consentimento universal dos sábios e eruditos, em época futura, haver a oportunidade de reduzir a teoria à prática, seja pela dissolução de governo mais antigo, ou pela associação dos homens para formar um novo em alguma parte distante do globo? Em todo caso, pode ser vantajoso saber qual o tipo mais perfeito, para que dele possamos aproximar uma constituição ou uma nova forma de governo, tanto quanto possível, por tais brandas alterações que não suscitem grande distúrbio na sociedade.

Tudo o que pretendo no presente ensaio é reavivar esse objeto de especulação; por isso expressarei meus sentimentos com a máxima concisão. Algo que me deixa apreensivo é que uma longa dissertação a esse respeito não seria bem recebida pelo público, que poderia considerar inúteis e quiméricas digressões dessa ordem.

Todos os planos de governo que pressupõem grandes reformas nos costumes da humanidade são de todo imaginários. Dessa natureza são a *República* de Platão e a *Utopia* de Sir Thomas Morus; Oceana é o único modelo valoroso de uma república que até hoje tenha sido apresentada ao público.

Os principais defeitos da Oceana parecem ser os seguintes. *Primeiro,* é inconveniente a rotatividade nos cargos públicos que propõe, pois temporariamente afasta os homens dos cargos públicos, à revelia de suas competências públicas. *Em segundo lugar,* seu *agrariano* é impraticável; os homens não demoram a aprender a arte praticada na antiga Roma de ocultar suas propriedades sob o nome de outras pessoas, até que os abusos se tornem comuns a ponto de abandonar a aparência de comedimento. Em *terceiro,* Oceana não oferece segurança suficiente para a liberdade, ou

ENSAIOS POLÍTICOS

291

punições para abusos contra ela. Ao senado cabe propor, e ao povo, consentir. Desse modo, o senado não pode somente rejeitar o voto do povo, mas, o que é o mais grave, sua negativa pode anteceder a votação popular. Se a negativa do rei fosse da mesma natureza da constituição inglesa, e viesse a evitar que qualquer projeto chegasse ao parlamento, ele seria um monarca absolutista. Como a sua negativa se segue ao voto das casas, tal não há de ser pródigo em conseqüências: a diferença está no modo de posicionar a mesma coisa. Quando um orçamento popular tiver sido debatido no parlamento, com isso ele chega à maturidade, todos os seus convenientes e incovenientes tendo sido pesados e medidos; se na seqüência ele for apresentado para o assentimento real, poucos príncipes ousarão se aventurar a rejeitar a unanimidade do desejo do povo. Mas se o rei pudesse esmagar um projeto que lhe desagrade em gestação (como foi o caso, durante algum tempo, no parlamento escocês, por meio do Comitê dos Lordes) não haveria equilíbrio no governo britânico, e os abusos jamais seriam punidos. Não resta dúvida de que, em qualquer governo, poderes exorbitantes resultam menos de novas leis do que da negligência em remediar os abusos que não raro se originam dos já existentes. Um governo, diz Maquiavel, freqüentes vezes deve ser trazido de volta a seus princípios originais. Ao que parece, então, na Oceana, que da legislação se possa dizer que reside no senado; o que o próprio Harrington conheceria como uma forma inadequada de governo, especialmente após a supressão do *agrariano*.

Eis aqui uma forma de governo, contra a qual teoricamente não posso descortinar qualquer objeção considerável.

Que se divida a Grã-Bretanha e a Irlanda, ou qualquer outro território de igual extensão, em cem condados, e cada condado em cem paróquias, o que perfaz 10 mil paróquias. Se o tamanho do país que se pretende formar como comunidade for menor, podemos diminuir o número de condados, mas jamais fazê-lo a menos de 30. Se for maior, melhor seria aumentar o número de paróquias, ou aumentar o número de paróquias por condado, do que aumentar o número de condados.

Tome-se todos os que recebem 20 mil libras por ano e os proprietários de casas com valor de 500 libras nas cidades paroquiais, que se lhe reúnam anualmente na igreja e escolham, por sorteio, algum proprietário livre do condado, o qual chamaremos de *representante* do condado.

Tome-se os cem representantes de condado, dois dias após sua eleição, que se lhes reúnam na capital do condado e por sorteio escolham dez *magistrados* e um *senador*. Existem, portanto, na comunidade como um todo, cem senadores, mil e cem magistrados de condados, e dez mil representantes de condados. Deveremos atribuir aos senadores a autoridade dos magistrados de condados, e a estes a dos representantes de condados.

Tomemos os senadores, que se encontrem na capital e sejam dotados do poder executivo na comunidade; o poder de guerra e paz, de dar ordens a generais, almirantes e embaixadores e, em suma, todas as prerrogativas de um rei britânico, à exceção de sua negativa.

Tomemos os representantes de condado, que se encontrem em seus respectivos condados e possuam o inteiro poder legislador da república; o maior número de condados decidirá as questões, e havendo empate o senado terá o voto de Minerva.

Toda nova lei deve antes ser debatida no senado; e, ainda que rejeitada, caso dez senadores insistam e protestem, deverá ser apresentada aos condados. Se se desejar, o senado pode acrescentar à cópia da lei suas razões para aceitá-la ou rejeitá-la.

Porque seria problemático reunir todos os representantes nacionais para debates as leis mais triviais que possam ser apresentadas, o senado dispõe da alternativa de enviá-las aos magistrados ou aos representantes de condados.

Os magistrados podem convocar os representantes quando a lei lhe for encaminhada, e submeter a questão à sua determinação.

Quer seja de responsabilidade do senado, dos magistrados ou dos representantes de condados, uma cópia da lei e dos argumentos do senado deve ser enviada a cada representante oito dias antes da data marcada para a reunião, a fim de que a assembléia possa discuti-la. E ainda que a determinação seja, pelo senado, delegada aos magistrados, caso cinco representantes de condados decidam que os magistrados devem reunir a corte de representantes para submeter a questão à determinação, eles devem obedecer.

Ou os magistrados, ou os representantes de condados podem entregar ao senador do condado a cópia de uma lei para que seja proposta pelo senado; e se cinco países concorrerem na mesma ordem, a lei, embora recusada pelo senado, deve ser enviada aos magistrados ou representantes de condados, conforme a vontade dos cinco condados.

Quaisquer vinte condados, seja pelo voto de seus magistrados ou representantes, têm o poder de manter qualquer homem à distância de qualquer cargo público por um ano. Trinta condados, por dois anos.

O senado tem o poder de afastar qualquer membro ou certo número de membros de seu corpo efeito, para que não seja ou não sejam reeleitos para aquele ano. O senado não pode afastar duas vezes em um mesmo ano o mesmo senador.

O poder do senado que já existia continua por ainda três semanas após a eleição anual dos representantes de condado. Então, todos os novos senadores devem se reunir reiteradamente, como cardeais; e por um sorteio intrincado, como o de Veneza ou de Malta, devem escolher entre os magistrados a seguir: um protetor representando a dignidade da república e presidindo o senado; dois secretários de Estado; seis conselhos; um conselho de comércio, um conselho de leis, um conselho de guerra e um conselho de almirantado, cada qual com cinco membros; além disso, seis comissários do tesouro e um primeiro comissário. Todos esses serão senadores. O senado também nomeia todos os embaixadores para cortes estrangeiras, que podem ou não ser senadores.

O senado pode manter qualquer um ou todos eles, desde que os reeleja a cada ano.

O protetor e dois secretários têm sessões e sufrágios no conselho de Estado, que se ocupa da política externa. Seus membros têm sessões e sufrágios em todos os demais conselhos.

O conselho de religião e instrução inspeciona as universidades e o clero; o de comércio inspeciona tudo o que se relaciona a essa atividade; o das leis, todos os abusos cometidos por magistrados inferiores, e examina os aperfeiçoamentos possíveis das leis nacionais; o da guerra inspeciona a milícia e sua disciplina, os armazéns, estoques etc., e quando a república está em guerra, passa-se em revista a adequação das ordens dos generais. O conselho do almirantado tem o mesmo poder com relação à marinha, além de nomear os capitães e oficiais inferiores.

Nenhum desses conselhos pode dar ordens a si mesmo, a não ser quando recebem tais poderes do senado. Em outros casos, tudo devem comunicar ao senado.

Quanto ao recesso do senado, qualquer conselho o pode convocar antes da data marcada para a sua reunião.

Além desses conselhos ou cortes, há ainda outra chamada corte de *pretendentes*, constituída da seguinte maneira: se qualquer candidato ao cargo de senador tiver mais de um terço dos votos dos representantes, esse candidato se torna inelegível a qualquer cargo público durante um ano, mas ocupa um assento na corte de pretendentes. Com isso, essa corte pode ser constituída de cem membros, ou por membro algum, situação em que é suspensa por um ano.

A corte dos pretendentes não tem poder na república; mas limita-se a inspecionar as contas públicas e a acusação de qualquer homem ante o senado. Caso seja absolvido pelo senado, a corte dos pretendentes pode levar o caso ao povo, seja aos magistrados, seja aos representantes. Reúnem-se na data marcada pela corte de pretendentes e nomeiam três pessoas por condado, fora os sena-

ENSAIOS POLÍTICOS

dores; essas trezentas pessoas reúnem-se na capital e tornam a julgar o acusado.

A corte de pretendentes pode propor leis ao senado; se essas forem recusadas, pode recorrer ao povo, ou seja, aos magistrados ou aos representantes, que a examinam nos condados. Cada senador afastado pelo senado tem um assento na corte de pretendentes.

O senado tem a mesma autoridade judicativa da casa dos lordes, ou seja, todas as requisições das cortes inferiores. Da mesma forma, indica o lorde Chanceler e todos os oficiais da lei.

Cada corte é bem ao modo de uma república, pois os representantes podem formular leis para os condados, e essas leis passam a valer três meses após sua aprovação. Uma cópia da lei é enviada ao senado e aos outros condados. O senado ou mesmo um só condado pode anular a lei de outro condado.

Os representantes têm a mesma autoridade dos oficiais de paz britânicos em julgamentos, acordos etc.

Os magistrados nomeiam os reitores ou ministros de todas as paróquias.

Um governo presbiteriano é instituído, juntamente com a corte eclesiástica suprema, por uma assembléia ou sínodo com todos os presbíteros do condado. Os magistrados têm o poder de tomar para si qualquer causa dessa corte, determinando-a por si mesmos.

Os magistrados podem julgar, depor ou suspender qualquer presbítero.

A milícia é estabelecida em emulação à da Suíça, o qual, por ser muito conhecido, não carece de ser exposto aqui. Cabe apenas acrescentar: um exército de vinte mil homens deve ser anualmente cooptado por rotação, pago e posto a servir durante seis semanas no verão, para que os deveres de um acampamento não lhes sejam de todo desconhecidos.

Os magistrados nomeiam todos os coronéis e seus subordinados; o senado, os superiores. Durante a guerra, o general nomeia o coronel e seus subordinados, exercendo a função por doze meses. Após esse período, ele deve ser confirmado pelos magistrados do condado a que pertence o regimento. Os magistrados podem afastar qualquer oficial do regimento, e o senado poderá fazer o mesmo no que diz respeito a qualquer oficial em serviço. Se os magistrados não consideram apropriado confirmar a escolha do general, eles podem nomear outro oficial em seu lugar, ou rejeitá-lo.

Todos os crimes são julgados no condado pelos magistrados e por um júri; mas o senado pode interromper qualquer julgamento e assumir sua condução.

Qualquer condado pode levar ante o senado qualquer homem por um crime que ele tenha cometido.

O protetor, os dois secretários e o conselho do senado, formado por cinco senadores indicados pelo próprio senado, possuem poderes *ditatoriais* durante seis meses em ocasiões de prioritária emergência.

O protetor pode perdoar qualquer pessoa condenada pelas cortes inferiores.

Em tempos de guerra, nenhum oficial do exército que esteja em campo pode ocupar qualquer cargo civil.

À capital, a que chamaremos Londres, pode se permitir quatro membros no senado, e assim divide-se em quatro condados. Os representantes de cada um deles elegem um senador e dez magistrados. Há, portanto, na cidade, quatro senadores, quarenta e quatro magistrados e quatrocentos representantes. Os magistrados dispõem da mesma autoridade que têm nos condados, o mesmo valendo para os representantes, mas eles jamais se reúnem em uma corte geral, e sim votam em seus respectivos condados ou em suas divisões.

Por ocasião da votação de qualquer determinação, o maior número de condados ou divisões decide a questão; havendo empate, os magistrados terão o voto de Minerva.

ENSAIOS POLÍTICOS

Os magistrados elegem o prefeito, o delegado, o oficial de justiça e demais oficiais da cidade.

Na república, os representantes, magistrados e senadores não recebem salários, ao contrário do protetor, dos secretários, conselheiros e embaixadores.

O primeiro ano de cada século é reservado para corrigir as desigualdades de representação geradas com o passar do tempo. Essa tarefa cabe à legislatura.

Os aforismos políticos a seguir podem explicar a razão dessas ordenações.

As pessoas de tipo inferior e os pequenos proprietários são juízes competentes dos que estão próximos de sua condição e habitação; e assim, é provável que escolham os melhores ou quase melhores representantes em seus encontros paroquiais, mas são inteiramente inadequadas para reuniões de condados ou para eleições dos cargos mais altos da república, já que sua ignorância enseja grandes oportunidades para enganá-los.

Dez mil pessoas, ainda que não eleitas anualmente, constituem base suficiente para qualquer governo livre. É verdade, que na Polônia, o número de nobres excede os dez mil, e eles oprimem o povo. Mas como o poder ali é mantido nas mãos das mesmas pessoas e famílias, isso torna essa nação, de certa forma, diferente de muitos povos. Ademais, os nobres lá se encontram unidos sob a égide de uns poucos pais de família.

Todo governo livre deve ser formado por dois conselhos, um menor, outro maior, ou, em outras palavras, por um senado e um conselho popular. O povo, como observa Harrington, não haveria de querer sabedoria sem o senado; o senado, sem o povo, quereria honestidade.

Uma assembléia popular com mil membros, por exemplo, cairia em desordem por ocasião de cada debate. Não permitido o debate, o senado teria o pior tipo de negativa, qual seja, a negativa anterior a sua resolução.

298   DAVID HUME

Eis aí um inconveniente que governo algum foi capaz de inteiramente remediar, mas que é, na verdade, bastante simples. Se o povo debate, tudo é confusão. Se não debate, só poderá deliberar, e o senado cairá em cima deles. Dividam-se as pessoas em muitos corpos separados, deixe-lhes debater com segurança, e todo inconveniente parecerá evitado.

Diz o cardeal de Retz que toda assembléia numerosa, qualquer que seja sua composição, não passa de uma multidão que se lança a debates por qualquer motivo. Isso, nós o temos confirmado pela experiência diária. Quando um membro concebe um absurdo, comunica-o a seu vizinho, e assim o todo é infectado. Se separarmos esse corpo, mesmo que seus membros não sejam muito sensatos é improvável qualquer prevalência que não a da razão. A influência e o exemplo sendo removidos, o bom senso sempre será o melhor dos piores entre as pessoas.

Há que se evitar duas coisas em todo *senado*: sua combinação e sua divisão. Sua combinação é mais perigosa, e contra esse inconveniente fornecemos dois antídotos: 1. Uma grande dependência dos senadores em relação ao povo, estabelecida por eleição anual em que tomam parte homens de fortuna e educação, e não uma turba, como os eleitores britânicos, mas compõem-se de homens de fortuna e educação. 2. O pequeno poder que lhes é permitido: dispõem de poucos cargos para nomear, pois quase todos são indicados pelos magistrados nos condados. 3. A corte dos pretendentes, composta de seus rivais com interesses semelhantes e que, pela inferioridade de sua condição, valem-se de todas as oportunidades para os atacar.

A divisão do senado é evitada por: 1. Seu número reduzido. 2. Sua dependência em relação ao povo impede a facciosidade, que supõe a aliança entre interesses distintos. 3. Dispõe do poder de expulsar membros facciosos. É verdade que, quando outro membro com esse mesmo espírito vem do condado, não há como expulsá-lo, e tampouco seria adequado fazê-lo, pois isso mostra que tal disposição pode estar no povo, podendo possivelmente advir de alguma conduta enferma na condução dos negócios públicos. Quase todos os homens, em um senado escolhido pelo povo, pode ser considerado apto para um cargo civil. Portanto, seria apropriado que o senado tomasse algumas resoluções *gerais* em relação ao abandono de cargos por seus membros, de modo a não restringi-los em tempos difíceis quando talento ou estupidez se dessem a perceber em um senador; mas seriam bastantes para evitar a intriga e a facciosidade, tornando o abandono de cargos algo corriqueiro. Por exemplo, se se deliberar que homem algum pode ocupar nenhum cargo antes de quatro anos no senado; que, à exceção de embaixadores, nenhum homem pode ocupar um cargo por mais de dois anos consecutivos; que homem algum pode ser protetor duas vezes etc. O senado de Veneza é governado por tais resoluções.

Em política externa, o interesse do senado não pode ser distinguido do do povo; e por isso convém que o senado seja absoluto em relação a eles; de outro modo não poderia haver políticas sutis ou secretas. Ademais, nenhuma aliança pode se executar sem dinheiro, e o senado ainda é suficientemente dependente. Para não mencionar que o poder legislativo é sempre superior ao executivo, os magistrados ou representantes podem se interpor sempre que acharem necessário.

O principal sustentáculo do governo britânico é a oposição de interesses, coisa que, mesmo necessária, produz um sem-número de facções. No plano precedente, isso tem todos os efeitos benéficos sem nenhum dos prejuízos. Os *pretendentes* não dispõem de poder para controlar o senado: eles só têm poder de acusar e de apelar ao povo.

É necessário, da mesma forma, impedir a combinação e divisão também entre os mil magistrados, o que se obtém com a separação geográfica e de interesses.

Mas se isso não bastar, resta ainda o fato de serem eleitos por dez mil representantes.

Nem mesmo isso é tudo: pois esses mesmos dez mil podem abreviar seu poder quando bem entenderem; e não só quando bem entenderem, mas quando bem convir a um quinto de cem, o que sucederá à primeira suspeita de interesse díspare.

Os dez mil são um corpo demasiadamente grande para se unificar ou dividir, exceto quando os dez mil se encontrarem em um lugar ou caírem sob a condução de líderes ambiciosos. Para não mencionar a sua eleição anual, pelo corpo inteiro do povo, que não há de ser de nenhuma consideração.

Uma pequena república é o governo mais feliz do mundo se considerado em si mesmo, porque nele cada coisa jaz sob os olhos dos legisladores; mas ela pode ser subjugada por força maior que venha de fora. Esse esquema parece ter todas as vantagens tanto de uma república grande quanto de uma pequena.

Todo e qualquer condado pode ser anulado ou pelo senado ou por outro condado, já que isso revela oposição de interesses; nesse caso, parte alguma deve decidir por si mesma. A questão deve ser referida ao todo, que melhor determinará o que é concorde com o interesse geral.

Tanto para clérigos como para-militares, são óbvias as razões dessas ordens. Sem a dependência do clero nos magistrados civis, e sem uma milícia, é vão pensar que qualquer governo livre algum dia venha a ter segurança ou estabilidade.

Em muitos governos, o magistrado inferior não tem recompensas quaisquer que não as advindas de sua ambição, de sua vaidade ou do espírito público. Os salários dos juízes franceses não se equiparam aos juros das somas que eles pagam por seus préstimos. Os burgomestres holandeses têm pouco mais lucro imediato do que os juízes de paz na Inglaterra, ou que os membros da casa dos comuns considerados formalmente. Mas se alguém suspeitar que isso possa suscitar negligência na administração (que é pouco a se temer, considerando a ambição natural da huma-

ENSAIOS POLÍTICOS   301

nidade), os magistrados passarão a ter salários compatíveis. Os senadores disporão, com isso, de acesso a muitos ofícios honráveis e lucrativos, os quais a sua clientela necessita comprar. Já os representantes dispõem de poucos servidores.

Ninguém há de duvidar que o precedente plano de governo seja praticável, considerando a sua semelhança com a república das Províncias Unidas, esse sábio e renomado governo. As alterações no esquema presente parecem se fazer todas, evidentemente, para o melhor. 1. A representação é mais igualitária. 2. O poder ilimitado dos burgomestres nas cidades, que forma uma aristocracia perfeita na república holandesa, é corrigido por uma democracia bem-temperada, que concede ao povo a eleição anual dos representantes do condado. 3. O negativo, pelo qual cada província e cidade têm sobre o corpo inteiro da república holandesa. Com relação a alianças, a paz e a guerra, e a imposição de taxas, é aqui removida. 4. No presente plano, os condados não são assim tão independentes um do outro, nem formam corpos separados como os representados pelas sete províncias, onde o ciúme e a inveja das pequenas cidades e províncias contra as maiores, em particular Holanda e Amsterdã, não raro têm convulsionado o governo. 5. Poderes mais amplos, embora do tipo mais seguro, são confiados ao senado como de posse dos Estados Gerais. Por esses meios, os primeiros podem se tornar mais expeditos e secretos em suas resoluções do que é possível para o último.

As principais alterações que poderiam ser feitas ao governo britânico, para trazer ao modelo mais perfeito da monarquia limitada, parecem ser as seguintes. Em primeiro lugar, o plano do parlamento de Cromwell deve ser restaurado, tornando iguais as representações e só permitindo votar nas eleições do condado a quem tiver um quinhão de 200 libras esterlinas. Em segundo lugar, uma vez que tal casa dos comuns seria por demais poderosa para fragilizar a casa dos lordes, como no presente, os bispos e pares escoceses deveriam ser removidos. O número da casa superior deve ser elevado a três ou quatro centenas; seus assentos não são hereditários, mas vitalícios. Devem ter a eleição de seus próprios membros, e nenhum representante da casa dos comuns deve recusar um assento que lhe for oferecido. Por meio disso, a casa dos lordes consistiria inteiramente dos homens de maior crédito, capacidade e interesse pela nação; e todo líder turbulento na casa dos Comuns seria alijado e ligado aos interesses da casa dos Pares. Tal aristocracia seria uma excelente barreira tanto para a monarquia como contra ela. Como nos tempos atuais, o equilíbrio do governo depende em certa medida da capacidade e do comportamento, circunstâncias que são variáveis e incertas.

Esse plano de monarquia limitada, por correto que pareça, faz-se acompanhar de três inconveniências. *Primeiro*, não extingue de todo, mas apenas parcialmente os partidos do *país* e da *corte*. *Segundo*, o caráter pessoal do rei continua a exercer grande influência no governo. *Terceiro*, a espada permanece com uma única pessoa, que negligenciará a disciplina das milícias para manter um exército permanente.

Concluiremos esse tema observando a falsidade da opinião comum, segundo a qual nenhum Estado grande como a França ou a Grã-Bretanha poderia alguma vez ser moldada em uma república, e que essa forma de governo só seria possível em territórios menores ou cidades. O contrário parece provável. Ainda que seja mais difícil formar um governo republicano em um país extenso do que em uma cidade, uma vez formado torna-se mais fácil preservar unidade e estabilidade sem convulsões e facciosidade. Não é fácil coordenar partes distantes de um Estado extenso em um mesmo plano de governo livre, que no entanto se mostram concordes na estima e na reverência por uma única pessoa que assim pode aglutinar o poder. E, forçando a submissão dos mais obstinados, estabelecer um governo monárquico. Por outro lado, uma cidade pode concordar de pronto com relação às mesmas noções de governo, e a igualdade de propriedade favorecer a liberdade, e a proximidade de suas habitações permitir a assistência mútua dos cidadãos. Mesmo sob príncipes absolutos, o governo subordinado das cidades é em geral republicano, enquanto o dos condados e províncias é monárquico.

Mas as mesmas circunstâncias que favorecem o erigir de repúblicas nas cidades tornam sua constituição mais frágil e incerta. Democracias são turbulentas. Pois, por mais que as pessoas se dividam em pequenos partidos, sua proximidade torna sempre muito fortes as correntes e ondas populares. Aristocracias são mais propícias à paz e à ordem, razão pela qual eram mais admiradas pelos autores antigos; ao mesmo tempo geram desconfiança e opressão. Em um governo de proporções habilmente moderado, há suficiente espaço para refinar a democracia a partir dos extratos inferiores, que podem participar da primeira eleição ou preparação da república, até os magistrados superiores, coordenadores de todos os movimentos. Ao mesmo tempo, sendo as partes tão distantes e remotas, é mais difícil a ocorrência de um conflito contra o interesse público, seja por intriga, preconceito ou paixão.

Não é preciso investigar se tal governo poderia ser eterno. Concordo com a exclamação do poeta a respeito do sem-fim dos projetos de nossa raça humana, *homem e para sempre!* O mundo em si provavelmente não é imortal. Pragas devastadoras podem surgir, levando até mesmo um governo perfeito a se tornar presa de seus vizinhos. Não sabemos até que ponto o entusiasmo ou outros movimentos extraordinários da mente humana podem levar os homens a de todo negligenciar a ordem e o bem públicos. Onde a diferença de interesse inexiste, surgem incontáveis facções de favores pessoais ou da inimizade. É possível que a ferrugem corroa os motores da máquina política mais acurada, prejudicando seu funcionamento, e, por fim, a sede de vultosas conquistas faz a ruína de todo governo livre, e é ainda pior nos mais perfeitos, dadas as suas muitas vantagens em relação aos imperfeitos. Ainda que esse Estado estabeleça uma lei contra conquistas, a ambição das repúblicas é como a dos indivíduos, e o interesse imediato faz com que os homens sejam negligentes ao de seus pósteros. É um incitamento suficiente aos esforços humanos que tal governo floresça por muitas gerações, sem que com isso se pretenda atribuir a qualquer obra humana a imortalidade que o Todo-Poderoso parece ter recusado a sua própria obra.

BIBLIOGRAFIA

Addison, Joseph, *Cato. A Tragedy, in The Works,* ed. R. Hurd, 4 vols., London 1854, vol. I, pp. 162–229

The Freeholder, ed. J. Leheney, Oxford, 1979

Addison, Joseph and Richard Steele, eds., *The Spectator* (1711–12, 1714), ed. D. F. Bond, 5 vols., Oxford, 1965.

Aeschines, *The Speeches of Aeschines,* with an English translation by C. D. Adams, Loeb Classical Library, London and Cambridge, Mass., 1948, pp. 308–511

Anon, *Confucius Sinarum philosophus, sive scientia Sinensis,* Paris, 1687

Anon, *The False Accusers Accus'd, or the Undeceived Englishman,* etc., London, 1741

Appian, *Roman History,* with an English translation by H. White, 4 vols, Loeb Classical Library, London and Cambridge, Mass., 1972

Arbuthnot, John, *Tables of Ancient Coins, Weights and Measures...* [1705], London, 1727

Aristotle, *Politics,* trans. B. Jowett, in *The Complete Works of Aristotle,* ed. J. Barnes, 2 vols., Princeton, NJ, 1984, voll. II, pp. 1986–2129

306   DAVID HUME

The Constitution of Athens, trans. F. G. Kenyon, in *The Complete Works of Aristotle,* ed. J. Barnes, 2 vols., Princeton, NJ, 1984, vol. II, pp. 2341–83

Arrian, *Anabasis of Alexander,* in *Arrian,* with an English translation by P. A. Brunt, 2 vols., Loeb Classical Library, Cambridge, Mass. and London, 1976

Asconius Pedianus, Quintus, Commentary on Cicero, 'Pro T. Annus Milone', in Cicero, *The Speeches,* pp. 124–36

Athenaeus of Naucratis, *The Deipnosophists,* with an English translation by C. B. Gulick, 7 vols., Loeb Classical Library, Cambridge, Mass. and London, 1969, vol. IV

Bacon, Francis, The Advancement of Learning, ed. G. W. Kitchin, London and New York, 1965
Essayes or Counsels, Civill and Morall, ed. M. Kiernan, Oxford, 1985

Barclay, Robert, *An Apology for the True Christian Divinity* (Latin, London [?] 1676; English, London [?] 1678

Beaufort, Louis de, *Dissertation sur l'incertitude des cinq premiers siècles de l'histoire romaine,* Paris, 1738.

Bentivoglio, Guido, *Relazioni in tempo delle sue nunziature* (1629) trans. in part as *Historicall Relations of the United Provinces and of Flanders,* London, 1652
Della guerra di Fiandra (1632–9) trans. *The Compleat History of the Warrs of Flanders,* London, 1654

Berkeley, George, *Alciphron, or the Minute Philosopher,* in *The Works,* ed. A. A. Luce and T. E. Jessop, 9 vols., London, 1948–57, vol. III (1950)

Bolingbroke, Henry St John, Viscount, *A Dissertation upon Parties,* in Works, 5 vols., ed. D. Mallet, London, 1754, vol. II, pp. I–256

Boswell, James, *The Journal of a Tour to Corsica: Memoirs of Pascal Paoli,* ed. with an introduction by S. C. Roberts, Cambridge, 1923

Boulainvilliers, Henri, comte de, *Etat de la France,* Contenant XIV *Letters sur les Anciens Parlements de France. Avec l'Histoire de ce Royaume depuis le Commencement de la Monarchie jusqu'à Charles VIII. On y a joint des Memoires présentés à M. le Duc d'Orleans. 3 vols., London, 1728*

Brandt, Gerard, *The History of the Reformation and other Ecclesiastical Transactions in and about the Low-Countries, from the Beginning of the Eighth Century, down to the Famous Synod of Dort, inclusive.* 2 vols., London, 1720–2

Burmann, Pieter, *De vectigalibus populi Romani dissertatio,* Utrecht, 1694

Burton, Robert, *The Anatomy of Melancholy,* London, 1621

Caesar, Julius, *The Gallic War,* with an English translation by H. J. Edwards, Loeb Classical Library, London and New York, 1917

Camden, William, *Annales rerum Anglicarum et Hibernicarum, regnante Elizabetha* (1615–25); trans. *The Historie of the most renowned and victorious princesse Elizabeth, late Queen of England,* London, 1635

Capitolinus, Julius, *Maximus and Balbinus, in Scriptores Historiae Augustae,* with an English translation by D. Magie, 3 vols., Loeb Classical Library, Cambridge, Mass. and London, 1960, vol. I, pp. 448–85

Cicero, Marcus Tullius, *De finibus bonorum et malorum,* with an English translation by H. Rackham, Loeb Classical Library, Cambridge, Mass. and London, 1971

De natura deorum. Academica, with an English translation by H. Rackham, Loeb Classical Library, London and Cambridge, Mass., 1967

De officiis, with an English translation by W. Miller, Loeb Classical Library, Cambridge, Mass. and London, 1975

De re publica. De legibus, with an English translation by W. Keyes, Loeb Classical Library, Cambridge, Mass. and London, 1977

The Five Days Debate at Cicero's House in Tusculum... Between Master and Sophister [Tusculan Disputations], London, 1683

'In G. Verrem actio prima', in The Verrine Orations, with an English translation by L. H. G. Greenwood, Loeb Classical Library, 2 vols., London and New York, 1928

'Pro T. Annio Milone oratio'/'The Speech on Behalf of Titus Annius Milo', in The Speeches, with an English translation by N. H. Watts, Loeb Classical Library, London, New York, 1931, pp. 6–123

Letters to Atticus, with an English translation by E. O. Winstedt, 3 vols., Loeb Classical Library, Cambridge, Mass. and London 1970

Columella, Lucius Junius Moderatus, *De re rustica. De arboribus,* with an English translation by H. B. Ash, E. S. Forster and E. Heffner, 3 vols., Loeb Classical Library, London and Cambridge, Mass., 1960

Curtis Rufus, Quintus, *History of Alexander,* in *Quintus Curtius,* with an English translation by J. C. Rolfe, 2 vols., Loeb Classical Library, London and Cambrigde, Mass., 1956

Defoe, Daniel, *A General History of the Pyrates,* ed. M. Schonhorn, London, 1972

Demosthenes, *Demosthenes* I–III, with English translations by C. A. and J. H. Vince, Loeb Classical Library, London and Cambridge, Mass., 1954

ENSAIOS POLÍTICOS   309

Dio Cassius, *Roman History,* with an English translation by E. Cary, 9 vols., Loeb Classical Library, London and Cambridge, Mass., 1955, vol. VI

Diodorus Siculus, *Library of History, in Diodorus of Sicily,* with an English translation by C. H. Oldfather, C. L. Sherman, C. B. Welles, R. M. Geer, F. Walton, 12 vols., Loeb Classical Library, Cambridge, Mass. and London, 1933–67

Dionysius of Halicarnassus, *Roman Antiquities,* with an English translation by E. Cary, 7 vols., Loeb Classical Library, London and Cambridge, Mass., 1950, vol. VII

Dubos, Jean Baptiste, *Les Intérêts de l'Angleterre mal-entendus dans la présente guerre* (1703), Amsterdam, 1704

Du Halde, Jean Baptiste, *Description géographique, historique, chronologique et physique de l'Empire de la Chine et de la Tartarie Chinoise,* Paris 1735, Eng. trans. 1736, 3rd edn 1741: The General History of China..., 4 vols., London, 1741

Dutot, *Réflexions politiques sur les finances, et le commerce...,* La Haye, 1738

    Political Reflections upon the Finances and Commerce of France..., London, 1739

Encyclopaedia Britannica; Or, a Dictionary of Arts and Sciences, Compiled upon a New Plan... By a Society of Gentlemen in Scotland, 3 vols., Edinburgh, 1771

Erasmus, Desiderius, *In Praise of Folly / Moriae Encomium,* translated by B. Radice, in *The Collected Works of Erasmus,* Toronto, 1974 – vol. XXVII, ed. A. H. T. Levy, Toronto, 1986, pp. 83–153

    Witt against Wisdom: Or a Panegyrick upon Folly, rendered into English by [White Kennet], Oxford, 1683

Fiddes, Richard, *Life of Cardinal Wolsey,* London, 1724

310 DAVID HUME

Folkes Martin, *A Table of English Silver Coins from the Norman Conquest to the Present Time,* London, 1745

Forbes, D., *Hume's Philosophical Politics,* Cambrigde, 1975

Gee, Joshua, *The Trade and Navigation of Great Britain Considered,* London, 1729

Gibbon, Edward, *Decline and Fall of the Roman Empire,* ed. J. B. Bury, 6th edn, 7 vols., London, 1912
'Essai sur l'étude de la littérature', in *The Miscellaneous Works of Edward Gibbon...,* ed. John, Lord Sheffield, 5 vols., London, 1814, vol. IV

Grotius, Hugo, *The Rights of War and Peace....* translated into English. To which are added... the ... notes of J. Barbeyrac, 3 vols., London 1738

Guicciardini, Francesco, *The History of Italy from the Year 1490 to 1532,* trans. A. P. Goddard, 10 vols., London, 1753

Harrington, James, *Commonwealth of Oceana, in The Political Works...,* ed. J. G. A. Pocock, Cambridge, 1977
The Prerogative of Popular Government, in The Political Works

Herodian, *History, in Herodian,* 2 vols., with an English translation by C. R. Whittaker, Loeb Classical Library, London and Cambridge, Mass., 1969

Herodotus, *Histories, in Herodotus,* with an English translation by A. D. Godley, 4 vols., Loeb Classical Library, Cambridge, Mass., and London, 1920–5

Hobbes, Thomas, *Leviathan,* ed. R. Tuck, Cambridge, 1991

Horace, *The Odes, Satyrs, and Epistles,* trans. Thomas Creech, 6th edn, London, 1737

ENSAIOS POLÍTICOS   311

Ars Poetica, in Satires, Epistles and Ars Poetica, with an English translation by H. Rushton Fairclough, Loeb Classical Library, London and Cambridge, Mass., 1942

Houssaie, Amelott de la, *The History of the Government of Venice. Wherein the Policies, Councils, Magistrates, and Laws of the State are fully related; and the use of the Balloting Box exactly described,* London 1677

Hume, David, *Enquiries Concerning Human Understanding and Concerning the Principles of Morals,* reprinted from the... edition of 1777 and edited... by L. A Selby-Bigge, revised edition P. H. Nidditch, Oxford, 1975

  Essays Moral and Political, 2 vols., Edinburgh, 1741–2

  Essays Moral, Political, and Literary, ed. E. F. Miller, Indianapolis, Ind., 1987

  The History of England from the Invasion of Julius Caesar to the Revolution in 1688, 6 vols., Indianapolis, Ind., 1983

  The Letters of David Hume, ed. J. Y. T. Greig, 2 vols., Oxford, 1969

  Political Discourses, Edinburgh, 1752

  A Treatise of Human Nature, ed. L. A. Selby–Bigge, 2nd edn, revised by P. H. Nidditch, Oxford, 1978

Hutcheson, Archibald, *A Collection of Treatises Relating to National Debts and Funds,* London, 1721

Hutcheson, Francis, *A Short Introduction to Moral Philosophy,* (trans. from the Latin); facsimile of first edn, 1747, *Collected Works,* 7 vols., Hildesheim, 1969–71, vol. IV

  A System of Moral Philosophy. Facsimile of first edn, 1755, *Collected Works,* Hildesheim, 1969, vols. V-VI

Isocrates, 'Busiris', in *Isocrates,* with an English translation by L. van Hook, 3 vols., Loeb Classical Library, London and Cambridge, Mass., 1968, vol. I, pp. 102–31

Janiçon, François Michel, *Etat présent de la République des Provinces–Unies et des Pais qui en dépendent,* 2 vols., La Haye, 1729

Johnson, Samuel, *A Dictionary of the English Language,* 2 vols., London 1819

Juvenal, *The Satires of Juvenal.* Anon. trans., Dublin, 1741

Korb, Johann-Georg, *Diarium itineris in Moscoviam perillustris ac magnifici domini Ignatti Christophori... anno MDCXCVIII...* (1700); English translation, *Diary of the Journey into Muscovy of the Right Illustratious and Magnificent Sir Ignatius Christopher... in the Year 1698,* 2 vols. in one, Vienna, 1863

Law, John, *The Present State of the French Revenues and Trade and of the Controversy betwixt the Parliament of Paris and Mr. Law,* London, 1720

Le Clerc, Jean, *Histoire des Provinces-Unies des Pays Bas,* 3 vols., Amsterdam, 1723–8

Leibniz, Gottfried Wilhelm, *Das neueste von China* (1697), *Novissima Sinica,* ed. H. - G. Nesselrath and H. Reinbothe, Cologne, 1979

Lemprière, John, *Classical Dictionary of Proper Names Mentioned in Ancient Authors Writ Large* [1788], London, 1987

Limojon de Saint Didier, Alexandre Toussaint, *La Ville et la République de Venise,* Paris, 1680, trans. into English as *The City and Republic of Venice. In Three Parts. Originally Written in French by Monsieur De S. Desdier [sic],* London, 1699

Livy [Livius], Titus, *The Roman History...* with the Entire Supplement by John Freinsheim. 6 vols., London, 1744–5

ENSAIOS POLÍTICOS   313

Locke, John, *Some Considerations of the Consequences of the Lowering of Interest and Raising the Value of Money. In a Letter to a Member of Parliament,* London, 1692

   Two Treatises of Government, ed. P. Laslett, Cambridge, 1960

Longinus, *On the Sublime.* Trans. with commentary by James A. Arieti and John M. Crossett, New York and Toronto, 1985

Lucian, *Dialogues of the Courtesans, in Lucian,* with an English translation by M. D. Macleod, 8 vols., Loeb Classical Library, London and Cambridge, Mass., 1961, vol. VII

On Salaried Posts in Great Houses, in *Lucian,* with an English translation by A. M. Harmon, 8 vols., Loeb Classical Library, London and Cambridge, Mass., 1971, vol. III

Saturnalia, in *Lucian,* with an English translation by K. Kilburn, 8 vols., Loeb Classical Library, Cambridge, Mass. and London, 1959, vol. VI

Lucretius Carus, T., *De rerum natura,* with an English translation by W. H. O. Rouse, revised by M. Ferguson, Loeb Classical Library, Cambridge, Mass. and London, 1975

   Lucretius, His Six Books of Epicurean Philosophy, London, 1683

Machiavelli, *Niccolò, The Discourses [on the First Ten Books of Titus Livius],* ed., introd. B. Crick; trans. L. J. Walker, revised B. Richardson, Harmondsworth, 1970

   The Florentine History, trans. Thomas Bedingfeld [1595], London, 1905

   The Prince, ed. Q. Skinner, Cambridge, 1989

Malebranche, Nicolas, *Entretien d'un philosophe chrétien et d'un philosophe chinois,* Paris, 1708

Mandeville, Bernard, *The Fable of the Bees: Or, Private Vices, Publick Benefits,* ed. F. B. Kaye, 2 vols., Oxford, 1966

Melon, Jean-François, *Essai politique sur le commerce* (1734), new edn, n.p., 1736

A Political Essay upon Commerce, trans. D. Bindon, Dublin, 1739

Menander, *Menandri quae supersunt,* ed. A. Koerte (Bibliotheca Scriptorum Graecorum Teubneriana), 2 vols., Leipzig, 1959

[Miège, Guy], *A Relation of Three Embassies from His Sacred Majestie Charles II to the Great Duke of Muscovie, the King of Sweden, and the King of Denmark. Performed by the Right Honble. the Earle of Carlisle in the Year 1663 & 1664,* London, 1669

Molesworth, Robert, *The Principles of a Real Whig,* 1711

Montesquieu, Charles-Louis de Secondat, baron de La Brède et de, *Considerations sur les causes de la grandeur de Romains et de leur décadence, in Oeuvres complètes...,* ed. A. Masson, 3 vols., Paris 1950, vol. I

The Spirit of the Laws, trans. and ed. A. M. Cohler, B. C. Miller, H. S. Stone, Cambridge, 1989

More, Henry, *Enthusiasmus Triumphatus, or, A Brief Discourse of the Nature, Causes, Kinds, and Cure of Enthusiasm,* London, 1662

Morgan, Thomas, *The Moral Philosopher. In a Dialogue between Philalethes a Christian Deist, and Theophanes a Christian Few,* London, 1737

Nepos, Cornelius, 'Datames', *(The Books on the Great Generals of Foreign Nations, XIV), in Lucius Annaeus Florus, Epitome of Roman History; Cornelius Nepos,* with an English translation by E. S. Forster and J. C. Rolfe, Loeb Classical Library, London and New York, 1929

ENSAIOS POLÍTICOS 315

Ovid (Publius Ovidius Naso), *Fasti,* with an English translation by J. G. Frazer, Loeb Classical Library, London and Cambridge, Mass., 1951

Paris Duverney, Joseph, *Examen du livre intitulé Réflexions politiques sur les finances et le commerce* [by Dutot], 2 vols., La Haye, 1740

Plato, *Crito,* translated by H. Tredennick, in *The Collected Dialogues of Plato*, ed. E. Hamilton and H. Cairns, New York, 1966

Laws, translated by A. E. Taylor, in The *Collected Dialogues [attrib.] Alcibiades I, in Plato,* trans. W. R. M. Lamb, Loeb Classical Library, London and Cambridge, Mass., 1955, vol. III

Pliny the Elder, *Natural History,* with an English translation by H. Rackham and W. H. S. Jones, 10 vols., Loeb Classical Library, London and Cambridge, Mass., 1938-62

Pliny the Younger, *Letters and Panegyricus,* with an English translation by B. Radice, 2 vols., Loeb Classical Library, London and Cambridge, Mass., 1969

Plutarch, *Lives,* with an English translation by B. Perrin. 11 vols., Loeb Classical Library, New York and London, 1914-21, vols. I, II, V, VIII, IX

Moralia, with an English translation by F. C. Babbit, W. C. Helmbold, H. N. Fowler, *et al.,* 16 vols., Loeb Classical Library, Cambridge, Mass. and London, 1970, vols. I, VI, X

Symposiaca Problemata, in Moralia, vol. 8, with an English translation by P. A. Clement and H. B. Hoffleit, Loeb Classical Library, London and Cambridge, Mass., 1969

Polybius, *The Histories,* with an English translation by W. R. Paton, 6 vols., Loeb Classical Library, Cambridge, Mass. and London, 1922-7

Pope, Alexander, *An Essay on Man...,* Scolar Press facsimile reprint of 1734 London edn, Menston, 1969

[Pope, Alexander] *The First Epistle of the Second Book of Horace, Imitated,* London, 1737

Procopius of Caesarea, *History of the Wars of Justinian,* trans. H. B. Dewing, Loeb Classical Library, 7 vols.

Pufendorf, Samuel von, *The Compleat History of Sweden,* London, 1702

> *Of the Law of Nature and Nations...* Done into English by Brasil Kenner... To which are... added... the notes of Mr. Barbeyrac translated from his last edition... 1712, 5th edn, London, 1749

Quintilian, *The Institutio Oratoria,* with an English translation by H. E. Butler, 4 vols., Loeb Classical Library, London and Cambridge, Mass., 1969

Ralegh, Walter, *The History of the World in Five Books* (1614), 6 vols., Edinburgh, 1820

Rapin-Thoyras, Paul de, *Histoire d'Angleterre,* 10 vols., The Hague, 1723-7

> *The History of England,* translated by N. Tindal, 2 vols., 2nd edn, London, 1732

Retz, Jean-François Paul de Gondi, cardinal de, *Mémoires, in Oeuvres,* nouv. édn, 10 vols., Paris, 1870-96, vol. II

Rousseau, Jean-Baptiste, *Poésies diverses,* in *Oeuvres,* 5 vols., Paris, 1820, vol. II, pp. 321-75

Rousseau, Jean-Jacques, *Considerations on the Government of Poland and on its Proposed Reformation* (completed 1772; pub. 1782) in *Political Writings,* trans., ed. F. Watkins, Edinburgh, 1953, pp. 157-274

ENSAIOS POLÍTICOS

The Social Contract and Discourses, trans. and ed. G. D. H. Cole, revised J. H. Brumfitt and J. C. Hall, London, 1973

Sallust, Gaius Sallustius Crispus, *Bellum Catilinarium et Jugurthinum ... I. E. The History of the Wars of Catiline and Jugurtha.* With a Free Translation... A large Dissertation upon the Usefulness of Translations of Classick Authors... As also the Life of Salust by... Le Clerk. By John Clarke. London, 1734

Sewel, William, *History of the Rise, Increase and Progress of the Cristian People call'd Quakers,* London [?] 1717

Shaftesbury, Anthony Ashley Cooper (third earl of), *Characteristics of Men, Manners, Opinions, Time,* ed. J. M. Robertson, introd. S. Grean, Indianapolis, 1964

Simmons, R. C., *The American Colonies. From Settlement to Independence,* London, 1976

Smith, Adam, *An Inquiry into the Nature and Causes of the Wealth of Nations,* ed. R. H. Campbell, A. S. Skinner, 2 vols., Oxford, 1976

Smollett, Tobias, *The History of England from the Revolution to the Death of George the Second,* 5 vols., London, 1812

Spenser, Edmund, *A View of the Present State of Ireland,* ed. W. L. Renwick, Oxford, 1970

Stanyan, Abraham, *An Account of Switzerland Written in the Year 1714,* London, 1714

Steele, Richard, ed., *The Tatler* (1709-II), ed. D. F. Bond, 3 vols., Oxford, 1987

Strabo, *The Geography,* with an English translation by H. L. Jones, 8 vols., Loeb Classical Library, London, 1917-32

318   DAVID HUME

Suetonius, *The Lives of the Caesars, in Suetonius,* with an English
    translation by J. C. Rolfe, 2 vols., Loeb Classical Library,
    London and Cambridge, Mass., 1970

Swift, Jonathan, *A Short View of the State of Ireland* (1727-8), in
    Prose Works, vol. XII: *Irish Tracts 1728-1733,* ed. H. Davis,
    Oxford, 1955

   *An Answer to a Paper called A. Memorial of the Poor Inhabitants,
    Tradesmen and Labourers of the Kingdom of Ireland* (1728),
    in *Prose Works,* vol. XII: *Irish Tracts 1728-1733,* ed. H. Davis,
    Oxford, 1955

Tacitus, Publius Cornelius, *The Works of Tacitus,* 2 vols., London,
    1728 and 1731

   Annals, with an English translation by J. Jackson, and *Histories,* with
    an English translation by C. H. Moore. In Tacitus, 5 vols., Loeb
    Classical Library, Cambridge, Mass., 1914-37, vols. II–V

   A Dialogue on Oratory, in Dialogus, Agricola, Germania,
    with an English translation by W. Peterson, Loeb Classical
    Library, London and New York, 1914

Temple, Sir William, *Observations upon the United Provinces of the
    Netherlands* (1673), in *The Works,* 2 vols., London, 1740, vol. I

Thucydides, *History of the Peloponnesian War,* in *Thucydides,* with
    an English translation, 4 vols., Loeb Classical Library, London and
    New York, 1923

Vanderlint, Jacob, *Money Answers all Things: Or an Essay to make
    Money sufficiently Plentiful among all Ranks of People...,*
    London 1734

Vauban, *Sébastien le Prestre, seigneur de, Projet d'une dixme royale,*
    n.p., 1707

   A Project for a Royal Tythe or General Tax, London, 1708

ENSAIOS POLÍTICOS

319

Vega, Garcilaso de la, *The Royal Commentaries of Peru, in Two Parts,* London, 1688

Velleius Paterculus, *Gaius, Historiae Romanae, in Compendium of Roman History...,* with an English translation by F. W. Shipley, Loeb Classical Library, London and Cambridge, Mass., 1961

Virgil, *Georgics,* in *Virgil,* with an English translation by H. Rushton Fairclough, 2 vols., Loeb Classical Library, London and Cambridge, Mass., 1932, vol. I

Voltaire (François-Marie Arouet), *Essai sur les moeurs et l'esprit des nations, in Oeuvres complètes...* Second edn, 75 vols., Paris, 1825-8, vols. XX-XXV

La Henriade, An Epick Poem. In Ten Cantos, London, 1732

Histoire de Charles XII, roi de Suède, in Oeuvres complètes... Second edn, 75 vols., Paris, 1825-8, vol. XXX

Letters on England, translated with an introduction by L. Tancock Harmondsworth, 1980

Lettres philosophiques, Paris, 1733

Waller, Edmund, *Poems, & Written upon several Occasions, and to several persons.* 8th edn with Additions, to wich is Prefix'd the Author's Life. London, 1711

Wolff, Christian, Freiherr von, *Oratio de Sinarum philosophia practica* [1721], with German translation by M. Albrecht, Hamburg, 1985

Xenophon, *Cyropaedia,* in *Xenophon,* with an English translation by W. Miller, 7 vols., Loeb Classical Library, London and New York, 1914, vols. I-II

Hellenica, Anabasis, Apology, and Symposium, with an English translation by C. L. Brownson and O. J. Todd, 3 vols., Loeb Classical Library, London and Cambridge, Mass., 1950

Hiero; Ways and Means; in *Xenophon, Scripta Minora,* with an English translation by E. C. Marchant, 7 vols., Loeb Classical Library, London and Cambridge, Mass., 1971, vol. VII

Symposium (or Banquet), in *Xenophon,* with an English translation by O. J. Todd, 7 vols., Loeb Classical Library, London and Cambridge, Mass., 1947, vol. III